20SEIKI ARCADE KAKUGE CATALOG by Hiroyuki Maeda

Copyright ⓒ 2023 G-WALK publishing.co.,ltd.

ⓒ 2023 CHEERSOL Inc.

All rights reserved.

Original Japanese edition published by G-WALK publishing.co.,ltd.

Korean translation copyrights ⓒ 2023 by Samho Media

This Korean edition published by arrangement with G-WALK publishing.co.,ltd., Tokyo, through Botong Agency

SPECIAL THANKS TO

Janet	고전 아케이드 유튜버-스피드러너, 「데스 브레이드」 하이스코어 기록 보유자
게임샵 트레더	
꿀딴지곰	고전게임 컬럼니스트, 유튜브 채널 '꿀딴지곰의 게임탐정사무소' 운영
오영욱	게임잡지의 DB를 꿈꾸는 게임개발자
이승준	'레트로장터' 행사 주최자
정세윤	http://blog.naver.com/plaire0
타잔	레트로 게임 컬렉터, 네이버 카페 '추억의 게임 여행' 운영자
홍성보	월간 GAMER'Z 수석기자

20TH CENTURY ARCADE
FIGHTING GAME CATALOGUE

마에다 히로유키 지음 | 박여원 옮김 | 조기현 감수

20세기 아케이드 격투 게임 카탈로그

samho MEDIA

20세기 아케이드 격투 게임 카탈로그

CONTENTS

제1장   캡콤

제2장 SNK

제3장 세가 엔터프라이지스

제13장 기타 제작사

제14장 자료편

칼럼

제 1 장
캡콤

캡콤으로 말할 것 같으면 격투 게임 붐을 창출해낸 일등공신이며, 「스트리트 파이터」 시리즈로 유명한 개발사다. 이 장르의 개척자였던 만큼 축적된 개발 노하우는 단연 업계 1위로서, 입력한 기술이 의도대로 나가고 캐릭터 조작감이 뛰어난 등 세세한 부분까지 꼼꼼히 제작한다는 점이 이 회사의 큰 특징이다. 또한 2D뿐만 아니라 3D 게임도 적극 출시하는 등, 도전정신이 강한 회사라는 이미지도 있다.

스트리트 파이터

● 1987년 8월 　　● 캡콤(개발·발매)

지금도 신작이 나오는 인기 시리즈의 제1탄

　지금도 인기가 여전한 '대전격투 게임'이라는 장르의 시초 격인 타이틀. 큼직한 버튼 내에 압력 센서를 넣은 2버튼제의 업라이트형 캐비닛과 6버튼제를 적용한 테이블형 캐비닛이 있으며, 커맨드 입력식의 필살기 조작계를 도입했다. 처음에는 버튼을 두드리는 강도에 따라 공격의 강약이 결정되는 업라이트 캐비닛 위주로 보급했지만, 6버튼식이 더 조작하기 쉽다는 점이 알려지면서 6버튼식 쪽이 일반화되었다.

　시리즈 초기 작품이라 설정의 모순점이나 좋지 않은 게임 밸런스 등의 어색한 부분이 보이지만, 후일 본격화되는 대전격투 게임 붐의 위대한 초석이 되었다는 점만큼은 분명하다.

■ 조작방법 (캐릭터가 오른쪽을 향할 때)

점프 / 후방 점프 / 전방 점프 / 후퇴·가드 / 전진 / 앉기

약펀치 / 중펀치 / 강펀치 / 약킥 / 중킥 / 강킥

▲ 주인공 '류'와 '켄'을 비롯해, 개성적인 캐릭터들이 등장한다. 일부 적 캐릭터는 후속작에도 재등장한다.

▲ '필살기'는 이름만큼이나 강력한 파괴력을 자랑한다. 승룡권은 제대로 맞히면 적이 즉사할 정도.

▲ 플레이어 캐릭터는 1P가 류, 2P가 켄으로 고정된다. 류는 머리카락이 빨갛고 신발을 신은 것이, 이후의 시리즈와 다른 특징.

■ 캐릭터

류

이 게임의 주인공. 필살기는 오른쪽의 「~II」와 같지만, 위력은 이쪽이 상당하다.

레츠

과거 소림사 권법 사범이었지만 사사로운 싸움을 벌여 파문당한 파계승이다.

게키

인술이 강하다는 것을 증명하기 위해 싸우는 닌자. 같은 갈퀴가 무기인 발로그와는 라이벌.

조

미국 대표인 자 마셜 아츠의 달인. 롤링 소배트를 주특기로 사용한다.

마이크

「~II」의 바이슨과 자주 혼동되지만, 다른 사람이다. 미국 대표인 권투선수.

리

중국 대표인 격투가. 「~III」에 등장하는 윤·양과는 친척 관계다.

켄

류와 성능이 모두 동일한 라이벌 캐릭터. 대전 모드에서만 사용할 수 있다.

겐

중국 대표인 암살자. 후일 「~ZERO」 시리즈와 「~IV」 시리즈에 재등장한다.

버디

영국 대표인 불량배. 평소에는 술집에서 가드 일을 하고 있다.

이글

이 게임 유일의 무기 사용 캐릭터. 덕분에 필살기의 가드 대미지가 들어가지지 않는다.

아돈

태국 대표인 무에타이 파이터. 사가트의 제자 중 가장 우수하지만, 기술은 완전히 다르다.

사가트

태국 대표인 무에타이 파이터. 류와 켄 다음으로 많은 작품에 등장한다.

스트리트 파이터 II The World Warrior

● 1991년 2월 　　● 캡콤(개발·발매)

완성도가 높고 대인전이 치열한 걸작

　당시의 오락실에 혁명을 일으키고 대전격투 게임 붐을 열어젖힌, 「스트리트 파이터」의 속편이다. 8명의 캐릭터 중 1명을 골라 세계 각국에 있는 라이벌들과 사천왕을 쓰러뜨리자. 캐릭터별로 차별화된 필살기, 캔슬을 이용한 연속기(콤보), 도중 난입 가능 등의 여러 핵심적인 시스템이, 이 타이틀에서 처음 등장한 이래 지금도 캡콤을 비롯한 여러 회사들이 내놓고 있는 수많은 대전격투 게임에까지 계승되고 있다.

　이 작품이 등장한 후 다른 개발사들도 연이어 격투 게임을 제작하게 되어, 결과적으로 대전격투 게임은 오락실을 상징하는 장르가 되었다.

■ 조작방법 (캐릭터가 오른쪽을 향할 때)

점프 / 후방 점프 / 전방 점프 / 후퇴·가드 / 전진 / 앉기 / 약펀치 / 중펀치 / 강펀치 / 약킥 / 중킥 / 강킥

▲ 전작에 이어 등장하는 류와 켄을 비롯한 캐릭터 8명 중 하나를 골라, 나머지 7명 및 보스 4명과 대결하자.

▲ 대인전을 중시해 밸런스를 잡았기에 기술 하나하나의 대미지가 커서, 긴장을 늦추는 순간 KO로 몰리게 된다.

▲ 주인공은 반드시 대공기와 장풍계 기술이 있고, 잡기가 특기인 캐릭터는 크고 느리다는 등의 여러 클리세도 이 작품부터 확립되었다.

■ 캐릭터

류
자기보다 강한 상대를 찾아 방랑하는 청년. 해외에서 수행 중인 켄을 쫓아 여행을 떠났다. 이번 여행에서 진정한 격투가가 될 수 있을까.

켄
수행을 위해 미국에 갔지만 연인과 함께 살다 수행을 잊고 있었다. 류의 편지를 받고 정신을 차려, 다시 격투의 세계로 몸을 던진다.

에드몬드 혼다
스모와 목욕을 너무나 사랑하는 일본의 사나이. 전 세계에 스모의 훌륭함을 알리려 여행에 나섰다. 어떤 위기든 근성으로 헤쳐 나간다.

춘리
인터폴 마약조사관. 행방불명된 아버지를 찾다가 악의 조직 샤돌루에 다다른다. 총수인 베가를 찾기 위한 여행이 이제 막 시작되었다.

블랑카
어렸을 때 비행기 추락 사고를 당해 정글에서 자라난 야생아. 자란 환경의 영향으로, 전기 방출 공격과 빠른 몸놀림이 특기가 되었다.

장기에프
러시아에서 온 강철 육체의 남자. 어릴 때부터 익힌 레슬링과 뜨거운 애국심을 마음에 품고, 미지의 적을 찾아 싸움에 도전한다.

가일
마셜 아츠를 구사하는 미국 군인. 죽은 친구 '내쉬'에 대한 복수를 다짐하고, 샤돌루의 총수인 베가를 쫓는다.

달심
인도의 요가 달인. 어린 아들을 먹여살리기 위해 스트리트 파이터 생활을 하고 있다. 손발을 자유자재로 신축시킬 수 있는 특기가 있다.

「스트리트 파이터 II」의 업그레이드 버전

스트리트 파이터 II'(대시) CHAMPION EDITION

● 1992년 3월 　 ● 캡콤(개발·발매)

베가와 사천왕도 드디어 사용 가능

　「스트리트 파이터 II」의 업그레이드 버전. 기본 시스템은 그대로 유지했으며, 캐릭터는 전작의 8명에 더해 CPU 전용이었던 보스 4명 '사천왕'도 선택 가능해졌다.

　플레이어 캐릭터가 증가했기에 이에 맞춰 밸런스를 조절했고, 모든 캐릭터에 어나더 컬러가 추가되어 동일 캐릭터 간의 대전도 실현됐다. 내용도 대전에 중점을 두어 더욱 진화시켰다.

　명작이라 평가받는 전작을 기반으로 삼아, 동일 캐릭터 간 대결 가능 및 대전 승리 후 직전의 CPU 대전 속행 등이 추가됨으로써 지금의 대전격투 게임이라는 장르의 포맷을 완전히 확립시킨 타이틀이 되어, 전작과 마찬가지로 대히트작이 되었다.

■ 조작방법 (캐릭터가 오른쪽을 향할 때)

점프 / 후방 점프 / 전방 점프 / 후퇴·가드 / 전진 / 앉기 / 약펀치 / 중펀치 / 강펀치 / 약킥 / 중킥 / 강킥

▲ 사용 가능한 캐릭터가 늘었고, 각 캐릭터마다 어나더 컬러 버전도 준비하여 플레이어 취향대로 선택할 수 있다.

▲ 전작에서 플레이어를 괴롭혔던 사천왕도 사용 가능하다. 대부분 밸런스를 악화시켰지만, 베가만큼은 상당히 강하다.

▲ 대인전에서 이기면 다음 배틀부터 싱글 플레이 모드로 돌아간다. 이 시스템은 이후 대전격투 게임의 표준이 되었다.

■ 캐릭터

류

켄
켄을 쫓아 해외로 나섰다. 강한 상대를 찾아 수행의 여행을 떠난다.

에드몬드 혼다
자타공인 류의 라이벌. 류의 편지를 받고 격투의 세계로 복귀한다.

춘리
스모의 위력을 증명하고, 세계에 스모의 훌륭함을 전파하기 위해 싸운다.

블랑카
아버지의 원수인 베가를 쫓는 인터폴 마약조사관. 사돌루를 쫓아 여행을 계속한다.

장기에프
왠지 모르게 전기를 발산하는 정글 야생아. 본능에 이끌려 싸움에 도전한다.

모국 러시아에 강한 애국심을 품은 레슬러. '레드 사이클론'이라는 별명이 있다.

가일

달심
살해당한 친구 '내쉬'의 마지막 마디를 단서로 삼아 베가를 뒤쫓는 군인.

M.바이슨 (역주 ※)
요가로 타인을 다치게 하는 것을 안타까워하면서도 이들을 위해 싸우는 남자.

발로그 (역주 ※)
슬럼가 태생이면서도 아메리칸 드림을 이뤄낸 남자. 사정을 봐주지 않는다.

사가트
아름답지 않은 것은 가치가 없다고 여기는 나르시시스트. 잔혹한 성격을 가졌다.

무에타이의 제왕. 류에게 패배했을 때 가슴팍에 상처가 남았다. 다시 최강이 되려 싸운다.

베가 (역주 ※)
사돌루의 총수. 암흑의 힘을 다루는 어둠의 제왕. 스스로 최강을 자처한다.

역주 ※: 위의 캐릭터에서 사천왕 4명 중 사가트를 제외한 3명은 수출판(한국 포함)에서는 일본판의 이름을 서로 뒤섞어놓았다. 본 지면에서는 원서를 따라 일본판을 기준으로 하였다.

010

격투에 속도감을 배가한 시리즈 제3탄

스트리트 파이터 II' 터보 HYPER FIGHTING

● 1992년 12월　　● 캡콤(개발·발매)

HYPER FIGHTING

기본 캐릭터 8명에 신 기술을 추가

인기 시리즈의 제3탄. 전작의 기능을 강화한 버전이자, 당시 우후죽순으로 쏟아져 나오던 불법 해적판에 대항해 나온 타이틀이기도 하다. 전체적으로 게임 속도가 빨라진 것이 특징이며, 필살기 입력 시간이 느슨해지는 등 디테일한 조정을 가했다. 또한 이전작들에서 문제로 꼽혔던 파동승룡 전술(역주 ※)의 대책으로서 신기술을 추가하고 밸런스를 조절했다.

게임 전반이 고속화되었기에 이전작들과는 또 다른 플레이 감각을 맛볼 수 있지만, 겉보기 그래픽 자체는 큰 변화가 없다 보니 마이너 업데이트에 불과하다는 평가도 많았던 작품이다.

■ 조작방법 (캐릭터가 오른쪽을 향할 때)

점프
후방 점프　　전방 점프
후퇴·가드　　전진
앉기
약펀치　중펀치　강펀치
약킥　중킥　강킥

▲ 밸런스가 한층 더 조정되어, 캐릭터간 성능 편차는 시리즈 중에서도 최소로 꼽힌다. 따라서 플레이어의 실력이 승패를 가른다.

▲ 새로 추가된 필살기는 주로 파동승룡 전술용 대책이지만, 공중에서도 필살기를 쓸 수 있도록 한 건 일종의 서비스였다고.

▲ 속도가 빨라진 탓에 CPU전의 난이도가 높아졌다. 자칫하면 장기에프나 혼다를 상대할 때조차 고전하게 된다.

■ 캐릭터

류

켄

에드몬드 혼다

춘리

블랑카

장기에프

가일

달심

M.바이슨

발로그

사가트

베가

역주 ※: 류나 켄을 쓰는 유저가 원거리에선 파동권을 연사하고, 점프 접근 시에는 승룡권으로 격추시켜 상대의 행동을 봉쇄해버릴 수 있었던 문제점. 일본에선 통칭 '새장[鳥籠]' 전술로 불리며 문제시되었다.

머슬 바머 THE BODY EXPLOSION

● 1993년 7월 ● 캡콤[개발·발매]

캐릭터 디자인은 만화가 하라 테츠오

프로레슬링을 테마로 한 2D 대전격투 게임. 1980년대 미국 프로레슬링 전성기 시절이 무대로서, 월드 투어 '크래시 카니발' 토너먼트선의 챔피언을 노린다. 명작 벨트스크롤 액션 게임인 「파이널 파이트」를 프로레슬링 형태로 리메이크한 느낌의 작품으로서, 링 안팎에서 흉기를 집어 들어 사용할 수도 있다.

캐릭터는 총 8명이 등장하며, 디자인을 '북두의 권'의 작화가로 유명한 하라 테츠오가 담당했다. 타이틀명인 '머슬 바머'는 오프닝 데모에 등장하는 빅터 오르테가의 기술명이기도 한데, 정작 빅터 오르테가는 아쉽게도 이 게임에서 사용할 수 없다.

■ 조작방법 (캐릭터가 오른쪽을 향할 때)

후퇴 ◀ ● ▶ 전진

앉기

공격　　점프　　풀

※ 전진·후퇴시 같은 방향을 2번 입력하면 대시한다.

▲ 기본 조작은 8방향 레버+3버튼 방식이다. 가드는 없으므로 상대방의 공격을 직접 이동해 피해야만 한다.

▲ 프로레슬링 게임인 만큼 코너 포스트에 올라서거나 사방의 로프를 활용하는 등 스릴 넘치는 공격이 가능하다.

▲ 캡콤의 인기 타이틀 「파이널 파이트」의 주인공 중 하나인 마이크 '마초' 해거 시장도 등장한다.

■ 캐릭터

알렉세이 잘라조프
러시아 출신이며, 별명은 '붉은 사자'. 쇼맨십을 싫어하는 스트롱 스타일(역주 ※1)의 천재 레슬러.

럭키 콜트
별명은 '플로리다의 야생마'. 잘라조프의 라이벌이다. 다혈질이라 종종 반칙패까지 가기도 한다.

미스테리어스 부도
별명은 '흰 얼굴의 악마'. 경량급이라 파워로서는 약하지만, 테크닉이 발군이라 절대 만만치 않다.

타이탄 더 그레이트
별명은 '최강최후의 거인'. 거구라 움직임은 둔하나, 파워만큼은 해거를 능가한다.

엘 스팅거
별명은 '아카풀코의 살인 벌'. 루차도르(역주 ※2) 선수 특유의 타고난 스피드와 유연함으로 링을 넘나든다.

마이크 '마초' 해거
모두 알다시피 '싸우는 시장'. 맞을수록 강해지며, 순식간에 상대를 때려눕히는 호쾌함이 장점.

시프 더 로얄
별명은 '길 잃은 양'. 전직 미식축구 선수로서, 힘과 체중을 실어 기술의 파괴력을 높이는 것이 특기.

'미싱 IQ' 고메스
별명은 '잃어버린 지성'. 원숭이들 사이에서 자라 운동능력이 높다. 행동이 원시인을 방불케 하지만, 실력은 톱클래스.

역주 ※1: 안토니오 이노키가 제창한, 실전성을 중시하는 프로레슬링 스타일.　　역주 ※2: 중남미 중심의 고유 프로레슬링 스타일. 복면 착용과 화려한 플레이가 특징.

신 캐릭터가 투입됐고, 그래픽·사운드도 진화했다

슈퍼 스트리트 파이터 II The New Challengers

● 1993년 9월　　● 캡콤(개발·발매)

'캐미'를 포함해, 신 캐릭터 4명이 등장

인기 시리즈 제4탄으로서, 「스트리트 파이터 II」를 대대적으로 리뉴얼했다. 최신 기판 'CP SYSTEM II' 기반으로 제작된 덕에, 그래픽·음악 등의 전반적인 연출이 강화되었다. 캐릭터는 기존 12명에 신규 캐릭터 4명을 추가했고, 캐릭터당 컬러도 8색으로 늘렸다. 캐릭터 보이스에도 프로 성우를 기용했으며, 보이스량도 늘어났다.

시스템은 기존과 같은 8방향 레버+6버튼 방식이지만, 게임 스피드는 전작 「스트리트 파이터 II' 터보」에서 다시 「스트리트 파이터 II'」 시점 기준으로 되돌려 신규 플레이어를 배려했다.

■ 조작방법 (캐릭터가 오른쪽을 향할 때)

점프 / 후방 점프 / 전방 점프 / 후퇴·가드 / 전진 / 앉기 / 약펀치 / 중펀치 / 강펀치 / 약킥 / 중킥 / 강킥

▲ 신규 캐릭터로 썬더 호크, 페이롱, 캐미, 디제이 4명을 추가했다. 특히 캐미는 제일 인기가 많았다.

▲ 스테이지도 원작의 분위기는 유지하되 전체적으로 새로 그렸다. 다만 배경의 선박이나 장식용 캐릭터 등은 일부 변경했다.

▲ 기존 캐릭터도 이전판을 바탕으로 그래픽을 다시 제작했다. 특히 사천왕은 일반 기술에 동작 애니메이션을 추가했다.

■ 캐릭터

류

진정한 격투가가 되기 위해 최강자와의 싸움에 몰두한다.

켄
자타가 공인하는 류의 라이벌.

에드몬드 혼다

실은 티라미수를 좋아한다는 스모 레슬러.

춘리
아버지의 원수인 샤돌루를 쫓는 형사.

블랑카

전기를 발산하는 정글 출신의 야생아.

장기에프

잘 단련된 강철 육체를 지닌 뒷골목 프로레슬러.

가일

베가를 물리치려, 나라도 처자도 버리고 여행을 떠난다.

달심

요가의 달인으로서, 인간의 범주를 넘은 육체의 소유자.

M.바이슨

먹고살기 위해 길거리 싸움을 하는 프로 복서.

발로그
아름다운 것과 본인 외에는 인정하지 않는 나르시시스트 남자.

사가트

류를 이겨 다시 격투기의 제왕으로 복귀하기 위해 싸운다.

베가

악의 오라로 온몸을 감싼 악의 제왕.

썬더 호크

샤돌루에게 빼앗긴 성지를 되찾기 위해 싸우는 전사.

캐미

기억을 상실한 특수 공작부대원. 사실은……

페이롱
세계 최고의 격투가가 되려 싸움에도 전한 영화 배우.

디제이

'남국의 혜성'이라고 칭송을 받아온 킥복서.

뜨겁게 끓어오르는 우정의 콤비로 상대 팀을 격파하라!

머슬 바머 DUO HEAT UP WARRIORS

● 1993년 12월 ● 캡콤(개발·발매)

최대 4명까지 같은 캐릭터로 대결도 가능

　팀 배틀 로얄(=태그 배틀)제를 채택한 업그레이드판. 프로레슬링이 테마인 타이틀로서, 캐릭터 디자인은 전작과 동일한 하라 테츠오가 맡았다.

　태그 배틀에 특화시켜 밸런스를 조정한 결과, 전작에 있었던 싱글 매치 모드를 없앤 대신 최대 4명이 동일 캐릭터로도 배틀할 수 있도록 하였다. 조작 방식은 전작처럼 8방향 레버+3버튼이지만, 공격 버튼과 잡기 버튼을 나눠놓아 구분하여 사용할 수 있게끔 했다. 전작과의 가장 큰 차이는, 가드가 가능해졌고 전략성도 향상되었다는 점이다.

■ 조작방법 (캐릭터가 오른쪽을 향할 때)

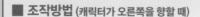

후퇴 ◀ ▶ 전진

앉기

잡기　　공격　　점프

※ 공격 버튼+레버 역방향으로 가드
※ 전진·후퇴시 같은 방향을 2번 입력하면 대시한다.

▲ 전작에서 호평받았던 '팀 배틀'이 메인 모드가 되어, 친구와 협동 플레이를 즐길 수 있다.

▲ 모든 캐릭터에 2종 이상의 기술을 추가했다. 좌우의 상대를 동시 공격하는 기술과, 상대를 잡지 않고도 던지는 기술도 있다.

▲ 다양한 특수 기술이 추가되어 게임 밸런스가 달라졌고, 상대와의 심리전 감각도 크게 바뀌었다.

■ 캐릭터

알렉세이 잘라조프

러시아 출신의 레슬러로, 별명은 '붉은 사자'. 콜트와 '하이퍼 캐논즈' 팀을 결성했다.

럭키 콜트

미국 출신으로서. 별명은 '플로리다의 야생마'. 잘라조프와는 해거를 스승으로 둔 동문이다.

미스테리어스 부도

일본 출신으로서. 별명은 '흰 얼굴의 악마'. 고메스와 '이그조틱 워리어즈'를 결성했다.

타이탄 더 그레이트

영국 출신으로서. 별명은 '최강최후의 거인'. 스팅거와 '더 데들리 브라더즈'를 결성했다.

엘 스팅거

멕시코 출신의 루차도르. 별명인 '아카풀코의 살인 별'처럼, 전 캐릭터 중 스피드가 가장 빠르다.

마이크 '마초' 해거

미국 출신이며, 메트로시티의 시장. 타고난 정의감과 파워로 악당을 제압한다.

시프 더 로얄

시드니 출신의 레슬러. 이번 작품에선 해거와 태그 팀 '너글 버스터즈'를 결성했다.

'미싱 IQ' 고메스

도미니카 공화국 출신의 레슬러. 별명인 '잃어버린 지성'대로, 링에서 난동을 피우기 일쑤다.

키마라 더 바운서

미국 출신으로서. 별명은 '사나운 큰 고래'. 이번 작품의 라스트 보스인 악역 레슬러다.

아스트로

정체불명의 복면 레슬러. 별명은 '갈색 섬광'이다. 키마라와 '사일런트 어쌔신즈'를 결성했다.

슈퍼 스트리트 파이터 II X Grand Master Challenge

● 1994년 2월　　● 캡콤(개발·발매)

■ '권'의 '극'에 달한 자, 고우키의 데뷔작

사실상 「스트리트 파이터 II」 시리즈의 최종작. 전작처럼 캐릭터 16명 중 하나를 골라, 등장하는 12명의 캐릭터와 싸우자. 기본 시스템은 기존과 동일하나, 게임 스피드의 변경이 가능해졌고 모든 캐릭터에게 신규 필살기 '슈퍼 콤보'가 추가되었다. 또한 유명한 '고우키'의 데뷔작도 이 작품으로, '고우키'는 이후부터의 모든 시리즈에 거의 대부분 등장하는 인기 캐릭터가 되었다.

기존 작품들의 요소를 총망라한 시스템에 '고우키 등장'이라는 신규 요소를 더한 이 작품은 명실상부한 이 시리즈의 결정판으로서, 지금도 인기가 많은 롱런 타이틀이다.

■ 조작방법 (캐릭터가 오른쪽을 향할 때)

점프 / 후방 점프 / 전방 점프 / 후퇴·가드 / 전진 / 앉기
약펀치 / 중펀치 / 강펀치 / 약킥 / 중킥 / 강킥

▲ 슈퍼 콤보는 화면 하단의 게이지가 꽉 차면 사용 가능한 초필살기다. 기술이 발동한 순간 무적이 되는 게 특징.

▲ 슈퍼 콤보는 뛰어난 위력에다 연출도 강렬하고 심리전에도 응용 가능해, 이후의 대전격투 게임들에 큰 영향을 끼쳤다.

▲ 인기 캐릭터 '고우키'의 데뷔작. 일정 조건을 만족시키면 최종 스테이지에서 대전할 수 있다. 숨겨진 커맨드로도 사용 가능.

■ 캐릭터

류	켄	에드몬드 혼다	춘리	블랑카	장기에프	가일	달심	고우키

썬더 호크	캐미	페이롱	디제이	M.바이슨	발로그	사가트	베가

몬스터의 특성을 살린 액션과 연출

뱀파이어 The Night Warriors [역주 ※]

● 1994년 6월 　　● 캡콤(개발·발매)

독특한 세계관의 판타지 격투 게임

흡혈귀·늑대인간 등의 전설 속 괴물이 등장해 대전하는 인기 시리즈의 제1탄. 등장 캐릭터 대부분이 '인간이 아닌 존재'라, 전투 동작 중에 인간에겐 불가능한 액션이 다수 있다는 점이 특징이자 매력이다.

시스템 쪽의 주요 특징은 '체인 콤보'와 '가드 캔슬'의 채용으로, 특히 체인 콤보는 입력 타이밍이 매우 까다로우나 성공하면 상대가 큰 대미지를 입는다. 비주얼 쪽은 캐릭터를 애니메이션 풍으로 표현했는데, 일반적인 게임 대비 3~4배에 달하는 대량의 컷을 투입한 덕에 모션이 매우 매끄럽고 생동감이 넘친다.

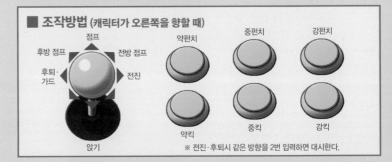

■ 조작방법 (캐릭터가 오른쪽을 향할 때)

점프 / 후방 점프 / 전방 점프 / 후퇴·가드 / 전진 / 앉기
약펀치 / 중펀치 / 강펀치 / 약킥 / 중킥 / 강킥

※ 전진·후퇴시 같은 방향을 2번 입력하면 대시한다.

▲ 그래픽은 「스트리트 파이터」 시리즈와는 차별화된 셀 애니메이션풍 표현. 이후 캡콤 2D 대전격투 게임의 표준이 되었다.

▲ 시리즈의 최대 특징이라 할만한 체인 콤보. 타이밍 맞추기가 매우 까다롭다.

▲ 가드 캔슬도 캡콤 제 2D 대전격투 게임 중에선 처음 도입됐다. 가드 상태에서 반격이 가능해, 전략성이 크게 넓어진다.

■ 캐릭터

데미트리 막시모프

'어둠의 귀공자'라는 별명의, 마계지배를 꾀하는 뱀파이어 귀족. 야망에 걸맞은 강한 마력의 소유자다.

가론

'질풍의 늑대인간'이라 불린다. 웨어울프와 인간의 혼혈로서, 중국권법을 터득해 마물의 힘을 구사한다.

빅토르 폰 게르덴하임

미치광이 박사 게르덴하임이 만든 인조인간. 별명은 '괴력의 시체'. 정신연령이 낮다.

자벨 자록

명왕 '오좀'을 따르는 좀비. 별명은 '죽음의 락커'. 강대한 힘을 얻기 위해 다른 다크스토커를 덮친다.

모리건 앤슬랜드

앤슬랜드 가문의 차기 당주인 서큐버스. 별명은 '밤의 여왕'. 그저 심심풀이로 싸움에 뛰어들었다.

아나카리스

고대 이집트 왕의 영혼이 깃든 미라. 멸망한 왕국을 부활시키기 위해 직접 나선다.

펠리시아

인간의 보살핌을 받고 자라난 캣우먼. 악당을 무찔러 유명해지기 위해 싸움에 나선다. 별명은 '꿈꾸는 고양이소녀'.

비샤몬

저주받은 갑옷과 명검에 빙의돼버린 사무라이의 구슬픈 말로. 별명은 '저주받은 무사'.

올바스

물고기인간들의 나라 국왕. 왕국을 멸망시킨 원흉인 파이론을 찾고 있다. 별명은 '물의 영웅'.

사스콰치

마을에서 제일 센 빅풋 청년. 위험한 존재로부터 마을을 지키기 위해 싸움에 참여한다. 별명은 '눈의 호걸'.

역주 ※ : 한국에서는 해외판 타이틀명인 「Darkstalkers : The Night Warriors」로 가동되었다.

슈퍼 머슬 바머 The International Blowout

시스템을 대폭 변경해, 사실상 대전격투 게임이 되다

● 1994년 8월 　　● 캡콤(개발·발매)

■ 잡기 중심이 된, 시리즈의 제3탄

프로레슬링이 테마인 인기 시리즈의 제3탄. 이전작들처럼 '잡기' 기술 중심이지만, 시스템을 액션 게임에서 대전격투 게임에 가까운 방향성으로 변경했다. 등장하는 레슬러는 14명으로 늘어났고, 캐릭터 디자인은 시리즈 공통으로 하라 테츠오가 담당했다.

전작의 1년 후가 무대로서 룰을 기존의 프로레슬링식에서 KO식 3판 2승제로 변경했고, 시스템도 8방향 레버 +5버튼식으로 크게 바뀌었다. 덕분에 잡기(던지기) 버튼이 별도 분리되어, 등장하는 모든 캐릭터가 잡기 계열인 프로레슬링다운 게임이 되었다.

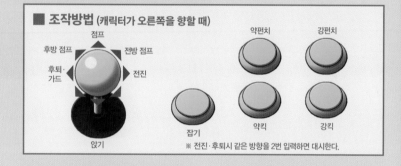

■ 조작방법 (캐릭터가 오른쪽을 향할 때)

점프 / 후방 점프 / 전방 점프 / 후퇴·가드 / 전진 / 앉기

약펀치 / 강펀치 / 잡기 / 약킥 / 강킥

※ 전진·후퇴시 같은 방향을 2번 입력하면 대시한다.

▲ 폴과 기브업을 없애고, 룰을 KO식의 3판 2승제로 변경했다. 따라서 한쪽의 체력 게이지가 바닥나면 라운드가 종료된다.

▲ '블랙 위도우' 등, 4명의 신규 캐릭터를 추가했다. 전작과 마찬가지로 해거 시장도 사용 가능.

▲ 오프닝에 등장하는 빅터 오르테가가, 이번 작품에선 플레이어 캐릭터로도 나온다. 팔살기 '머슬 바머'도 사용할 수 있다.

■ 캐릭터

알렉세이 잘라조프

럭키 콜트

미스테리어스 부도

타이탄 더 그레이트

엘 스팅거

마이크 '마초' 해거

시프 더 로얄

'미싱 IQ' 고메스

키마라 더 바운서

아스트로

블랙 위도우

빅터 오르테가

립 세이버

더 레이스

기존 격투 게임의 고정관념을 깨뜨린 의욕작
X-MEN CHILDREN OF THE ATOM
● 1994년 12월　　● 캡콤(개발·발매)

조작은 간단하게, 액션은 화려하게

　마블 코믹스 'X-MEN'의 인기 캐릭터 12명과 히든 캐릭터 1명이 등장하는 2D 대전격투 게임. 화면 여러 개 높이만큼 뛰어오르는 '슈퍼 점프'와 X 파워 게이지를 소비하는 초필살기 '하이퍼 X'를 도입하여, 상당히 화려한 공방이 펼쳐진다. 캡콤의 대전격투 게임으로는 최초로 '벡터 이론'을 적용해, 기술을 맞은 캐릭터에 고유의 관성이 작용하여 튕겨나가는 방향·각도·강도가 달라진다.

　「스트리트 파이터 II」 이후의 대전격투 게임들 대다수가 엇비슷한 시스템 일색이던 와중에, 그 원조인 캡콤 스스로가 고정관념을 멋지게 깨뜨림으로써 대성공한 게임이 되었다.

■ 조작방법 (캐릭터가 오른쪽을 향할 때)

점프 / 후방 점프 / 전방 점프 / 후퇴 가드 / 전진 / 앉기

약펀치 / 중펀치 / 강펀치 / 약킥 / 중킥 / 강킥

※ 전진·후퇴시 같은 방향을 2번 입력하면 대시한다.

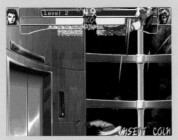

▲ 슈퍼 점프는 이 작품을 상징하는 액션 중 하나다. 심지어 대부분의 필살기가 공중에서도 사용 가능하다.

▲ 캡콤의 대전격투 게임으로는 처음으로 벡터 이론을 적용했다. 덕분에 기술을 맞은 후의 선택지가 다양해졌다.

▲ X 파워 게이지를 소비하여 특수능력 'X 파워'와 멋진 연출의 초필살기 '하이퍼 X'를 사용 가능하다.

■ 캐릭터

울버린

엑스맨의 멤버 중 하나. 아다만티움 클로로 싸운다. 움직임이 빨라, 러시로 상대를 몰아붙인다.

사일록

엑스맨의 멤버 중 하나. 인술을 익힌 뮤턴트다. 지상·공중을 불문하고 연속공격을 할 수 있다.

사이클롭스

엑스맨의 리더. 필살기는 대공기와 빔 발사. 빔은 이 캐릭터의 기본공격이지만 빈틈이 크니 주의.

스톰

엑스맨의 멤버 중 하나. 기후를 조작하는 능력이 있어, 필살기와 공격수단도 회오리·번개 등이다.

아이스맨

엑스맨의 멤버. 레이저 내성이라 빔 계 공격에는 가드 대미지가 없는 게 특징. 근접공격계 캐릭터다.

콜로서스

엑스맨의 멤버. 파워가 강하고, 일반공격도 가드 대미지가 들어갈 만큼 위력이 크다.

스파이럴

빌런 중 하나. 뮤턴트가 아니라, 다른 차원의 인조생명체다. 다양한 능력을 사용하는 테크니컬 캐릭터.

실버 사무라이

빌런 중 하나. 일본의 야쿠자로서, 무기인 칼은 가드 시에도 대미지가 들어간다. 위력이 강한 기술이 많다.

오메가 레드

빌런 중 하나. 러시아의 초인 병사로, 울버린과 인연이 있다. 공격시 리치가 비상식적으로 길다.

센티널

빌런 중 하나. 뮤턴트 제압용으로 만들어진 로봇. 다만, 이 작품에 등장하는 센티널은 캡콤의 오리지널 디자인이다.

신 캐릭터 2명을 추가한, 「뱀파이어」의 강화판

뱀파이어 헌터 Darkstalkers' Revenge [역주 ※]

● 1995년 3월 　　● 캡콤(개발·발매)

■ 조작의 문턱을 크게 낮춘 완성형

독자적인 세계관을 구축한 시리즈의 제2탄. 캐릭터는 전작에도 등장했던 10명에 도노반과 레이레이를 추가했고, 전작의 중간보스와 최종보스도 사용할 수 있도록 했다.

특징적인 시스템으로는 입력 타이밍을 여유롭게 조정한 '체인 콤보'를 비롯해 '가드 캔슬'과 대시, 다운 공격 등이 있으며, 이동하여 기상하는 조작도 추가됐다. 또한 스페셜 게이지를 여러 개 저장 가능해졌고, 'EX 필살기' 등의 강력한 기술도 사용할 수 있다.

출시를 서두르다 보니 밸런스에 아쉬운 부분이 많았던 전작에 비하면, 이 작품은 초보자·상급자를 불문하고 쾌적하게 플레이할 수 있는 편이다.

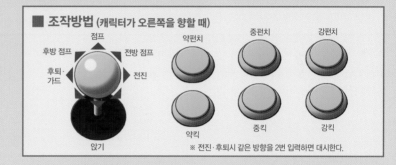

■ 조작방법 (캐릭터가 오른쪽을 향할 때)

점프 / 후방 점프 / 전방 점프 / 후퇴·가드 / 전진 / 앉기

약펀치 / 중펀치 / 강펀치 / 약킥 / 중킥 / 강킥

※ 전진·후퇴시 같은 방향을 2번 입력하면 대시한다.

▲ 이번 타이틀은 '다크스토커를 사냥하는' 입장인 신규 캐릭터 '도노반'과 '레이레이'가 사실상의 주인공이다.

▲ 입력 타이밍이 여유로워져, 전작의 까다로움이 해결됐다. 연결이 어려웠던 체인 콤보도 이번엔 쉬워졌다.

▲ 전작의 중간보스였던 '포보스'와 최종보스 '파이론'을 사용 가능. 밸런스를 조정했고 EX 필살기도 추가되었다.

■ 캐릭터

데미트리 막시모프

장풍기도 대공기도 있어, 밸런스가 좋은 캐릭터.

가론

민첩함을 살려 콤보를 넣기 쉬운 공격형 캐릭터.

빅토르 폰 게르덴하임

공격력이 높은 캐릭터. 잡기 기술이 다양하다.

자벨 자록

현란한 모션으로 상대를 농락하는 공격형 캐릭터.

모리건 앤슬랜드
기본에 충실하고 밸런스가 잡힌 캐릭터.

아나카리스
중거리전일 때 충분한 위력을 발휘하는 캐릭터.

펠리시아

낮은 공격력을 기동성으로 보완하는 스피드형 캐릭터.

비샤몬

공격범위가 넓고 반격이 강한 카운터형 캐릭터.

올바스

리치가 길고 상태 이상 등도 있는 테크니컬형 캐릭터.

사스콰치

이 작품 이후 점점 코믹하게 바뀌는 힐링 캐릭터.

포보스

강력한 장풍으로 상대를 근접시키지 않는 캐릭터.

파이론

강력한 장풍으로 상대를 근접시키지 않는 우주인.

도노반 바인

지구를 자신의 수집품으로만 들려는 우주인.

도노반 바인
인간과 다크스토커의 혼혈.

레이레이
스스로 다크스토커로 변화한 '강시 소녀'.

역주 ※: 한국에서는 해외판 타이틀명인 「Night Warriors : Darkstalkers' Revenge」로 가동되었다.

사이버보츠 FULLMETAL MADNESS

● 1995년 4월   ● 캡콤(개발·발매)

두 로봇이 격돌하는 대전격투 게임

1994년 출시했던 벨트스크롤 액션 게임 「파워드 기어」(역주 ※)의 설정을 기반으로 제작한 2D 대전격투 게임. 인간형 기동병기 '배리언트 아머'(V.A.)를 조작해, 상대 V.A.와 대전한다. 파일럿이 될 6명의 등장 캐릭터 중 하나를 고르고, 실제 조작할 V.A.를 선택하자. V.A.는 기본 바디 타입 4종류가 있고, 각 타입별로 무장이나 하체가 차별화된 바리에이션 3종이 제시된다. V.A.가 보여주는 다채로운 액션과 캐릭터 전원의 뚜렷한 개성이 특징이며, 스토리는 캐릭터에 연관되므로 자신이 잘 다루는 V.A.만으로도 다양한 캐릭터의 스토리를 즐길 수 있다.

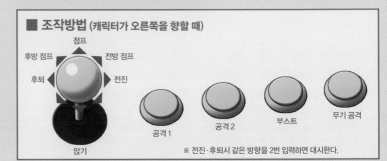

■ 조작방법 (캐릭터가 오른쪽을 향할 때)

점프 / 후방 점프 / 전방 점프 / 후퇴 / 전진 / 앉기

공격1 / 공격2 / 부스트 / 무기 공격

※ 전진·후퇴시 같은 방향을 2번 입력하면 대시한다.

▲ 인간이 아닌 거대 기동병기끼리 격투하는 게임으로서, 기존 대전격투 게임과는 뚜렷이 차별화된 액션이 펼쳐진다.

▲ 개성적인 캐릭터들이 펼치는 시나리오가 특징으로, 고른 캐릭터에 따라 설정과 스토리가 변화한다.

▲ 선택한 캐릭터와, 그가 탑승하는 V.A.+무장의 조합에 따라 게임 전개가 크게 달라지는 것도 이 작품의 매력이다.

■ 캐릭터

진 사오토메

뜨거운 투지를 가슴에 품은, 젊은 V.A. 파일럿. 1년 전의 부친 사망에 대한 진상을 밝히기 위해 싸움에 몸을 던진다.

마리 미야비

냉정한 판단력과 뛰어난 V.A. 조종 능력을 겸비한 군인. 특명을 받아, 탈주한 포로의 포획이라는 단독임무를 맡는다.

산타나 로렌스

V.A.의 불법 개조 부품을 매매하는 상인. 군용 부품을 입수해 한밑천 잡으려고 연합국 콜로니에 잠입한다.

가웨인 머독

전 연합국 V.A. 제1소대 대장인 역전의 전사. 실험용 기제의 모의전투 테스트 당시 기체가 폭주해, 부하 전원을 잃었다.

바오 & 마오

어느 작은 나라에 사는 어린 야생아 남매. 우연히 발견한 무인 V.A에 탑승해 기동시킨 후, 능숙하게 조종한다.

아리에타

연합국에서 극비 연구를 위해 감금시켜 왔던 소녀. 일반인을 훨씬 능가하는 생체 에너지를 지니고 있다.

치요마루 & 텟산

콜로니 연합군에 대항하는 레지스탕스의 리더인 치요마루와, 그의 아버지인 타츠노신의 오른팔이었던 참모 텟산의 콤비.

셰이드

연합군이 개발한 생체병기로서, 전 연합군 V.A. 부대 대원. 특기는 뇌파 대응. 조종기는 뇌파 컨트롤로 V.A.를 조종하는 것.

데빌로트 일당

비합법 콜로니 '헬도라도'의 왕위 계승자 데빌로트와, 전속 교육담당·전속 발명가의 3인조.

영화판의 세계관을 즐기는 2D 대전격투 게임
스트리트 파이터 더 무비

● 1995년 6월　　● 인크레더블 테크놀로지스(개발) / 캡콤(발매)

실사 영화판의 배우를 기용한 이색 타이틀

「스트리트 파이터」 시리즈의 스핀오프 작품. 같은 제목의 실사영화가 원작으로서, 장 클로드 반담 등 원작에 출연했던 배우들로 영상을 다시 촬영해이 영상을 가공한 그래픽을 적용했다. 시스템 면에서 보면, 잡기 풀기·낙법·던지기 카운터·체력 회복기 등 같은 시리즈의 타 작품에 없는 오리지널 요소가 많다. 등장 캐릭터는 주인공 '가일'과 영화에 등장했던 13명을 비롯해, 고우키가 모델인 '아쿠마' 등의 히든 캐릭터 3명이 있다. 참고로, 이 작품은 후일 가정용 게임기로 발매되었던 「스트리트 파이터 : 리얼 배틀 온 필름」과는 별개의 게임이다.

■ 조작방법 (캐릭터가 오른쪽을 향할 때)

점프 / 후방 점프 / 전방 점프 / 후퇴·가드 / 전진 / 앉기

약펀치　중펀치　강펀치
약킥　중킥　강킥

▲ 당시 미국에서 대히트했던 「모탈 컴뱃」과 얼핏 비슷한 그래픽이나, 유혈·잔혹 묘사는 전혀 없다.

▲ 영화판의 설정 기준이라, 주인공도 '가일'이다. 원작의 배우가 보이스도 녹음해서, 기존 시리즈와는 분위기가 사뭇 다르다.

▲ 기존 시리즈와는 그래픽도 모션도 다른 반면, 필살기는 나름 충실히 재현했다. 일부 캐릭터엔 눈에서 빔을 쏘는 등의 괴상한 연출도 있다.

■ 캐릭터

가일 대령

이 작품의 주인공. UN 샤돌루 파견군의 사령관.

캐미

가일의 부하로, 채찍을 사용하는 기술이 추가되었다.

캡틴 사와다

가일의 부하로서, 커맨드 부대를 지휘한다.

춘리

아버지를 죽인 베가에 복수를 맹세한 여성 격투가.

E·혼다
전 스모 선수. 잃어버린 명예를 되찾으려 싸운다.

발로그

사가트에게 권투선수로서의 삶을 빼앗긴 남자.

류
정처 없이 전세계를 떠도는 스트리트 파이터.

켄

유랑 중인 스트리트 파이터 겸 도박사.

블레이드

바이슨군의 돌격대원 '바이슨 트루퍼즈'의 일원.

베가

샤돌루 투기장에서 싸우는 스트리트 파이터.

사가트

샤돌루갱의 총수로 활동하고 있다.

장기에프

바이슨의 보디가드로 일하는 괴력의 러시아인.

바이슨 장군

악의 격투왕. 최종 보스로 등장한다.

아쿠마

일본명 '고우키'. 순옥살이 연속 공격으로 바뀌었다.

「스트리트 파이터 II」의 프리퀄격 작품

스트리트 파이터 ZERO [역주 ※]

● 1995년 6월　　● 캡콤(개발·발매)

그래픽과 시스템을 대폭 리뉴얼하다

기존작들의 이미지에서 대전환해, 새로운 계보를 만들어낸 신규 시리즈. 원래는 「스트리트 파이터 III」 출시 전까지의 공백기를 메우기 위한 틈새 작품이었지만, 3편의 개발 지연 탓에 「~ZERO」도 독립 시리즈화되었다. 스토리적으로는 1편과 2편 사이로서, 캐릭터는 류·켄·춘리를 비롯해 1편 및 「파이널 파이트」의 캐릭터+오리지널 신 캐릭터까지 10명, 여기에 히든 캐릭터도 3명 마련했다. 그래픽 역시 명암을 넣은 픽셀 그래픽이었던 전작에서 차별화해, 색조가 선명한 애니메이션풍으로 변경했다. 시스템 면에서도 제로 콤보(체인 콤보), 제로 카운터(가드 캔슬), 오토 가드 등 캡콤의 다른 작품에서 사용된 적이 있는 시스템들을 도입했다.

■ 조작방법 (캐릭터가 오른쪽을 향할 때)

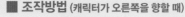

점프 / 후방 점프 / 전방 점프 / 후퇴·가드 / 전진 / 앉기 / 약펀치 / 중펀치 / 강펀치 / 약킥 / 중킥 / 강킥

▲ 그래픽이 전작까지의 리얼풍에서 애니메이션풍으로 전환했고, 분위기도 밝고 경쾌하게 바뀌어 신선해졌다.

▲ 시스템도 「스트리트 파이터 II」 시리즈와는 대폭 차별화하여, 레벨식의 '슈퍼 콤보'와 '제로 카운터'를 도입했다.

▲ 히든 캐릭터로 베가와 고우키, 단이 등장한다. 조건에 맞추면 극장판 애니메이션의 류·켄 VS 베가 최종 결전이 재현된다.

■ 캐릭터

류

진정한 강함이란 무엇인지를 쫓는 도전자. 의문의 파워를 지닌 격투가의 소문을 듣고 다시 여행을 떠났다.

켄

미국에서 수행 중이었지만, 류가 사가트를 물리치자 류와 겨루기 위해 일본에 귀국한다.

춘리

아버지의 행방을 찾던 도중 그가 쫓던 마약조직의 단서를 포착해, 위험을 무릅쓰고 마약조직 수사를 시작했다.

사가트

1편에서 류에게 패배했으나, 류를 쓰러뜨려 설욕하고 왕좌를 탈환하려 다시 일어섰다.

아돈

1편에서 류에게 지고는 종적을 감춘 사가트에 실망해, 사가트를 끌어내리기 위해 싸움에 도전한다.

버디

어느 날 거대 마약 밀매조직의 존재를 알고서, 조직에 어필하기 위해 각국의 격투가들에게 결투를 신청한다.

가이

무신류 인술 39대 계승자. 매드 기어와의 싸움에서 자신의 역부족을 느껴, 실전 경험을 쌓기로 한다.

소돔

범죄조직 '매드 기어'가 괴멸되자 일본에서 독특한 무술을 익힌 후, 매드 기어를 재건하기 위해 미국으로 귀환했다.

내쉬 [역주 ※2]

군의 상부가 마약 밀매조직과 연결돼 있다는 정보를 얻고, 상부 몰래 마약 밀매조직 조사를 시작했다.

로즈

정신력을 힘으로 바꾸는 '소울 파워' 능력자. 악의 파워를 지닌 자를 봉인하기 위해 모습을 감췄다.

역주 ※1: 한국에서는 해외판 타이틀명인 「스트리트 파이터 알파」로도 가동되었다.　　역주 ※2: 해외판에서는 'Charlie'로 이름이 바뀌었다. 이후 시리즈도 동일.

보스 러시! 시리즈 역대 강적들과의 정면승부

록맨 더 파워 배틀

● 1995년 9월　　● 캡콤(개발·발매)

■ 「록맨」 시리즈의 특징을 시스템에 도입하다

대인기 액션 게임 「록맨」 시리즈를 원작으로 삼아 제작한 대전격투 액션 게임. 원작의 탐색 및 잡졸 전투 등은 배제하고 역대 시리즈에 등장했던 보스들과의 대결에만 집중하여, 쓰러뜨린 보스의 개성적인 특수무기를 입수한 후 다른 보스를 물리치러 가는 「록맨」 시리즈 특유의 진행방식에 초점을 맞춘 게임이다. 출현하는 적이 달라지는 'ROCKMAN 1~2'·'ROCKMAN 3~6'·'ROCKMAN 7'의 총 3가지 코스로 나뉘며, 이중 자유롭게 선택해 진행할 수 있다. 대전 상대는 룰렛으로 정하지만, 나중에 선택될수록 해당 보스의 체력이 늘어나는 시스템이다.

■ 조작방법 (캐릭터가 오른쪽을 향할 때)

후퇴　전진

공격　점프　무기 선택

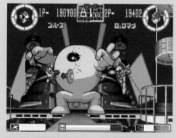

▲ 2인 플레이를 지원하긴 하나 협력 플레이만 가능하며, 대인전은 제공하지 않는다. 입수한 특수무기도 1P·2P가 공동 사용 가능.

▲ 모든 보스는 반드시 그 보스가 등장하는 코스 내에서 입수한 무기 중 하나가 약점이다.

▲ 2인 플레이로 클리어하면, 사용하는 두 캐릭터의 엔딩을 모두 보여준다.

■ 캐릭터

록맨	블루스	포르테	컷맨	거츠맨	아이스맨	크래시맨	히트맨	우드맨

록맨
노멀 샷은 제일 작지만 최대 4연발이 가능하다. 대시를 쓰면 슬라이딩을 한다.

블루스
노멀 샷은 제법 큼직한 화염을 쏴 최대 2연발이다. 대시를 쓰면 방패를 들고 돌진한다.

포르테
노멀 샷은 중간 크기의 탄을 최대 3연발로 쏜다. 대시를 쓰면 저공비행을 한다.

마그넷맨	제미니맨	더스트맨	자이로맨	네이팜맨	플랜트맨	프리즘맨	정크맨	클라우드맨	슬래시맨	셰이드맨	터보맨

어벤져스도 참전한, 마블 격투 게임 제2탄

마블 슈퍼 히어로즈

● 1995년 10월　　● 캡콤(개발·발매)

에어리얼 레이브로 더욱 화려해진 배틀

　마블 코믹스의 '인피니티 건틀렛'을 원작으로 삼은, 마블 판권물 격투 게임 제2탄. 출전 캐릭터로는 엑스맨 및 어벤져스에서 10명이 선발돼 등장한다.

　독자적인 신규 시스템이 다수 도입된 작품이기도 한데, 대표적으로는 공중으로 적을 띄운 후 추격하는 '에어리얼 레이브', 6종류의 보석을 사용하는 '인피니티 젬', 인피니티 게이지를 소비하는 '인피니티 스페셜'과 '인피니티 카운터' 등이 있다.

　그래픽 수준도 높으며, 마블 히어로들을 자유자재로 조작하는 쾌감과 진화된 시스템, 다양한 조합이 가능한 콤보 덕에 플레이 감각이 상쾌한 작품이되었다.

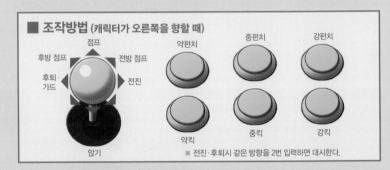

■ 조작방법 (캐릭터가 오른쪽을 향할 때)

점프 / 후방 점프 / 전방 점프 / 후퇴·가드 / 전진 / 앉기

약펀치 / 중펀치 / 강펀치 / 약킥 / 중킥 / 강킥

※ 전진·후퇴시 같은 방향을 2번 입력하면 대시한다.

▲ '에어리얼 레이브'는 공중으로 날릴 적을 슈퍼 점프로 따라잡아 계속 공격하는 콤보다.

▲ 대전 중에 나타나는 보석 '인피니티 젬'을 얻어 사용하면, 공격력 상승 등의 각 젬별 능력이 발휘된다.

▲ 체력 게이지 밑에 있는 인피니티 게이지를 모으면 필살기 '인피니티 스페셜'을 사용할 수 있다.

■ 캐릭터

캡틴 아메리카

제2차 세계대전 중에 탄생한 초인 병사. 어벤져스의 리더로서, 파워형에 가까운 만능 캐릭터.

헐크

감마선에 노출되어 괴력과 변신 능력을 얻은 천재 과학자. 파워형 캐릭터이며 의외로 기동력도 있다.

아이언맨

직접 만든 파워드 슈트를 착용하고 싸우는 병기 회사의 사장. 유니빔 등의 발사형 무기와 높은 기동성이 특징.

스파이더맨

미국 코믹스계를 대표하는 히어로. 날렵한 움직임과 일정시간 상대를 묶는 발사형 기술이 특징인 만능 캐릭터.

울버린

원작의 최고 인기 캐릭터. 민첩한 움직임과, 게임 초반자라도 화면을 종횡무진 누빌 수 있는 기동력이 장점.

사이록

정신 에너지를 칼날로 바꿔 싸우는 체술의 달인. 날렵한 움직임과 연속 공격의 뛰어난 파괴력으로 인기가 많다.

저거노트

보석의 힘으로 괴력을 얻은 프로페서 X의 의붓형제. 게임 내의 유일한 거구 캐릭터로서 공격력·방어력이 공히 높다.

매그니토

자력을 자유자재로 조종하는 '자력의 제왕'이며, 엑스맨의 숙적. 뛰어난 기동력과 다채로운 기술을 지닌 최강자.

블랙 하트

마계의 지배자 메피스토의 아들. 공격시 악마나 망자를 소환하기도 하고, 초접살기로 운석을 끌어오기도 한다.

슈마고라스

다른 차원에 사는 혼돈의 신이란 설정인 특이 형태의 캐릭터. 문어 같은 생김새에 원거리 기술도 특이한 게 많다.

투신전 2

● 1995년 11월　　● 탐소프트(개발) / 캡콤(발매)

플레이스테이션판을 아케이드로 역이식

플레이스테이션으로 발매되었던「투신전」의 속편으로서, 원작 발매와 거의 동시에 아케이드 게임으로도 역이식 출시된 3D 대전격투 게임. 전작의 1년 후가 배경으로, 보스를 포함해 13명의 캐릭터가 격돌한다. 조작은 8방향 레버 +4버튼 방식. 가드는 레버를 적의 반대 방향으로 입력하는 2D 게임형 시스템을 적용했다. 대시 공격, 배후 공격, 오버 드라이브 게이지 등의 신 요소를 도입했고, 특히 오버 드라이브 게이지가 MAX일 때는 초필살기 '궁극보기'를 사용할 수 있으며, 게이지가 빨갛게 점멸할 때는 '비전필살기'를 사용 가능하다.

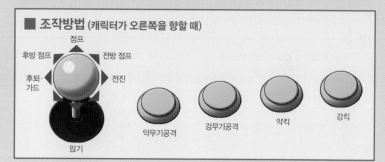

■ 조작방법 (캐릭터가 오른쪽을 향할 때)

- 점프
- 후방 점프
- 전방 점프
- 후퇴·가드
- 전진
- 앉기
- 약무기공격
- 강무기공격
- 약킥
- 강킥

▲ 전작의 캐릭터들에 더해, 신 캐릭터 3명이 참전했다. 보스 캐릭터도 리뉴얼됐고, 조작성도 크게 개선됐다.

▲ 전작에서 호평 받았던 일발 필살기 시스템은 유지했다. 초보자라도 화려한 기술을 펼칠 수 있다.

▲ 오버 드라이브 게이지는 대미지를 입을수록 상승하며, MAX 상태가 되면 초필살기 '궁극보기'를 사용할 수 있다.

■ 캐릭터

에이지 신조
게임의 주인공. 실종된 형 쇼를 찾아 세계를 떠도는 모험가가 되었다.

카인 아모
에이지와는 라이벌 관계인 영국인. 바운티 헌터가 되었다.

소피아
전직 러시아 첩보원. 기억을 잃은 후 단서를 찾아 대회에 참가했다.

런고 아이언
비밀결사에 납치된 아내와 자식을 구하려 투신대무회에 참가했다.

포 파이
마술사이지만, 진짜 정체는 살인 귀. 사용 중인 저주받은 무기의 영향이기도 하다.

몬도
어느 조직의 의뢰를 받아, 비밀결사 조사를 위해 투신대무회에 참가했다.

듀크 B. 램버트
프랑스의 시골 영주. 에이지와 리턴 매치를 하기 위해 대회에 참가했다.

엘리스
유랑극단의 댄서로서, 부모 없이 유랑극단에서 자랐다. 실은 가이아의 딸.

가이아
가족을 죽인 우라누스에게 복수하기 위해 투신대무회를 개최한 주최자.

트레이시
미국인 형사. 행동이 난폭한 문제아 경찰이지만, 정의감도 강하다.

카오스
전 비밀결사 4대 간부. 개조수술로 인해 정신이 이상해졌다.

다방면으로 대폭 업그레이드된 속편
스트리트 파이터 ZERO 2 [역주 ※]

● 1996년 3월　　● 캡콤(개발·발매)

카스가노 사쿠라가 처음 등장한 작품

「스트리트 파이터 ZERO」의 호평에 힘입어 제작된 속편. 레벨제 슈퍼 콤보, 제로 카운터, 공중 가드 등 전작의 시스템 거의 대부분을 계승했으나, 제로 콤보 대신 '오리지널 콤보'를 추가하는 등 일부는 개량하기도 했다. 이 작품으로 '카스가노 사쿠라'가 처음 데뷔했고, CPU 전용 히든 보스인 '진 고우키'도 등장한다.

캐릭터가 다수 증가했음에도 거리재기와 전략성을 중시하는 전통적인 게임성을 유지했고, 화려한 그래픽과 박력 있는 연출도 한몫하여 오락실에서 장기간 활약하며 안정적인 인기를 누렸다.

■ 조작방법 (캐릭터가 오른쪽을 향할 때)

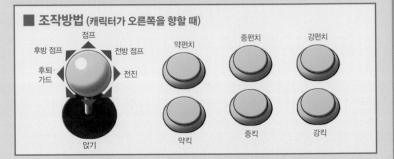

점프 / 후방 점프 / 전방 점프 / 후퇴·가드 / 전진 / 앉기
약펀치 / 중펀치 / 강펀치 / 약킥 / 중킥 / 강킥

▲ '레벨제 슈퍼 콤보'와 '초보자용 오토 모드'는 이번 작품도 여전해서 초보자라도 쉽게 플레이할 수 있다.

▲ 전작의 제로 콤보를 폐지한 대신, '오리지널 콤보'를 추가했다. 콤보를 발동하면 순간적으로 무적 상태가 된다.

▲ 이 작품에서 카스가노 사쿠라가 처음 등장한다. 겐·롤렌토·달심·장기에프 등 과거 작품들의 캐릭터도 일부 등장한다.

■ 캐릭터

류	켄	춘리	사가트	아돈	버디	가이	소돔	내쉬

로즈	베가	고우키	단	달심	장기에프	겐	롤렌토	사쿠라

역주 ※: 한국에서는 해외판 타이틀명인 「스트리트 파이터 알파 2」로도 가동되었다.

스타 글래디에이터 EPISODE:1 FINAL CRUSADE

● 1996년 7월   ● 캡콤(개발·발매)

호불호가 갈리는 개성적인 게임

캡콤이 개발한 최초의 오리지널 3D 대전격투 게임. 영화 '스타워즈'를 오마주한 작품이기도 하며, 인간을 포함해 다종다양한 외계인들이 라이트세이버(광선검) 등의 무기로 격투전을 펼친다.

조작은 8방향 레버+4버튼식을 적용했다. 캡콤 게임으로는 드물게 가드 버튼이 존재하고, 그 외의 버튼은 각각 종베기·횡베기·킥으로 배정했다. 이 타이틀의 특징이기도 한 '플라즈마 시스템'은 연속기 '플라즈마 콤보', 상대의 공격을 튕겨내는 반격기 '플라즈마 리버스', 궁극기 '플라즈마 스트라이크'로 크게 나뉜다.

■ 조작방법 (캐릭터가 오른쪽을 향할 때)

점프 / 후방 점프 / 전방 점프 / 후퇴·가드 / 전진 / 앉기

종베기 / 횡베기 / 가드 / 킥

※ 전진·후퇴시 입력 방향으로 고정하면 대시한다.

▲ '스타워즈'를 참고해 설정한 게임답게 비인간계 캐릭터가 다수 있어 스페이스 오페라 분위기가 물씬하다.

▲ 상대 캐릭터의 소속 세력이 스타 글래디에이터인지 제 4제국인지에 따라 출현 캐릭터 라인업이 달라진다.

▲ '플라즈마 콤보'는 루트 분기로 연결되는 추가 입력형 파생 콤보다. 캐릭터별로 3종류의 루트가 있다.

■ 캐릭터

하야토

주인공. 은의 빛을 갚아주기 위해 스타 글래디에이터에 지원했다.

준

여주인공. 부친의 원수를 토벌하기 위해 스타 글래디에이터에 지원했다.

새턴

행성 새턴의 길거리 곡예가. 곡예가가 다루는 요요에 매료돼 지구로 왔다.

가모프

나무꾼이었지만, 병약한 어머니와 동생들을 부양하려 바운티 헌터로 전직했다.

게럴트

스페인 출신의 투우사. 납치된 가족을 구하기 위해 제 4제국에 입대했다.

벡터

빌슈타인이 지구 정복을 위해 제작한 살육 로봇의 프로토타입.

림갈

티라노사우루스와 준의 아버지의 뇌를 사용하여 만들어진 합성인간.

젤킨
클론다이크 별 출신의 군인 새. 빌슈타인에 은혜를 갚으려 부하가 되었다.

고어
빌슈타인을 통해 살인의 즐거움을 배운 플라즈마 마술사.

빌슈타인

제 4제국을 통치하는 제왕. 선조의 원념에 사로잡혀 지구정복의 야망을 품는다.

슈퍼 빌슈타인

빌슈타인의 정신체. 검이 길어지고 공격력이 높아지는 등 전반적으로 강화됐다.

캇파

캇파 별의 엘리트 군인. 돌연 나타나 스타 글래디에이터의 조력자가 된다.

록맨 2 더 파워 파이터즈

● 1996년 7월　　● 캡콤(개발·발매)

■ 시스템을 개량했고, 인기 보스도 잔뜩

　보스 러시에 도전하는 시리즈의 두 번째 타이틀. 게임 시작 시 선택 가능한 3가지 코스는, 전작의 경우 보스의 출처로 구분했었지만 이번엔 '와일리 박사를 쫓아라!', '롤을 구하라!', '신규 부품을 되찾아라!'처럼 스토리의 목적에 따라 나누었다. 또한 다음에 싸울 보스를 직접 선택할 수 있도록 개량했다. 각 보스별로 약점인 무기를 선택 화면에서 메시지로 명확히 제시하여, 앞서 물리친 보스의 무기로 다음 보스와 싸운다는 기본 시스템의 취지를 강화했다. 이 외에도 2인 플레이 시 더 잘 싸운 쪽이 승리 후 무기를 획득하도록 했고, 서포트 메카가 드디어 참전하는 등의 변경점이 있다.

■ 조작방법 (캐릭터가 오른쪽을 향할 때)

후퇴　전진　공격　점프　무기 선택

▲ '절대 쓰러지지 않는' 밈의 주인공인 에어맨도 신규 부품 편에서 등장. 이 작품에선 차지샷과 약점공격으로 일어붙이면 쉽게 쓰러진다.

▲ 약점 무기를 맞히면 처음에는 특수 연출이 나와 보스가 반드시 다운되고, 두 번째부터는 큰 대미지가 들어간다.

▲ 이 작품부터 각 캐릭터별로 필살기가 추가되었다. 록맨의 경우, 공중의 적에 잘 먹이는 록 어퍼를 날릴 수 있다.

■ 캐릭터

록맨

대시 도중 슬라이딩 등의 기본 액션은 전작과 같다. 신규 필살기는 위로 공격하는 '록 어퍼', 서포트 메카는 러시다.

블루스

2발로만 연사 가능하지만, 탄환 속도와 대시는 다른 캐릭터보다 빠르다. 신규 필살기는 다단 히트로 다운시키는 화염방사기 '블루스 스트라이크'.

포르테

등의 제트 장치로 공중을 날기에, 공중에서도 대시 가능한 유일한 캐릭터. 신규 필살기는 위로 회전하며 차올리는 다단 히트기 '크레센트 킥'.

듀오

이 작품의 출시 후 발매될 예정이었던 「록맨 8」의 홍보를 겸해 선행 등장했다. 일반 공격이 팔이 늘어나는 펀치이기에, 중·근거리에서 싸우는 것이 기본이다.

「스트리트 파이터 ZERO 2」 북미판 기반의 마이너 버전업판

스트리트 파이터 ZERO 2 ALPHA

● 1996년 8월 　　● 캡콤(개발·발매)

서양판 「~알파 2」의 시스템을 역도입

　북미에 출시했던 「스트리트 파이터 알파 2」에 일부 시스템을 추가한 역수입판. 사용 가능한 캐릭터는 어나더 컬러·히든 캐릭터까지 포함하면 무려 26명이다. 최대 특징은 북미판 「스트리트 파이터 알파 2」에 등장했던 '살의의 파동에 눈뜬 류'와 「스트리트 파이터 II」판 캐릭터의 추가이며, 캐릭터를 개방하는 커맨드도 전작보다 훨씬 간단하다. 당시 아케이드 게임으로는 드물게 '드라마틱 모드'·'서바이벌 모드' 등의 히든 모드도 풍부해 그야말로 컨텐츠가 풍성하다.

■ 조작방법 (캐릭터가 오른쪽을 향할 때)

점프 · 후방 점프 · 전방 점프 · 후방·가드 · 전진 · 앉기

약펀치 · 중펀치 · 강펀치 · 약킥 · 중킥 · 강킥

▲ 그래픽 자체는 「스트리트 파이터 ZERO 2」 대비로 타이틀 배경색 등 사소한 것만 바꾸었다. 대신 캐릭터는 어나더 컬러 등을 대량으로 추가했다.

▲ 북미판 「스트리트 파이터 알파 2」에서 큰 인기를 얻었던 'Evil Ryu'를 역수입해 '살의의 파동에 눈뜬 류'로 등장시켰다.

▲ 오리지널 콤보의 발동 커맨드와 제로 카운터의 게이지 소비량 등 여러 시스템을 크게 개편했다.

■ 캐릭터

류	켄	춘리	사가트	아돈	버디	가이	소돔	내쉬

로즈	베가	고우키	단	달심	장기에프	겐	롤렌토	사쿠라

엑스맨과 스트리트 파이터, 꿈의 콜라보레이션

X-MEN VS. 스트리트 파이터

● 1996년 10월   ● 캡콤(개발·발매)

이후에도 지속되는, 'VS' 시리즈의 제1탄

「마블 슈퍼 히어로즈」에 이은, 마블 판권물 2D 대전격투 액션 게임 시리즈의 제3탄. '엑스맨'과 '스트리트 파이터'에서 선발된 총 18명이 대결하는 꿈의 슈퍼 배틀이 실현되었다. 기본 시스템은 「마블 슈퍼 히어로즈」 기준이나, 태그 시스템을 새롭게 도입했다. 캐릭터 교대시 사용하는 '배리어블 어택'과 '배리어블 카운터'에 태그를 짠 두 캐릭터가 동시 공격하는 '배리어블 콤비네이션'까지, 태그제이기에 가능한 새로운 액션도 이 작품의 큰 특징이다. 박력 넘치는 연출과 호화로운 캐릭터 라인업으로 호평을 받아, 이후로도 계속 이어지는 'VS' 시리즈의 기반이 되었다.

■ 조작방법 (캐릭터가 오른쪽을 향할 때)

점프
후방 점프   전방 점프
후퇴·가드   전진
앉기

약펀치   중펀치   강펀치
약킥   중킥   강킥

※ 전진·후퇴시 같은 방향을 2번 입력하면 대시한다.

▲ 2인 1조로 싸우는 오리지널 태그 시스템을 도입했다. 캐릭터 선택에 제한은 없지만, 같은 캐릭터끼리의 태그는 불가능.

▲ 양 시리즈에서 인기가 많은 캐릭터들로 선발했다. 엑스맨 쪽은 신규 캐릭터도 등장한다.

▲ 스트리트 파이터 쪽 캐릭터의 초필살기에는 두꺼운 빔처럼 발사되는 파동권과 금지막해진 기공장 등 엑스맨에 밀리지 않는 화려한 연출을 넣었다.

■ 캐릭터

사이클롭스   스톰   울버린   갬빗   로그   세이버투스   저거노트   매그니토   류

켄   춘리   내쉬   달심   장기에프   캐미   베가   고우키   아포칼립스

3D 격투 게임이 된 「스트리트 파이터」
스트리트 파이터 EX

● 1996년 11월   ● 아리카(개발) / 캡콤(발매)

시리즈 최초의 3D 타이틀

「스트리트 파이터」를 3D 그래픽으로 제작한 타이틀. 류와 켄, 춘리 등의 시리즈 인기 캐릭터들은 물론, 호쿠토·스컬로 매니아 등의 오리지널 캐릭터에 타임 릴리즈 캐릭터(역주 ※)까지도 등장한다.

시스템의 경우, 필살기를 캔슬해 슈퍼 콤보를 발동하는 '슈퍼 캔슬'과 슈퍼 콤보 게이지를 소비해 상대방의 가드를 부수는 '가드 브레이크'를 도입했다. 당시 이미 「버추어 파이터」와 「철권」 등의 3D 격투 게임들이 경합 중이었기에, 이 작품은 일부러 2D식 조작계를 채택하는 형태로 차별화를 노렸다.

■ 조작방법 (캐릭터가 오른쪽을 향할 때)

점프 / 후방 점프 / 전방 점프 / 후퇴·가드 / 전진 / 앉기
약펀치 / 중펀치 / 강펀치 / 약킥 / 중킥 / 강킥

▲ 류·켄·춘리 등의 인기 캐릭터가 3D화되어 등장한다. 폴리곤으로 입체화됐지만 게임성은 여전히 손색이 없다.

▲ 물론 오리지널 캐릭터도 있다. 호쿠토·스컬로 매니아 등 지금도 인기가 많은 개성 넘치는 캐릭터들 일색이다.

▲ 신규 시스템 '슈퍼 캔슬'은, 일반기는 물론이고 필살기·슈퍼 콤보까지도 캔슬하고 발동시킬 수 있다.

■ 캐릭터

류
힘을 추구해 계속 여행하는 무도가. 용권선풍각의 성능이 이전 시리즈와 크게 달라졌다.

켄
류의 라이벌. 진정한 강함을 추구하며 자신을 되돌아본다. 용권선풍각의 성능이 류와 다르다.

춘리
인터폴 형사. 이전 시리즈와 달리, 기공장을 제외하고는 필살기 커맨드에 모으기 식이 없어졌다.

가일
미국 공군의 군인. 이전 시리즈와는 설정이 조금 다르고, 베가에 대한 복수심도 강조되지 않는다.

장기에프
러시아의 프로레슬러. 메테오 콤보 '코즈믹 파이널 아토믹 버스터'는 한번은 꼭 봐둘 것.

호쿠토
고무술 전승자인 미즈가미 가의 여성. 급소 지르기, 일단 거리를 벌린 후 반격하는 기술 등 테크니컬한 기술이 많다.

스컬로 매니아
평소에는 회사원이지만, 주말이면 해골무늬 전신 슈트를 입고 히어로가 되어 싸운다.

독트린 다크
가일의 전 부하. '나를 제대로 단련시키지 않았다'라고 원한을 품어, 가일에 복수를 맹세하고는 뒤를 쫓는다.

크래커 잭
경호원으로 생계를 잇는 남자. 배트·주먹 등으로 펼치는 육탄전이 특기로, 일격의 대미지가 크다.

플룸 푸르나
아랍 대부호의 딸. 할아버지의 수상쩍은 행동에 의심을 품어, 의혹을 풀어줄 열쇠인 '샤돌루 씨'를 찾고 있다.

역주 ※ : 해당 게임의 누적 가동시간이 일정치를 넘으면 자동으로 개방되어 플레이어가 선택·조작할 수 있게 되는 추가 캐릭터.

대전격투 게임에 성장 시스템을 추가한 야심작

워저드 [역주 ※]

● 1996년 11월　　● 캡콤[개발·발매]

판타지 RPG를 연상시키는 세계관

　아케이드 대전격투 게임으로는 보기 드물게 레벨 업 시스템을 도입한 타이틀. 4명의 캐릭터 중 하나를 골라 적 몬스터와 싸우자.

　시스템은 8방향 레버+6버튼식을 채용했다. 적 몬스터는 총 8종류로서, 보스 외에는 무작위로 등장한다. 대전격투 게임 치고는 특이하게도 컨티뉴 방식으로 진행하는 1인용 CPU전이 메인인 게임이라, 대전 게임 전성기이던 출시 당시엔 그리 인기가 없었다. 다만 매력적인 캐릭터와 독특한 세계관에 매료된 코어 팬층을 만드는 데엔 성공해 지금도 이 작품의 캐릭터는 종종 다른 작품에 게스트로 출연하기도 한다.

■ 조작방법 (캐릭터가 오른쪽을 향할 때)

점프 / 후방 점프 / 전방 점프 / 후퇴·가드 / 전진 / 앉기

약펀치 / 중펀치 / 강펀치 / 약킥 / 중킥 / 강킥

※ 전진·후퇴시 같은 방향을 2번 입력하면 대시한다.

▲ 신 기판 'CP SYSTEM III'로 제작되어, 미려한 픽셀 그래픽과 애니메이션으로 검과 마법의 세계를 표현했다.

▲ 적에게 승리하거나 코인·보석을 획득하여 경험치를 얻으면 레벨업한다. 레벨이 오르면 능력치가 강화된다.

▲ 초필살기 '미스틱 브레이크'와 대마법 '미스틱 매직'은 미스틱 오브를 사용하여 발동한다.

■ 캐릭터

레오

사자머리의 강골 전사. 조국 그리디아의 부흥을 위해 싸우고 있다.

타바사

'초과학 마학'을 연구하는 마녀. 세계 각국에서 일어난 이변을 조사한다.

하우저

그리디아에 서식하는 어스 드래곤. 화염 브레스는 장시간 지속이 가능하다.

세크메트

사막의 나라에 나타난 마물. 사자·용·독수리·산양 머리와 뱀 꼬리가 있다.

루안

반인반조의 요녀. 발더 제국에 괴물로 몰리게 되자, 타오의 고향을 멸망시켰다.

금강

지팡구에 나타난 거대 도깨비. 정체는 발더 제국과 내통한 쇼군의 수하다.

무쿠로

지팡구 쇼군에 복종하는 시노비 두령. 의문의 흑선을 조사하기 위해 여행한다.

타오

맨손 격투가 특기인 고라국 출신 소녀. 고향을 멸망시킨 원흉을 찾는 중이다.

기기

클립트 유적을 지키는, 팔이 4개인 석상. 네 손에 각각 검을 들고 덤벼온다.

눌

아이스란에 서식하는, 앵무조개를 닮은 괴물. '해수신'을 자칭한다.

블레이드

드릴과 비슷한 형상의 검 '아이 드레이어'를 휘두르는 거구의 전사.

발돌

발더 제국의 우두머리인 마술사풍 노인. 사신의 지배를 받아 마왕이 되고 말았다.

역주 ※: 한국에서는 해외판 타이틀명인 「Red Earth」로 가동되었다.

스트리트 파이터 III NEW GENERATION

● 1997년 2월   ● 캡콤(개발·발매)

류와 켄만 남기고, 모든 캐릭터를 교체

「스트리트 파이터 II」의 수년 후가 무대인 신규 시리즈. 류와 켄을 제외한 모든 캐릭터를 교체했고, 새로운 주인공 '알렉스'를 부각시켜 신선한 이미지를 내세웠다. 기본적인 시스템은 전작과 같으나, 신규 시스템으로 '블로킹'과 '슈퍼 아츠'를 도입했다. 블로킹은, 상대의 공격을 예측하여 정확한 타이밍에 상대 방향(혹은 아래)으로 레버를 입력하면 상대의 공격을 흘려내고 바로 공격으로 전환할 수 있는 시스템이다. 슈퍼 아츠는 캐릭터별로 3종류가 제공되어 그중 하나를 고르며, 화면 하단의 슈퍼 아츠 게이지가 꽉 차면 발동할 수 있다.

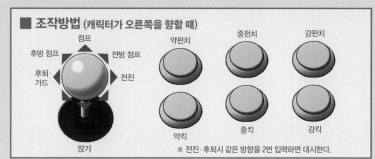

■ 조작방법 (캐릭터가 오른쪽을 향할 때)

점프 / 후방 점프 / 전방 점프 / 후퇴·가드 / 전진 / 앉기

약펀치 / 중펀치 / 강펀치 / 약킥 / 중킥 / 강킥

※ 전진·후퇴시 같은 방향을 2번 입력하면 대시한다.

▲ 신 기판 'CP SYSTEM III'의 기능 덕에, 이전 시리즈 이상으로 디테일한 그래픽과 섬세한 액션을 구현했다.

▲ 신규 시스템 '블로킹'이 있어, 방어할 수 없는 기술은 원칙적으로는 없다. 타이밍만 잘 맞추면 파동권도 블로킹 가능하다.

▲ 슈퍼 아츠는 각 기술별로 게이지 길이가 다르거나, 축적해두고 여러 번 쓸 수 있는 등의 고유 특징이 있다.

■ 캐릭터

알렉스
새로운 주인공. 격투 게임 주인공으로는 특이하게, 쓰기 쉬운 표준형이 아니라 잡기가 주력인 중량급이다.

류
이전작까지의 주인공. 새로 '진 승룡권'·'전인파동권'이 등장했고, '상단 족도차기'라는 필살기가 추가되었다.

켄
류의 라이벌. 류와 마찬가지로 시리즈를 잇는 중요한 캐릭터이며, 이번에는 제자인 '숀'도 등장한다.

숀
브라질 출신으로서, 켄의 애제자. 류와 켄을 닮은 기술은 물론, 트리키한 기술도 사용해 온다.

이부키
비밀결사의 극비 자료를 노리는 여고생 쿠노이치. 풍부한 기술과 민첩성으로, 집요하게 상대를 농락한다.

엘레나
브라질의 전통무술 카포에이라를 사용하는, 케냐 명문 부족의 소녀. 여러 나라를 유학하며 친구를 사귀고 있다.

더들리
영국 신사이자 프로 복서. 이전 시리즈의 바이슨과 달리, 카운터에 능숙한 기교파 캐릭터다.

오로
깨달음을 얻은 신선으로서, 류를 제자로 삼으려 한다. 모으기 기술이 많은 캐릭터로서, 움직임이 기묘하다.

네크로
비밀결사가 개조시킨 인간. 달심처럼 손발이 늘어나고 블랑카처럼 전기를 발산하는 괴인 계 캐릭터다.

윤
중국권법으로 싸우는 소년. 설정상 「스트리트 파이터」 1편의 '리'의 친척이며, 2P일 때는 '양'으로 바뀐다.

「스트리트 파이터 EX」 시리즈 제2탄

스트리트 파이터 EX plus

● 1997년 3월 ● 아리카(개발) / 캡콤(발매)

「스트리트 파이터 EX」의 정통 진화 버전

전작 「스트리트 파이터 EX」가 호평을 받았기에, 기판 추가 생산을 기회 삼아 몇 가지 기능을 강화시킨 업그레이드판. '살의의 파동에 눈뜬 류'와 '피의 봉인을 풀어버린 호쿠토' 등의 신캐릭터 추가는 물론, 슈퍼 콤보 게이지의 증가 방법과 콤보 대미지량 변화 등을 수정했고 대인전 밸런스도 조정했다.

전체적으로 기능을 강화하고 게임성을 끌어올린 작품이지만 이 게임 자체는 가정용으로 이식되지 않았고, 이 작품 기반의 추가 업그레이드판인 「스트리트 파이터 EX plus α」가 플레이스테이션용으로 발매되었다.

■ 조작방법 (캐릭터가 오른쪽을 향할 때)

점프 / 후방 점프 / 전방 점프 / 후퇴·가드 / 전진 / 앉기 / 약펀치 / 중펀치 / 강펀치 / 약킥 / 중킥 / 강킥

▲ 슈퍼 콤보 게이지 증가 방법이 바뀌었다. 일반 기술이 빗나가면 증가하지 않고, 잡기를 풀었을 때 등엔 추가 증가 보너스가 붙는다.

▲ 콤보 시의 대미지 수치도 변경되어, 연속기가 이어질수록 총 대미지량이 낮아지게끔 보정된다.

▲ 전작에선 CPU 전용 보스 캐릭터였던 베가·가루다를 사용할 수 있다. 히든 캐릭터도 처음부터 사용 가능해졌다.

■ 캐릭터

류	켄	춘리	가일	장기에프	호쿠토	스컬로 매니아	독트린 다크	크래커 잭

플룸 푸르나	카이리	앨런 스나이더	다란 마이스터	블레어 데임	고우키	베가	가루다

뱀파이어 세이비어 The Lord of Vampire

● 1997년 5월　　● 캡콤(개발·발매)

스피드를 중시하는 스타일로 바뀌다

인기 다크 판타지 격투 게임의 제3탄. 총 15명의 캐릭터가 등장하여 스피디한 배틀을 펼친다. '임팩트 대미지 게이지 시스템'과 '어드밴싱 가드'라는 신규 시스템을 도입하여, 게임 속도가 빨라졌고 대전시에 고도의 심리전이 필요해졌다.

제다가 마차원을 만들어내고는 가치 있는 영혼으로 선발한 다크스토커들을 소환했다는 배경이 덧붙었고, 조건을 충족하면 히든 캐릭터 난입이나 히든 보스 등장 등의 특수 이벤트가 발생하기도 한다. 이 작품을 기점으로, 콤보를 중시하는 대전격투 게임이 늘기 시작했다.

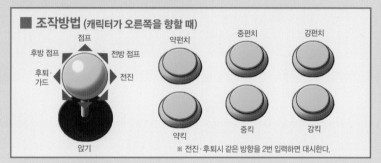

■ 조작방법 (캐릭터가 오른쪽을 향할 때)

점프
후방 점프　　전방 점프
후퇴·가드　　전진
약펀치　중펀치　강펀치
약킥　중킥　강킥
앉기
※ 전진·후퇴시 같은 방향을 2번 입력하면 대시한다.

▲「스트리트 파이터」시리즈와는 다르게 진화해, 속도감을 높이고 공격을 중시하는 게임이 되었다.

▲ 신규 캐릭터로 제다·릴리스·Q-Bee·바렛타가 등장, 반면 도노반·포보스·파이론은 삭제되었다.

▲ 등장 캐릭터는 대부분 인간이 아닌 존재들로, 이번에도 기발하고 인간이라면 불가능할 액션이 펼쳐진다.

■ 캐릭터

데미트리
흡혈귀. 신 기술 '미드나잇 블리스'가 추가됐다.

가론
자신의 한계를 뛰어넘으려 하는, 인간과 워울프의 혼혈.

빅토르
인조인간. 같은 인조인간인 소녀를 위해 싸운다.

자벨
잔혹한 좀비. 생전에는 펑크로커였다.

모리건
자극을 찾아 마차원의 싸움에 도전하는 서큐버스.

아나칼리스
제다 타도가 목표인 고대 이집트 왕의 미라.

펠리시아
운명을 개척하기 위해 싸우는 캣우먼.

비샤몬
요도, 의지를 가진 갑옷. 투구를 지닌 악령 사무라이.

올바스
행방불명된 아들을 찾는 반어인(머맨).

사스콰치
행방불명된 동료를 찾는 빅풋(설인).

레이레이
자신의 의지로 강시가 된 선골 사소녀.

제다
작품의 주인공 겸 흑막. 영혼이 담길 '그릇'을 만든다.

릴리스
모리건의 영혼 중 하나. 제다에게 육체를 받았다.

바렛타
시리즈 유일의 인간 소녀. 실은 교활한 수전노다.

Q-Bee
인간을 닮은 벌 마물. 마차원에서 사냥을 떠난다.

마블 슈퍼 히어로즈 vs. 스트리트 파이터

호쾌한 플레이와 지나친 장난기로 호불호가 갈리다

● 1997년 7월 　　● 캡콤(개발·발매)

노리마로의 압도적 존재감

마블 코믹스와 스트리트 파이터의 'VS' 시리즈 제2탄. 전작의 시스템을 유지하며, 대기 캐릭터의 어시스트 공격 '배리어블 어시스트'와 여러 히든 캐릭터를 추가했다. 마블 측 캐릭터는 사이클롭스·울버린 외엔 전부 교체됐다.

오리지널 신캐릭터인 노리마로(역주 ※)는 당시 일본의 인기 TV 코미디 프로 '돈네루즈의 생방송 좀 느긋하게 하자!'와의 콜라보로 만들어졌는데, 그 덕분인지 이 작품은 일본에서만큼은 'VS' 시리즈 중 일반인들에게 가장 유명한 편이다. BGM 퀄리티와 하이퍼 콤보 발동 등의 연출도 꽤 뛰어나, 대전을 보고만 있어도 화려하고 요란한 게임이 되었다.

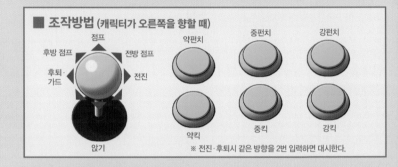

■ 조작방법 (캐릭터가 오른쪽을 향할 때)

점프 / 후방 점프 / 전방 점프 / 후퇴·가드 / 전진 / 앉기

약펀치 / 중펀치 / 강펀치 / 약킥 / 중킥 / 강킥

※ 전진·후퇴시 같은 방향을 2번 입력하면 대시한다.

▲ 중간 보스 '아포칼립스'는 이번에도 등장한다. 전작처럼 거대한 상태로 싸우며, 이번에는 눈에서 레이저도 쏜다.

▲ 최종 보스 '메카 고우키'는 아포칼립스에게 개조당했다는 설정으로서, 로켓 펀치와 기동음 등 메카닉 느낌이 물씬하다.

▲ 노리마로는 생김새나 액션이나 얼핏 엉뚱해 보이긴 하나, 기술 자체는 제대로 갖춰져 있어 초보자리도 다루기 쉽다.

■ 캐릭터

캡틴 아메리카	울버린	오메가 레드	사이클롭스	슈마고라스	스파이더맨	헐크	블랙 하트	류

켄	춘리	장기에프	달심	사쿠라	단	베가	고우키	노리마로 (역주 ※)

역주 ※: 노리마로는 일본판 전용으로서, 한국 등에서 가동된 해외판에는 나오지 않는다.

뱀파이어 헌터 2 Darkstalkers' Revenge

● 1997년 9월　　● 캡콤(개발·발매)

「~세이비어 2」와 대동소이한 작품

「뱀파이어 세이비어 2」와 거의 같은 시기에 가동된, 이른바 마이너 체인지 판. 시스템도 거의 동일해서, 「뱀파이어 헌터」를 당시의 최신 시스템으로 플레이하는 게임이라고 보면 된다.

캐릭터도 기본적으로는 「뱀파이어 세이비어」 기준이지만 BGM·승리 메시지 등을 「뱀파이어 헌터」 기준으로 교체한 것이 특징으로서, '아니타가 도노반 옆에 있다', '포보스가 세실을 데리고 있지 않다' 등의 디테일한 연출도 「뱀파이어 헌터」와 비슷하다. 게다가 난입 캐릭터 설정 중 일부도 「뱀파이어 세이비어」 1·2편과 다른 점이 있다.

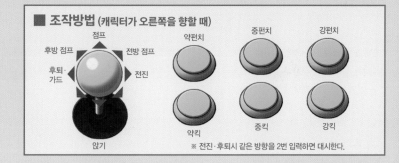

■ 조작방법 (캐릭터가 오른쪽을 향할 때)

점프 / 후방 점프 / 전방 점프 / 후퇴·가드 / 전진 / 앉기 / 약펀치 / 중펀치 / 강펀치 / 약킥 / 중킥 / 강킥

※ 전진·후퇴시 같은 방향을 2번 입력하면 대시한다.

▲ 이번 작품은 「뱀파이어 세이비어」에 등장했던 제다·바렛타·릴리스·Q-Bee가 삭제되어, 「뱀파이어 헌터」 기준으로 되돌아갔다.

▲ 「뱀파이어 세이비어 2」와는 체력 게이지 색 변경 등의 세세한 차이가 있으나, 스테이지 디자인은 공통이다.

▲ 「뱀파이어 세이비어 2」처럼 EX 필살기는 효과가 끊기기 쉽지만, 대신 효과 지속 중이라도 게이지가 쌓이도록 했다.

■ 캐릭터

데미트리 막시모프
슈트를 입은 육체파 흡혈귀. 마계의 지배권을 노린다.

가론
전투 시에는 늑대 인간으로 변신하는, 인간과 워울프의 혼혈.

빅토르 폰 게르덴하임
낳아준 부모님에게 자신을 뽐내기 위해 싸우는 인조인간.

자벨 자록
명왕에게 자신의 혼을 바치고 되살아난 전직 펑크 로커.

모리건 앤슬랜드
무료함을 떨치려고 자극을 쫓아 싸우는 서큐버스.

아나카리스
왕국을 구하기 위해 싸우는 고대 이집트 왕의 미라.

펠리시아
고양이와 인간의 신체 능력을 겸비한 캣우먼.

비샤몬
요도와 의지를 가진 갑주에 빙의된 인간 사무라이.

올바스
자신의 나라를 붕괴시킨 원흉을 찾고 있는 머맨.

사스콰치
마을을 습격한 악당을 퇴치하려 싸우는 빅풋.

포보스
고대 마야인이 만든, 차광기 토우 모양의 살인 기계.

파이론
행성 헬스톰 출신의 에너지 생명체.

도노반 바인
인간과 마족 사이에서 태어난 담피르.

레이레이
주인공. 자신의 의지로 강시가 된 선술사 소녀.

뱀파이어 세이비어 2 The Lord of Vampire

● 1997년 9월　　● 캡콤(개발·발매)

「뱀파이어 헌터 2」의 사실상 마이너 체인지

전작 「뱀파이어 세이비어」 후 불과 4개월 만에 출시된 마이너 체인지판. 무대는 「뱀파이어 세이비어」처럼 '마차원'으로서, 스토리 역시 전작과 연관이 없다. 캐릭터에 도노반·파이론·포보스가 부활한 대신, 「뱀파이어 세이비어」에서 추가되었던 캐릭터들은 도로 빠졌다. CPU 전용이었던 '오보로 비샤몬'이 사용 가능해졌고, 히든 캐릭터로 '마리오네트'가 추가됐다. 배경 등의 그래픽은 「뱀파이어 헌터 2」와 거의 공통이며, 캐릭터 성능도 일부를 제외하면 사실상 동일하다. 최종 보스와 엔딩조차도 전 캐릭터 공통인지라, '2'를 붙인 것치고는 아무래도 아쉬움이 강한 작품이었다.

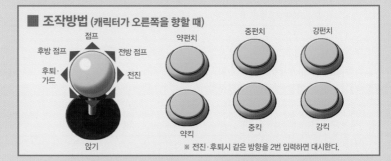

■ 조작방법 (캐릭터가 오른쪽을 향할 때)

점프　　전방 점프　　약펀치　　중펀치　　강펀치
후방 점프
후퇴·가드　　전진
약킥　　중킥　　강킥
앉기　　　　※ 전진·후퇴시 같은 방향을 2번 입력하면 대시한다.

▲ 다크 포스의 성격이 전작의 캐릭터 고유 능력에서, EX 게이지 2개를 소비하는 전원 공통의 강화 기술로 바뀌었다.

▲ 체력 게이지의 외곽 틀이 노란색에서 하늘색으로 변경되었다. 체인 콤보는 다크 포스 발동 중에만 사용 가능하다.

▲ 일부 예외가 있지만, 대부분의 캐릭터는 중간 보스로 파이론이 나온다. 최종 보스도 전 캐릭터 공통으로 제다가 등장한다.

■ 캐릭터

데미트리

예복을 입은 육체파 흡혈귀. 첫 작품의 주인공.

빅토르

동료인 에밀리를 움직이기 위해 싸우는 인조인간.

자벨

팬을 제물로 삼아 다크 스토커가 된 좀비.

모리건
자극을 원해 마차원의 싸움에도 전하는 서큐버스.

아나칼리스

제다를 타도하려 싸우는 고대 이집트 왕의 미라.

펠리시아

소중한 사람들을 위해 싸우는 캣우먼.

비샤몬

영혼을 많이 얻으려 떠도는, 요도와 의지를 가진 갑옷.

포보스

고대 마야인이 제작한 차광기 토우형 살인기계.

파이론
마차원의 에너지에 흥미를 가진 다른 별의 생명체.

도노반

마검에 얽매여 마차원을 헤매는 담피르.

레이레이
제다에 의해 마차원에 소환된 강시.

제다

제다에 의해 마차원에 소환된 강시.

릴리스
주인공이자 흑막. 마계의 현 상황을 애석해한다.

바렛타

제다에게 육체를 부여받은 인간 소녀. 성격은 쾌활하다.

Q-Bee

압도적인 속도로 싸우는 벌 형태의 마물 (소울비).

SD 캐릭터가 싸우는 깜찍한 격투 게임

포켓 파이터 [역주 ※]

● 1997년 9월　　● 캡콤(개발·발매)

어린이용 게임 같지만 시스템은 본격적

「슈퍼 퍼즐 파이터 ⅡX」에서 사용됐던 SD형 캐릭터와 분위기를 그대로 재활용해 제작한 2D 대전격투 게임. 캡콤이 제작한 기존 대전격투 게임들의 기본 시스템을 답습하면서도 오리지널 시스템을 여럿 도입했다.

특징은 '플래시 콤보'와, 젬(보석)을 획득해 마이티 게이지를 모아 공격하는 '마이티 콤보' 시스템이다. 격투 도중 종종 출현하는 보물상자를 얻으면 체력 회복 아이템도 나온다. 깜찍한 미니 캐릭터가 등장하지만 그렇다고 시스템을 소홀히 만들진 않았기에, 초보자부터 상급자까지 함께 즐길 수 있는 게임이 되었다.

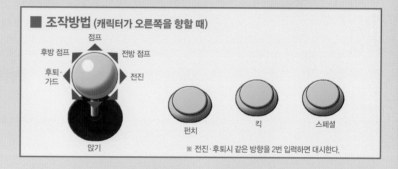

■ 조작방법 (캐릭터가 오른쪽을 향할 때)

- 점프
- 후방 점프
- 전방 점프
- 후퇴·가드
- 전진
- 앉기
- 펀치
- 킥
- 스페셜

※ 전진·후퇴시 같은 방향을 2번 입력하면 대시한다.

▲ '플래시 콤보'는 펀치와 킥을 타이밍에 맞춰 누르면 최대 4회까지 연속 공격이 이어지는 시스템이다.

▲ 가드 불능기인 '가드 크러시'가 히트하면 젬을 빼앗을 수 있다. 가드 크러시를 당할 때 반격할 수도 있다.

▲ 사용 가능 캐릭터 12명 중 7명이 여성으로, 캡콤 타이틀로는 드물게 여성 캐릭터의 비중이 높은 것도 특징.

■ 캐릭터

류
자신보다 강한 자를 찾아다니는 수행자. 강자의 정보를 얻으러 타바사를 찾고 있다.

켄
헌팅하는 버릇이 있어, 연인이 있는데도 다른 여성에게 작업을 걸려 한다.

춘리
동물원에서 탈출한 동물을 보호하려는 형사. 코스프레 기술이 2가지 난다.

장기에프
러시아의 높은 사람(대통령) 의뢰로 펠리시아의 정체를 밝히려 찾는 중이다.

사쿠라
여름방학을 이용해 류를 찾고 있다. 이 작품만의 오리지널 기술도 보유했다.

이부키
아이스크림을 먹으러 하라주쿠까지 여행을 온다. 코스프레 기술은 일본풍이다.

모리건
누가 더 예쁜지 가리기 위해 춘리를 찾는다. 코스프레 기술이 제법 매니악하다.

레이레이
여비를 벌기 위해. 좋은 조건으로 아르바이트를 모집하는 장기에프를 만난다.

펠리시아
뮤지컬 다음엔 무비 스타를 꿈꾸며. 그쪽으로 연줄이 있는 듯한 켄을 찾고 있다.

타바사
염원하던 '마법 지팡이'를 입수하기 위해 선술사 레이레이를 찾고 있다.

단
히든 캐릭터. 최강류의 첫 제자로서 사쿠라를 스카우트하려 한다.

고우키
유원지로 재개발돼버린 옥염도를 떠나 새로운 수행 장소를 물색 중이다.

역주 ※: 한국에서는 해외판 타이틀명인 「Super Gem Fighter : Mini Mix」로 가동되었다.

전작을 개량해 밸런스를 강화한 제2탄

스트리트 파이터 III 2nd IMPACT : GIANT ATTACK

● 1997년 10월　　● 캡콤[개발·발매]

You can't escape!

유리안과 휴고가 첫 데뷔한 작품

「스트리트 파이터 III」의 업그레이드 판으로 출시된 타이틀로서, 블로킹·리프 어택·퀵 스탠딩 등 전작에 있었던 시스템들의 밸런스를 개선했고, 신규 캐릭터로 휴고와 유리안을 추가했다. 시스템 측면에서는 'EX 필살기'에 새로이 '퍼스널 액션'·'그랩 디펜스/퀵 스탠딩'을 추가했다. 슈퍼 아츠의 스톡 횟수를 변경해 캐릭터별로 차별화시킨 것도 특징이다. 전작에서는 시작시 슈퍼 아츠를 일단 고르고 나면 변경 불가능했지만, 이 작품부터는 난입이 들어올 때마다 재선택할 수 있도록 했다.

■ 조작방법 (캐릭터가 오른쪽을 향할 때)

점프

후방 점프　　전방 점프

후퇴·가드　　　전진

앉기

약펀치　　중펀치　　강펀치

약킥　　중킥　　강킥

※ 전진·후퇴시 같은 방향을 2번 입력하면 대시한다.

▲ 신규 시스템 'EX 필살기'는 슈퍼 아츠 게이지가 쌓인 상태에서 펀치 또는 킥 버튼 2개 이상 동시에 누르면 발동된다.

▲ 퍼스널 액션은 강펀치+강킥 버튼을 동시에 누르면 발동되는 캐릭터 고유 동작이다. 캐릭터별로 도발·공격 등, 종류가 다양하다.

▲ 새로 추가된 '그랩 디펜스'는, 성공할 경우 일반 잡기를 회피한다. 바로 간격을 벌리면 추가 공격도 피할 수 있다.

■ 캐릭터

알렉스

격투 게임에서는 보기 드문 중량급의 주인공 캐릭터.

류

공격·방어의 밸런스가 잡힌, 이전 시리즈의 주인공.

켄 마스터즈
류의 영원한 라이벌. 승룡권의 비중이 높다.

숀

류와 켄을 모방한 기술을 사용하는 켄의 제자.

이부키

날렵한 움직임과 풍부한 기술을 사용하는 여고생 쿠노이치.

엘레나

여러 나라를 유학해 친구들을 사귄 카포에이라 파이터.

더들리

아버지의 차를 돌려받기 위해 싸우는 영국의 프로 복서.

오로

깨달음을 얻은 선인. 매우 독특한 기술을 구사한다.

네크로

몸이 고무처럼 늘어나는 비밀결사의 개조인간.

윤
팔극권 기반의 권법을 사용하는 홍콩 출신의 소년.

양

이 작품부터 윤과 분리되었다. 당랑권을 사용한다.

휴고

잡기 기술을 사용하는 거한. 매드 기어의 전조직원.

유리안

총통 '길'의 동생으로서, 형의 총통 찬탈을 획책하는 다.

길
흑막 뒤에 숨어 세계를 조종해온 비밀결사의 총통.

고등학생과 교사가 태그팀으로 싸우는 대전격투 게임

사립 저스티스 학원 LEGION OF HEROES [역주 ※]

● 1997년 11월   ● 캡콤(개발·발매)

■ 청춘물 느낌 물씬한, '약빤' 격투 게임

　학교가 무대인 3D 대전격투 게임. 대전격투 게임 붐이 시들해져 각 제작사들이 새로운 돌파구를 모색하던 시기의 타이틀로서, 조작의 간략화 등 초보자를 배려한 시스템을 많이 넣었다. 등장 캐릭터는 보스를 포함해 총 16명. 시스템은 2인 1조로 싸우는 태그 배틀로서, 시스템에 '근성 카운터', '열혈 낙법', '사랑과 우정의 투 플라톤' 등등의 뜨거운 명칭들을 붙였다. 설정 전반이 당시 기준으로도 꽤나 레트로한 느낌이 물씬했을 만큼 학원물이나 열혈 스포츠물·소년만화의 클리셰 일색이고, 전반적인 비주얼도 호쾌하고 신나게 연출했다.

■ 조작방법 (캐릭터가 오른쪽을 향할 때)

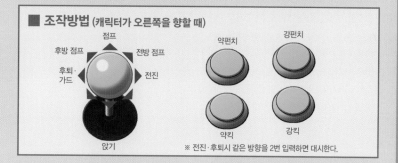

점프
후방 점프　　　전방 점프
후퇴·가드　　　　전진
앉기

약펀치　　강펀치
약킥　　　강킥

※ 전진·후퇴시 같은 방향을 2번 입력하면 대시한다.

▲ 열혈 콤보는 이 게임을 대표하는 연속기로서, 입력시간이 길어 초보자라도 화려한 콤보를 뽑낼 수 있다.

▲ 에어 버스트는 상대를 높이 띄워놓고 공중 콤보를 넣는 기술이다. 열혈 콤보의 마지막에도 간단히 끼워 넣을 수 있다.

▲ 이 작품은 낙법에 '열혈 낙법', 게이지에 '근성 게이지', 초필살기에 '완전연소 어택' 등 실로 뜨거운 이름을 붙여뒀다.

■ 캐릭터

이치몬지 바츠

행방불명된 어머니를 찾아 전학해온 열혈 남자.

와카바 히나타

잇달아 발생하는 학생 유괴 사건을 쫓고 있다.

카가미 쿄스케

쌍둥이 형인 효에게 바츠의 감시 명령을 받아, 함께 움직인다.

사와무라 쇼마

야구부 소속, 형 슈이치를 공격한 범인을 찾고 있다.

아유하라 나츠
배구부 소속, 쇼마의 소꿉친구라 늘 티격태격 댄다.

로베르토 미우라

축구부 소속, 폭주하기 일쑤인 쇼마·나츠를 중재하는 역할.

로이 브롬웰

미식 축구부 소속. 팀의 주역을 맡고 있다.

티파니 로즈

치어리딩부 소속인 풍만한 가슴의 미소녀.

보먼 델가도

교복을 입은 거구의 흑인으로, 경건한 크리스천.

엣지

뾰족한 금발의 불량배. 공격시 나이프를 사용한다.

카자마 아키라

오토바이 슈트를 입은 전학생. 쿵푸를 구사한다.

이스루기 간

스모부 소속의 거한. 한쪽 소매가 찢어진 교복을 입는다.

시마즈 히데오

일본어 교사 중 젊은 이미지만 시마즈라 다 데 달인.

미나즈키 쿄코

양호 교사. 안경과 긴 머리, 흰 가운이 트레이드 마크다.

역주 ※ : 한국에서는 해외판 타이틀명인 「Rival Schools」로 가동되었다.

마블 VS. 캡콤 CLASH OF SUPER HEROES

● 1998년 1월　　● 캡콤(개발·발매)

■ 초박력 배틀로 통쾌함도 최상급

　마블 코믹스와 캡콤의 캐릭터들이 격돌하는 'VS' 시리즈의 제3탄. 이번엔 「스트리트 파이터」 시리즈는 물론 「록맨」, 「뱀파이어」, 「사이버보츠」 등 폭넓은 캡콤 타이틀로부터 엄선한 주요 캐릭터들이 등장한다. 시스템은 전작들처럼 2:2 태그 배틀이지만 캐릭터 선택시 '스페셜 파트너'라는 전용 캐릭터를 선택할 수 있는데, 이쪽은 마블·캡콤 어느 쪽이든 매니악한 캐릭터들 일색이다. 이 타이틀에 도입된 '배리어블 크로스'는 게이지 2개 이상을 소비하는 대신 일정 시간동안 두 캐릭터가 동시 공격하는 시스템이다.

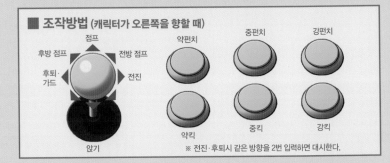

■ 조작방법 (캐릭터가 오른쪽을 향할 때)

점프 / 후방 점프 / 전방 점프 / 후퇴·가드 / 전진 / 전진 / 앉기
약펀치 / 중펀치 / 강펀치 / 약킥 / 중킥 / 강킥

※ 전진·후퇴시 같은 방향을 2번 입력하면 대시한다.

▲ 이번 타이틀에서는 팀당 2명의 태그 캐릭터 외에 '스페셜 파트너'라 불리는 전용 캐릭터를 선택할 수 있다.

▲ 파트너와 일정 시간 동시에 공격하는 '배리어블 크로스'는, 게이지를 2개 이상 소비해 일정 시간동안 강력한 대미지를 주는 기술이다.

▲ 등장 캐릭터 중엔 캡콤 측의 '록맨'과 '비룡', 마블 측의 '베놈'처럼 이 작품으로 격투 게임에 처음 나온 경우도 많다.

■ 캐릭터

캡틴 아메리카

기술 밸런스가 좋고 기동력도 높아 다루기 쉽다.

스파이더맨

코믹하고 경쾌한 모션이 특징이며, 삼각 점프를 쓸 수 있다.

헐크

중량급 파워형 캐릭터로서, 공격력과 방어력이 높다.

울버린

기동성이 상당히 높아 항상 근접전을 노린다.

갬빗

트럼프 카드와 봉술을 쓴다. 트리키한 기술도 많다.

워 머신

아이언맨과 거의 같은 성능이지만, 오리지널 기술도 있다.

베놈

방어력과 공격력이 높다. 공중 대시도 가능하다.

류
방어력과 공격력이 높다. 공중 대시도 가능하다.

류
켄이나 고우키의 성능이 적용되는 모드 체인지가 있다.

캡틴 코만도

한 순간에 화면 끝까지 닿는 장거리 기술이 있다.

춘리

공중전 중심으로 밸런스가 조정됐으며, 대공 성능도 강화됐다.

장기에프

잡기 캐릭터의 대표 격으로서 개근 중인 '붉은 사이클론'.

모리건

버니어 대시와 트리키한 움직임이 특징.

진 사오토메

로봇 격투 게임의 주인공이지만, 맨몸으로 참전한다.

록맨

버튼 하나로 장풍을 쏠 수 있는 초보자용 캐릭터.

스트라이더 비룡

날렵한 움직임과 중거리 공격을 겸비하고 있다.

스트리트 파이터 EX2

● 1998년 3월   ● 아리카(개발) / 캡콤(발매)

■ 신 시스템 '엑슬'은 찬반이 갈렸다

1998년 출시됐던, 「스트리트 파이터 EX plus」의 업그레이드판. 새로운 기판인 ZN-2를 도입해, 캐릭터의 동작이 더욱 부드러워지고 표정도 풍부해지는 등 그래픽 측면에서 크게 진화됐다. 캐릭터도 대거 교체되어, 「스트리트 파이터 Ⅱ」에서 블랑카와 발로그가 참전했고 신규 캐릭터로는 샤론과 하야테가 등장한다. 전작과 마찬가지로 조작성 자체는 뛰어났지만, 신규 시스템 '엑슬'과 '캔슬 브레이크'는 전략의 폭을 넓혀 준 대신 액션이 복잡해지는 부작용을 낳아, 결과적으로 전작과는 게임성이 상당히 달라지고 말았다.

■ 조작방법 (캐릭터가 오른쪽을 향할 때)

점프 · 후방 점프 · 전방 점프 · 후퇴·가드 · 전진 · 앉기

약펀치 · 중펀치 · 강펀치 · 약킥 · 중킥 · 강킥

▲ 새로운 기판 'ZN-2'를 도입해, 전작보다 캐릭터 동작이 부드러워졌고 표정도 세세하게 표현했다.

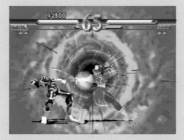

▲ 신규 시스템 '엑슬'을 도입, '엑스트라 캔슬'을 축약한 신조어로서, 실질적으로는 「스트리트 파이터 ZERO 2」의 '오리지널 콤보'에 가깝다.

▲ 필살기 도중에 캔슬하고 가드 브레이크로 연결할 수 있는 '캔슬 브레이크' 시스템도 추가되었다.

■ 캐릭터

류	켄	춘리	가일	장기에프	호쿠토	스컬로 매니아	독트린 다크	크래커 잭

달심	카이리	가루다	블랑카	발로그	샤론	하야테	나나세	섀도우 가이스트

스타 글래디에이터 2 NIGHTMARE OF BILSTEIN [역주 ※]

● 1998년 3월　　● 캡콤(개발·발매)

조작법을 바꾸고 게임 밸런스를 개선

　SF풍 세계관과 스타일리시한 연출로 화제를 모았던 「스타 글래디에이터」의 속편. 속속들이 시스템을 개선해, 게임 스피드가 빨라지고 플레이가 한층 쉬워졌다. 조작계 쪽은 가드 버튼 대신 횡이동 버튼을 신설했다. 여기에 레버 가드와 무한 필드화, 플라즈마 게이지를 도입했고, 각종 게이지 소비 기술도 추가하여 플레이 감각이 기존의 2D 격투 게임에 더 가까워졌다. 추가 캐릭터 중 대부분이 기존 캐릭터의 어나더 버전이다 보니, 캐릭터 선택 화면에서 기존 캐릭터를 α, 어나더 캐릭터를 β로 구분해 위아래로 나누어 배열했다.

■ 조작방법 (캐릭터가 오른쪽을 향할 때)

점프
후방 점프　　전방 점프
후퇴·가드　　　전진
후퇴·가드
앉기

종공격　　횡공격　　킥　　횡이동

※ 전진·후퇴시 입력 방향을 고정하면 대시한다.

▲ 신규 기판 ZN-2를 도입하여 그래픽이 더욱 미려해졌다. 라이트세이버 등의 광선검 연출은 확실히 멋지다.

▲ 추가 캐릭터 대부분은 사실상 어나더 컬러 급의 캐릭터다. 기술도 거의 동일하나, 플라즈마 스트라이크는 다르다.

▲ 신규 시스템으로서, 반격기 '플라즈마 리벤지'와 공격을 튕기는 '플라즈마 리플렉트'를 도입했다.

■ 캐릭터

하야토　준　새턴　가모프　게럴트　벡터　젤킨　고어　레인　밧코

블랙 하야토　엘　프린스　간테츠　클레어　오메가　이글　루카　빌슈타인　셰이커

역주 ※: 한국에서는 해외판 타이틀명인 「Plasma Sword : Nightmare of Bilstein」으로 가동되었다.

수많은 캐릭터가 등장하는, 시리즈의 집대성

스트리트 파이터 ZERO 3

● 1998년 6월　　● 캡콤(개발·발매)

ISM 셀렉트로 심리전을 깊이 있게

「스트리트 파이터 ZERO」 1·2편의 흐름을 계승한, 시리즈의 제5탄. 시스템 변경에 신규 캐릭터 추가까지 합쳐져, 꽤나 방대한 볼륨의 타이틀이 되었다.

등장 캐릭터는 총 28명으로서, 「스트리트 파이터 Ⅱ」와 「파이널 파이트」의 캐릭터들은 물론 스핀오프 만화의 오리지널 캐릭터였던 '칸즈키 카린' 등까지 망라하여, 캐릭터의 폭이 매우 넓어졌다. 시스템은 캐릭터 선택 후 3종류의 스타일 중 하나를 고르는 'ISM 셀렉트'를 비롯해, 타임 릴리즈로 해제되는 '클래시컬 모드', '진심 모드', '최강 모드' 등 6종의 히든 모드까지 제공했다.

@CAPCOM CO., LTD. 1998 ALL RIGHTS RESERVED.

■ 조작방법 (캐릭터가 오른쪽을 향할 때)

점프 / 후방 점프 / 전방 점프 / 후퇴·가드 / 전진 / 앉기 / 약펀치 / 중펀치 / 강펀치 / 약킥 / 중킥 / 강킥

▲ 만화 '힘내라 사쿠라'의 캐릭터였던 '칸즈키 카린' 등의 신캐릭터를 포함해, 총 28명이 참전한다.

▲ 사용할 캐릭터를 선택한 후, 세 종류의 스타일 중 하나를 임의로 고를 수 있는 'ISM 셀렉트'.

▲ 새로 추가된 '가드 게이지'는 상대방의 공격을 방어할 때마다 감소한다. 바닥나면 가드가 깨져 무방비 상태가 된다.

■ 캐릭터

류	켄	춘리	사가트	아돈	버디	가이	소돔	내쉬	로즈	베가	고우키	단

달심	장기에프	겐	롤렌토	카스가노 사쿠라	블랑카	에드몬드 혼다	발로그	캐미	코디	레인보우 미카	칸즈키 카린

045

초강전기 키카이오 [역주 ※1]

● 1998년 9월　　　● 캡콤(개발·발매)

로봇 애니메이션의 패러디 격투 게임

당시 극도로 복잡해져 가던 대전격투 게임의 흐름을 정면으로 거스른 느낌의 타이틀. 거대 로봇 두 대가 1:1로 싸우는 3D 대전격투 게임으로서, 기획·설정은 스튜디오 누에(역주 ※2)의 카와모리 쇼지가, 메카닉 디자인은 카와모리와 미야타케 카즈타카가 담당했다. 플레이어용 기체로는 8종이 등장하며, 보스 캐릭터 4종에다 게스트 기체, 마이너 체인지 기체까지 준비했다.

조작법도 초보자에 맞춰 간략화했고, 필살기 발동도 커맨드 입력이 아니라 방향 레버+버튼 입력으로 간단하게 만들었다. 공들인 설정과 호쾌한 연출이 일품인, 거대 로봇물 팬이라면 반드시 즐겨봐야 할 타이틀이라 하겠다.

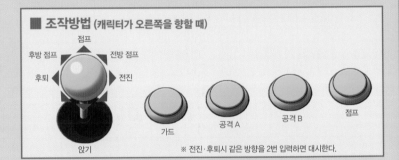

■ 조작방법 (캐릭터가 오른쪽을 향할 때)

점프
후방 점프　　전방 점프
후퇴　　　전진
앉기

가드　　공격 A　　공격 B　　점프

※ 전진·후퇴시 같은 방향을 2번 입력하면 대시한다.

▲ 컷인도 풍부하게 나오며, 데모 연출도 TV 애니메이션을 방불케 한다. 난입시 '방영 중입니다만…' 이라는 연출도 나온다.

▲ 등장하는 로봇들은 저마다 인기 로봇 애니메이션이나 특촬물의 오마주 덩어리이며, 게임 스토리도 온갖 패러디가 가득하다.

▲ 공격은 펀치·킥부터 빔에 미사일, 화염방사 등까지 다종다양하다. 연출도 호쾌하고 화려하기 그지없다.

■ 캐릭터

키카이오
주인공의 기체. 위력이 강하고 쓰기 쉬운 기술이 많은 슈퍼로봇이며, 파이널 어택은 등에 달린 날개를 거대한 검으로 변형시켜 발동한다.

디아나 17
여성형 닌자 로봇. 파일럿 '레이카'는 아마미야 재벌의 영애다. 공격할 때마다 하트 마크가 난무하고, 시그너처 포즈도 많다.

딕센
리얼 로봇 타입. 기동성을 살려 적기의 공격을 회피하는 스타일로서, 다양한 총화기로 몰아붙이는 게 기본 전술이다.

라파가
변신형 전투기 타입의 로봇. 파이터(헬리콥터)·스피너·솔저 3종류의 형태로 변신하며 임기응변식으로 싸운다.

펄시온
거대 히어로 타입. 가이난 성인이 만들어낸 반생물 반기계 생명갑주로서, 기본 전술은 '우주 가라테' 등을 활용한 격투전 중심이다.

트윈잼 V
2대의 전투기가 합체하는 로봇. 합체 조합에 따라 기동성 위주의 장기전형과 위력을 중시한 근접 전형의 2가지 형태로 전환 가능.

와이즈덕
5인승 보행전차. 등장 기체 중에서 유일하게 점프가 불가능하다. 미사일, 지뢰, 클로 등 현실적인 형태의 실탄 병기를 사용한다.

볼론
개그 담당. 전투 시마다 도심의 건물들을 조달해 마법으로 제멋대로 장착한다. 드릴·철구·포크레인부터 신칸센까지도 무기로 쓴다.

역주 ※1: 한국에서는 해외판 타이틀명인 「Tech Romancer」로도 가동되었다.　　역주 ※2: 일본 굴지의 SF 메카닉 기획 전문 스튜디오. 건담·마크로스 등 수많은 유명 SF·로봇 애니메이션의 메카닉 디자인 및 설정을 주도했다.

죠죠의 기묘한 모험

● 1998년 12월　　● 캡콤(개발·발매)

선조의 악연과 싸우는 이집트로의 여로

아라키 히로히코가 그린 같은 제목의 만화 중 제3부를 게임화했다. 스탠드 유저끼리의 싸움이라는 원작의 설정을 재현하여, 캐릭터 자신뿐만 아니라 그 캐릭터의 '스탠드'도 함께 공방을 펼친다. '스탠드'란, 원작에 등장하는 '초자연적인 힘을 지닌 정신 에너지체'를 가리킨다. 배틀의 결판이 나면 캐릭터가 독특한 포즈를 취하며 'To Be Continued…' 글자가 표시되는 등, 원작의 맛을 살린 연출도 매력이다.

일부 스탠드 유저의 경우 '본인 모드'와 '스탠드 모드'가 있다. 스탠드 출현 시 한정의 연속 공격도 있는 등 강력하지만, 스탠드에도 피격 판정이 있어 전용 게이지가 바닥나면 빈틈이 발생하는 리스크도 지게 된다.

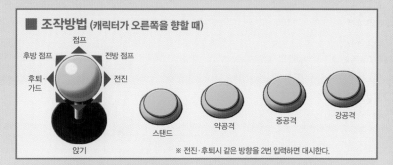

■ 조작방법 (캐릭터가 오른쪽을 향할 때)

점프 / 후방 점프 / 전방 점프 / 후퇴·가드 / 전진 / 앉기

스탠드 / 약공격 / 중공격 / 강공격

※ 전진·후퇴 같은 방향을 2번 입력하면 대시한다.

▲ 만화처럼 컷 분할로 그려진 캐릭터 선택 화면. 전반적으로 만화적 표현과 스토리텔링을 중시한 연출이 돋보인다.

▲ 캐릭터와 스탠드를 교대하는 식이 아니라, 스탠드 출현 공격을 사용하면 캐릭터와 더불어 공격해주는 시스템이다.

▲ 특정한 두 기술이 충돌하면 '오라오라'와 '무다무다'가 맞부딪치는 등의 '연타 대결 이벤트'처럼 독특한 시스템이 가득하다.

■ 캐릭터

쿠죠 죠타로
제3부의 주인공. 파괴력 있는 주먹과 섬세함을 겸비한 스탠드를 활용하여, 적이 가드하더라도 계속 몰아붙인다.

죠셉 죠스타
죠타로의 할아버지. 스탠드 '허밋 퍼플'은 공격당해도 본체에 대미지가 들어가지 않는 특성이 있다.

카쿄인 노리아키
도중에 죠타로와 동행하는 미청년. 원격형 스탠드는 화력이 낮은 편이나, 기동성이 좋고 결계 능력도 편리하다.

장 피에르 폴나레프
원래는 DIO 진영이었던 남자. 레이피어를 지닌 기사 모습의 스탠드는 리치가 길어 초보자도 다루기 쉽다.

무함마드 압둘
죠셉의 옛 친구. 사용 시 도중부터 오리지널 전개로 빠지며, 클리어 후 선택지에 따라 결말이 분기된다.

이기
지능이 높은 보스턴 테리어 개. 본체도 기동성이 높아 상대를 교란하기 좋지만, 스탠드를 쓰는 쪽이 안정적이다.

저주의 데보
인형처럼 생긴 스탠드를 증오의 힘으로 조종하는 킬러. 냉장고 안에서 스르륵 등장하는 원작의 명장면도 잘 재현했다.

차카
아누비스신(검)의 빙의로 살인자가 돼 버린 청년. 원작의 설정을 따랐기에, 기술이 빠르고 반격 대미지를 받지 않는다.

미들러
원작에선 단역으로 끝났기에, 원작자가 직접 캐릭터를 리디자인했다. 얼굴과 손발이 있는 털실뭉치 모양의 스탠드를 쓴다.

알레시
상대를 젊게 만드는 특수한 스탠드를 사용한다. 당한 캐릭터는 어린이화되거나, 제2부의 모습으로 변신한다.

스트리트 파이터 Ⅲ

3rd STRIKE : Fight for the Future

● 1999년 5월　　● 캡콤(개발·발매)

새로 만들다시피 리뉴얼한 완성형

「~2nd IMPACT」 후 약 1년 반 만에 출시된, 「스트리트 파이터 Ⅲ」 시리즈 제3탄. 시스템을 전면적으로 재구축한 결과, 완전 신작이나 다름없을 만큼 리뉴얼되었다. 팬들이 기다려온 춘리가 신규 캐릭터로 등장했으며, 신 시스템으로 '그레이드 저지 시스템'과 '가드 블로킹'을 도입했다. 대대적인 리뉴얼은 보답을 받아, 오랫동안 유저들의 사랑을 받는 인기 타이틀이 되었다.

일본에선 2010년대 전반기까지 오락실에서 꾸준히 가동되었을 정도의 초 롱런 히트작으로서, 수많은 대회·이벤트에서도 종목으로 채택되었고 현재도 수준 높은 대전격투 실황 동영상을 유튜브 등으로 접할 수 있다.

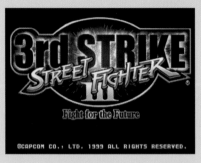

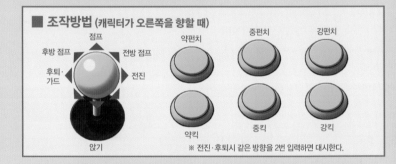

■ 조작방법 (캐릭터가 오른쪽을 향할 때)

점프 / 후방 점프 / 전방 점프 / 후퇴·가드 / 전진 / 앉기

약펀치 / 중펀치 / 강펀치 / 약킥 / 중킥 / 강킥

※ 전진·후퇴시 같은 방향을 2번 입력하면 대시한다.

▲ 팬들이 열망하던 춘리가 드디어 추가 캐릭터로 부활했다. 마코토 등의 신규 캐릭터와 보스까지 무려 20명이 등장한다.

▲ 블로킹은 「~2nd IMPACT」를 거쳐 시스템으로서 완성되었다. 예측 공방과 심리전 면에서 이를 제대로 활용하려면 상당한 스킬이 필요하다.

▲ 시스템 자체는 크게 달라지지 않았지만, 승리 후의 그레이드 판정은 단순한 승패를 넘어 구체적인 시합 내용까지도 폭넓게 평가한다.

■ 캐릭터

알렉스	류	켄	숀	이부키	엘레나	더들리	오로	네크로	휴고

윤	양	유리안	고우키	춘리	마코토	Q	트웰브	레미	길

스트리트 파이터 EX2 PLUS

● 1999년 7월　　● 아리카(개발) / 캡콤(발매)

■ 'EX' 시리즈의 최종 완성형

　1999년 7월 출시된, 「스트리트 파이터 EX2」의 기능 강화판. 캐릭터로는 전작에서 삭제되었던 베가·다란 마이스터·플룸 푸르나가 부활했고, 「스트리트 파이터 III」에서 사가트가, 신규 캐릭터로서 롯소와 에어리어가 새로 추가되었다.

　전작에서 이어진 시스템인 '엑슬'과 '캔슬 브레이크'는 유지했고, 모든 캐릭터에 게이지 3개를 소비하는 '메테오 콤보'를 추가하여 더욱 화려해진 연출과 더불어 열세인 상황이라도 일발역전을 노릴 수 있도록 했다. 보너스 스테이지도 2종류 더 추가했고, 이를 클리어하면 다음 스테이지에서 게이지 증가 보너스가 붙는다.

■ 조작방법 (캐릭터가 오른쪽을 향할 때)

| 점프 |
| 후방 점프　　전방 점프 |
| 후퇴·가드　　　전진 |
| 앉기 |

약펀치　중펀치　강펀치

약킥　중킥　강킥

▲ 전작 「스트리트 파이터 EX2」처럼 엑슬과 캔슬 브레이크를 채용했고, 대인전의 밸런스는 향상시켰다.

▲ 신규 시스템 '메테오 콤보'는 모든 캐릭터가 갖고 있으며, 게이지 3개를 소비하지만 열세인 상황이라도 일발역전을 노릴 수 있다.

▲ CPU전의 난이도는 살짝 낮춰, 엔딩을 보기 쉽도록 했다. 다만 난입 캐릭터 '베가 II'의 출현 조건은 꽤나 까다롭다.

■ 캐릭터

| 류 | 켄 | 춘리 | 가일 | 장기에프 | 호쿠토 | 스컬로 매니아 | 독트린 다크 | 크래커 잭 | 달심 | 카이리 | 가루다 |

| 블랑카 | 발로그 | 샤론 | 나나세 | 섀도우 가이스트 | 플룸 푸르나 | 다란 마이스터 | 베가 | 볼케이노 롯소 | 에어리어 | 사가트 |

죠죠의 기묘한 모험 <small>미래를 위한 유산</small>

● 1999년 9월　　● 캡콤(개발·발매)

이식된 사례는 적지만, 인기만큼은 최고

전작(47p)에 신규 캐릭터와 시스템 변경, 스토리 요소가 없는 토너먼트전인 '챌린지 모드' 등의 다양한 요소를 추가한 개선 보완판. 스탠드 온·오프에 따라 공격 모션·방어력·기동성까지 달라지는 독특한 시스템은 유지하되, 캐릭터 간 성능 격차의 밸런스를 조정했다. 전작에 있었던 캐릭터는 모두 남겨두고, 주로 DIO 진영에서 일반 캐릭터 5명과 히든 캐릭터 4명을 추가해 볼륨이 한층 더 풍성해졌다. 추가된 캐릭터는 대부분 신규 캐릭터지만, 바닐라 아이스처럼 전작에서 CPU 전용 캐릭터였던 인물을 플레이어 캐릭터로 돌린 경우도 있다.

■ 조작방법 (캐릭터가 오른쪽을 향할 때)

점프
후방 점프　　전방 점프
후퇴·가드　　전진
앉기

 스탠드
약공격
 중공격
강공격

※ 전진·후퇴시 같은 방향을 2번 입력하면 대시한다.

▲ 스타 플래티나가 연속으로 펀치를 날리는 필살기 '오라오라'는 버튼을 연타하면 한층 더 타격수가 증가한다.

▲ 대전 중에 화면 상단 양끝에 아이콘 형태로 각 캐릭터의 얼굴이 크게 표시되는데, 공격·피격 시마다 표정이 다채롭게 바뀐다.

▲ 독특한 의성어가 튀어나오는 연출, 원작의 캐릭터 대사를 그대로 쓴 기술명 등 전작의 장점은 여전하다.

■ 캐릭터

쿠죠 죠타로

스탠드 모드일때의 '발끝 오라'가 공중에서도 발동 가능.

조셉 조스타
사정거리가 넓은 던지기 기술 '파문의 비트'가 편리하다.

카쿄인 노리아키

공포를 극복하여 성장한 버전도 등장한다.

장 피에르 폴나레프

상대를 잠재워 무방비로 만드는 슈퍼 콤보가 추가됐다.

무함마드 압둘
불꽃을 뿌리는 기술 위주의 슈퍼 콤보를 추가했다.

이기

스탠드 온/오프 시의 리치 차이가 큰 캐릭터.

저주의 데보
스탠드가 회전하면서 마구 베는 기술이 추가됐다.

차카
상대의 공격을 읽고 반격하는 기술의 강화판을 추가했다.

미들러

스탠드를 뭉개버리는 공격 '아이언 와일드'를 추가했다.

알레시
덕분에 추가 캐릭터들의 젊어진 모습도 볼 수 있다.

홀 호스

권총형 스탠드를 사용하는지라 원거리 공격이 특기다.

펫 숍

고도를 조절할수 있어 회피가 쉬운 반면 방어는 약하다.

머라이어
콘센트를 설치하면 자력이 올라가 전투력이 강해진다.

아누비스 이드루의 폴나레프

적의 공격을 반격하는 등, 폴나레프와 기술이 꽤 다르다.

바닐라 아이스
적의 공격을 반격하는 기술, 폴나레프와 기술이 꽤 다르다.

DIO

히든 캐릭터에서 승격. 흡혈기 '피의 소환'이 추가됐다.

명작 벨트스크롤 액션 게임을 3D 격투 게임화
파이널 파이트 리벤지

● 1999년 9월　　● 캡콤 디지털 스튜디오(개발) / 캡콤(발매)

■ 충격적인 전투! 강렬한 역습!

　명작 벨트스크롤 액션 게임 「파이널 파이트」의 세계를 세가새턴 호환 기판 'ST-V' 기반으로 3D화시켜 만든 대전격투 게임. 원작의 주요 캐릭터들이 폴리곤화된 것이 큰 특징이다.

　조작은 8방향 레버+5버튼 방식. 별도로 존재하는 '스페셜 버튼'은 축이동과 아이템 습득에 사용한다. 화면 하단의 슈퍼 게이지를 소비하여 강력한 필살기 '슈퍼 무브'를 발동할 수도 있다. 후일 이식 발매된 세가새턴판은 3D 대전격투 게임으로는 처음이자 마지막인 4MB 확장 램 카트리지 전용 타이틀이기도 했다.

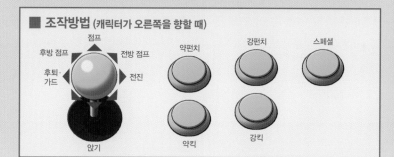

■ **조작방법** (캐릭터가 오른쪽을 향할 때)

- 점프
- 후방 점프 / 전방 점프
- 후퇴·가드 / 전진
- 앉기
- 약펀치
- 강펀치
- 스페셜
- 약킥
- 강킥

▲ 전반적인 그래픽은 같은 시기 발매된 「사립 저스티스 학원」 및 「스트리트 파이터 EX」와 비슷한 느낌.

▲ 시리즈의 유일한 여성 캐릭터 '포이즌'은 이 작품에서 처음 조작 가능해졌다. 초필살기 연출 중엔 목욕 장면도 들어있다.

▲ 원작처럼 무기를 사용한 공격도 가능하다. 무기는 3개까지 보유할 수 있고, 교체나 버리기는 물론 특수 공격도 가능하다.

■ 캐릭터

코디

게임의 주인공. 마셜 아츠의 달인이며, 기술의 위력·스피드·리치 등은 모두 표준형.

해거

메트로시티의 시장. 파워형 캐릭터이며, 예전에는 프로레슬러로 이름을 떨쳤다.

가이

무신류 인술 계승자. 인술로 싸우는 스피드형이며, 벽을 이용한 삼각점프가 강력하다.

앙드레

거대한 체구로 싸우는 파워형 캐릭터. 매드 기어가 붕괴하자 직접 전면에 나선다.

에디.E

매드 기어의 간부이자 악덕 경찰관. 권총 공격과 '경찰차로 상대를 치는' 초필살기를 쓴다.

엘 가도

기동성이 좋은 모으기 기술형. 매드 기어의 일원이며, 이동속도가 빠르고 나이프 공격이 특기다.

소돔

매드 기어의 간부로서, 이상한 쪽으로 일본 문화를 흉내 내는 미국인. 이도류로 싸운다.

댐드

매드 기어의 간부로서, 벨가가 죽은 후 총수 자리를 노린다. 초필살기는 동료를 불러내는 것이다.

포이즌

매드 기어의 일원. 장발에 요란한 용모의 글래머 미인. 기동성이 좋고 조작하기 쉽다.

롤렌토

매드 기어의 전 간부로서, 이전엔 레드 베레 대원이었다. 날렵한 움직임과 봉술 공격이 특징이다.

051

마블 VS. 캡콤 2 New Age of Heroes

● 2000년 3월　　● 캡콤(개발·발매)

주로 서양에서 대인기였던 타이틀

「마블 VS. 캡콤」시리즈 제2탄이자, 'VS' 시리즈로는 4번째 작품에 해당한다. 전작보다 팀 배틀 개념을 한층 더 강조한 시스템으로서, 2개의 파트너 버튼으로 나머지 두 캐릭터를 각각 호출할 수 있고, 캐릭터 선택 시 고르는 어시스트 기술도 3종류 중 하나를 선택하도록 하였다.

캐릭터가 화면을 종횡무진 날뛰는 액션은 여전하며, 전작 이상으로 호쾌한 연출을 자랑하는 '배리어블 콤비네이션'도 추가되었다. 게임 밸런스에 다소 문제가 있긴 하나, 등장 캐릭터 56명이라는 압도적인 볼륨으로 특히 서양권에서 인기가 많아 롱런 타이틀이 되었다.

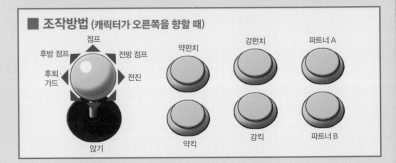

■ 조작방법 (캐릭터가 오른쪽을 향할 때)

점프 / 후방 점프 / 전방 점프 / 후퇴 가드 / 전진 / 앉기 / 약펀치 / 강펀치 / 파트너 A / 약킥 / 강킥 / 파트너 B

▲ 일부는 어나더 캐릭터이긴 하나, 당시 기준으로도 이례적일 만큼 캐릭터가 많다. 다만 처음부터 모두 개방돼 있진 않다.

▲ 팀은 전작의 2:2에서 3:3으로 변경했다. 어시스트 버튼이 2개이므로, 파트너 선택과 교체를 자유롭게 할 수 있다.

▲ 배리어블 콤비네이션은 팀 멤버 전원이 동시에 하이퍼 콤보를 발동하는 기술이다. 단, 현재 사용 중인 캐릭터가 교체되지는 않는다.

■ 캐릭터

케이블	매로우	사이클롭스	아이스맨	울버린	갬빗	저거노트	매그니토	스파이더맨	베놈	헐크	캡틴 아메리카	닥터 둠	슈마고라스

루비하트	손손	아밍고	하야토	류	장기에프	가일	아나카리스	스트라이더 비룡	캡틴 코만도	진 사오토메	모리건	바렛타	고우키

캡콤과 SNK가 손잡은, 꿈의 크로스오버 배틀
캡콤 VS. SNK MILLENNIUM FIGHT 2000

● 2000년 8월　　●캡콤(개발·발매)

최대 4명까지 팀 배틀로 대결

　대전격투 게임 장르를 견인했던 양대 거두, 캡콤과 SNK의 인기 캐릭터들이 회사의 벽을 뛰어넘어 한 게임 내에서 대결하는 꿈의 크로스오버를 실현해낸 타이틀. 등장 캐릭터는 플레이어블 26명에, 히든 캐릭터 및 보스 7명으로 구성되어 있다.

　조작계는 8방향 레버+4버튼으로서 SNK 방식에 가까우며, 가드 캔슬과 공중 가드 개념을 없애 초보자와 장르에서 멀어진 올드팬 쪽을 노렸다. 특징은 '그루브 시스템'의 채용으로서, 'CAPCOM 그루브'나 'SNK 그루브' 중 한쪽을 선택하면 「스트리트 파이터 II」 혹은 「더 킹 오브 파이터즈」에 가까운 시스템으로 플레이할 수 있다.

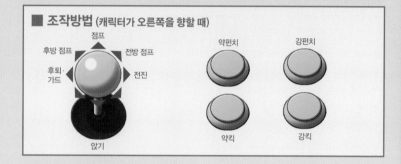

■ 조작방법 (캐릭터가 오른쪽을 향할 때)

점프 / 후방 점프 / 전방 점프 / 후퇴·가드 / 전진 / 앉기
약펀치 / 강펀치 / 약킥 / 강킥

▲ 등장 캐릭터 대부분은 「스트리트 파이터 II」 및 「KOF」 시리즈에서 선발했다. 조작계는 SNK식을 따랐다.

▲ 그래픽 풍은 캡콤의 「스트리트 파이터 ZERO」나 「뱀파이어」에 가까운 편. SNK측 캐릭터도 모두 이 기준에 맞춰 새로 디자인했다.

▲ 등장 캐릭터 전원에 우열을 나타내는 수치 '레이셔'를 설정했고, 한 팀이 레이셔 합계가 4가 되도록 조합해야 한다.

■ 캐릭터

류	켄	춘리	가일	장기에프	달심	에드몬드 혼다	블랑카	마이크 바이슨	발로그	사가트	베가	카스가노 사쿠라	캐미

쿠사나기 쿄	야가미 이오리	테리 보가드	료 사카자키	시라누이 마이	김갑환	기스 하워드	야마자키 류지	라이덴	루갈 번스타인	니카이도 베니마루	유리 사카자키	킹	바이스

그래픽·연출 퀄리티가 향상된, 시리즈 제2탄

불타라! 저스티스 학원 [역주 ※1]

● 2000년 12월　　● 캡콤(개발·발매)

시나리오를 강화해, 캐릭터 게임으로 진화

인기 시리즈의 제2탄. 3D 묘사에 특화된 NAOMI 기판으로 제작하여 그래픽 품질이 향상됐다.

전작의 1년 후를 무대로 여러 고교의 학생들이 의문의 사건에 맞선다는 스토리로서, 전작 및 「열혈청춘일기 2」(역주 ※2)의 캐릭터들이 대거 등장한다. 새로운 무대로 여고인 '세이쥰 여학원'도 추가되었다. 시스템은 전작을 계승했지만, 팀 편성을 2명에서 3명으로 바꾸었으며 배틀이 끝날 때마다 사용 캐릭터 변경이 가능해졌다. 시나리오를 크게 강화함으로써 CPU전이 재미있어져, 대전 게임보다는 캐릭터 게임으로서의 측면이 강해졌다.

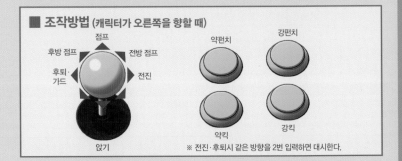

■ 조작방법 (캐릭터가 오른쪽을 향할 때)

점프 / 후방 점프 / 전방 점프 / 후퇴·가드 / 전진 / 앉기

약펀치　강펀치
약킥　강킥

※ 전진·후퇴시 같은 방향을 2번 입력하면 대시한다.

▲ 3인 팀제로 바뀌면서, '사랑과 우정의 투 플라톤'과 함께 '정의와 용기의 쓰리 플라톤'이 추가됐다.

▲ '사랑과 우정의 투 플라툰'은 저지당할 수도 있다. 맞은 쪽이 일정 시간 내로 상대와 같은 펀치+킥 버튼을 동시에 누르면 저지를 시도한다.

▲ 에어 버스트의 파생기로서 도입한 '쇼트 에어 버스트'는, 띄우는 높이가 낮아서 콤보로 연결하기가 쉽다.

■ 캐릭터

이치몬지 바츠　와카바 히나타　카가미 쿄스케　반장　넷케츠 하야토　사와무라 쇼마　아유하라 나츠　로베르토 미우라　나미카와 나가레　카루이자와 모모　보먼 델가도

티파니　로이　히비키 란　카자마 다이고　엣지　이스루기 간　시마즈 히데오　미나즈키 쿄코　카자마 아키라　자키　키리시마 유리카

역주 ※1: 한국에서는 해외판「Project Justice : Rival Schools 2」로도 가동되었다.　　역주 ※2: 플레이스테이션으로 1999년 발매된「사립 저스티스 학원」의 오리지널 외전작.

제 2 장
SNK

SNK는「아랑전설」시리즈부터「사무라이 스피리츠」·「용호의 권」등등에 이르기까지, 수많은 인기 타이틀을 보유한 개발사다. 등장하는 캐릭터들의 개성이 강렬한 것이 특징으로서, 자사의 인기 캐릭터들이 대거 등장하는「더 킹 오브 파이터즈」시리즈는 SNK 특유의 강점을 최대한으로 살려내 대히트에 성공, 해마다 컨셉을 바꿔가며 꾸준히 출시하는 명물 시리즈가 되었다.

미국 No.1을 목표로, 최강자들과 싸우자
스트리트 스마트

● 1989년 8월　　● SNK(개발·발매)

■ SNK 격투 게임이 이 작품에서 시작되다

벨트스크롤 액션 게임풍의 필드에서 싸우는 격투 액션 게임. 8방향 레버와 펀치·킥·점프 3버튼으로 조작한다. 1P는 가라테 파이터를, 2P는 프로레슬러를 조작하고, 전미 격투대회 '레슬 워즈'에 참가한다는 스토리로 진행되며, 적을 쓰러뜨리면 구급차에 실려 나가고 미녀가 승리를 축하해 준다. 2인 플레이일 경우 협력 플레이 형태가 되며, 적을 쓰러뜨린 후에는 두 플레이어끼리 미녀의 키스를 걸고 승부를 내야 한다. 조작 감각이 조금 까다로운 편이지만, 공격을 계속 성공시켜 상대방의 공격을 봉인해버리면 일방적으로 이길 수도 있다.

■ 조작방법

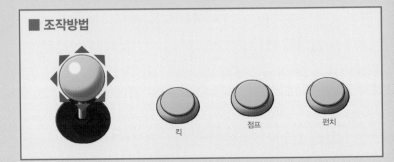

킥　　점프　　펀치

▲ 적이 돌격차기처럼 강력한 공격을 맞으면 시원하게 날아가는 등, 호쾌함이 있는 작품이다.

▲ 2인 플레이일 때는 적도 2명이 나온다. 적과의 싸움이 끝나면 플레이어끼리 결판을 내야 한다.

▲ 모든 싸움에서 승리해 미국 격투기 대회에서 우승을 거둬, 미녀 8명의 축하를 받아 보자.

■ 캐릭터

츠토무 아마노

가라테 수행자. 펀치로 중단 찌르기나 팔꿈치 찍기, 킥으로 돌려차기가 가능하다. 후일의 '타쿠마 사카자키'의 모티브라고도 한다.

존 슈나이더

프로레슬러. 펀치는 좀 애매하지만, 킥 쪽은 롤링 소뱃처럼 레슬러다운 기술을 낸다.

스테이지 1

스테이지 2

스테이지 3

스테이지 4

스테이지 5

스테이지 6

스테이지 7

스테이지 8

시리즈 제1탄은 스토리 중심의 격투 액션 게임

아랑전설 숙명의 싸움 [역주 ※]

● 1991년 11월　　● SNK(개발·발매)

네오지오 최초의 대전격투 게임

「스트리트 파이터」에 비견될 만큼 인기가 많았던 「아랑전설」 시리즈의 제1탄. 테리·앤디·죠 히가시 중 한 명을 골라 격투대회 '킹 오브 파이터즈'에서 승리하자. 각 캐릭터별 스토리는 '형제간의 정'과 '부친의 원수 타도'가 테마이다.

시스템은 8방향 레버와 3버튼식으로서 간단한 편이지만, '라인 이동'이라는 오리지널 시스템을 도입해 대전 필드에 '안쪽'과 '바깥쪽'이라는 개념을 구현했다(이 작품의 경우 2라인제). 또한 대인전 중심이 아니라 CPU전 중심으로 게임을 디자인했기에, 타인 난입시 일단 난입 플레이어와 협력해 CPU와 싸우고, 승리한 후에야 비로소 대전한다는 변칙적인 방식을 채택했다.

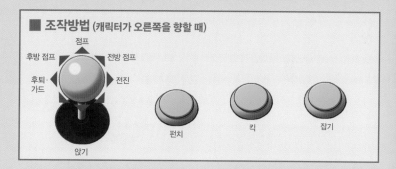

■ 조작방법 (캐릭터가 오른쪽을 향할 때)

점프
후방 점프　전방 점프
후퇴·가드　전진
앉기
펀치　킥　집기

▲ 시작 시 테리·앤디·죠 히가시 3명 중 하나를 골라 '킹 오브 파이터즈'에 출전하게 된다.

▲ 처음에는 싸울 장소와 함께 표시되는 상대 4명 중에서 선택한다. 이후엔 정해진 순서에 따라 다음 상대와 결투하는 식이다.

▲ 시합 후엔 기스의 리액션이 나오며, 2명 단위로 승리할 때마다 보너스 스테이지(팔씨름)도 플레이하게 된다.

■ 캐릭터

테리 보가드

아버지 '제프 보가드'의 원수인 기스를 물리치려 마셜 아츠를 연마해 왔다. 숙명을 이루기 위해, 기스가 개최한 격투대회 '킹 오브 파이터즈'에 참전한다.

앤디 보가드

테리의 친동생으로서, 테리에 라이벌 의식을 품고 있다. 텅푸루의 친구인 시라누이 한조의 눈에 들어, 일본으로 건너가 골법(시라누이류 체술)을 전수받았다.

죠 히가시

태국식 킥복싱인 무에타이를 배워 무패의 전설이 된 그는, 더욱 강한 적을 찾아 이 종격투기 대회인 '킹 오브 파이터즈'에 도전한다.

마이클 맥스

덕 킹

리처드 마이어

화 자이

텅푸루

라이덴

빌리 칸

기스 하워드

역주 ※: 한국에서는 해외판 타이틀명인 「Fatal Fury」로 가동되었다. 이후의 「아랑전설」 시리즈도 공통이다.

네오지오의 '100메가 쇼크' 제1탄

용호의 권 [역주 ※]

● 1992년 9월　　● SNK[개발·발매]

격투게임 붐에 일익을 담당한 명작

SNK의 간판 타이틀이 된 「용호의 권」 시리즈의 제1탄. '료 사카자키'나 '로버트 가르시아' 중 한 명을 골라, 납치된 '유리'를 구출해야 한다.

기본적으로 CPU전 중심의 격투 게임이라, 1인 플레이 시엔 료와 로버트만 선택할 수 있다. 한편, 시스템 측면에서는 화면 확대·축소 연출과 기력 게이지라는 참신한 기능을 도입했으며, 둘 다 이후의 격투 게임들에 큰 영향을 끼쳤다. 이것만으로도 이 작품은 「아랑전설」처럼 대전격투 장르의 토대를 굳힌 타이틀 중 하나로 꼽혀, SNK를 대도약시켜준 명작으로 인정받고 있다.

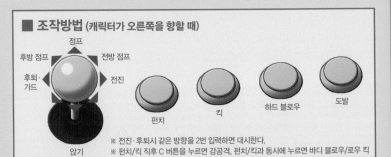

■ 조작방법 (캐릭터가 오른쪽을 향할 때)

점프 / 후방 점프 / 전방 점프 / 후퇴·가드 / 전진 / 앉기

펀치　킥　하드 블로우　도발

※ 전진·후퇴시 같은 방향을 2번 입력하면 대시한다.
※ 펀치/킥 직후 C 버튼을 누르면 강공격, 펀치/킥과 동시에 누르면 바디 블로우/로우 킥

▲ 캐릭터가 작게 표시되는 것이 당연했던 당시에 이 게임은 캐릭터를 큼직하게 묘사해 플레이어들을 사로잡았다.

▲ 초필살기를 최초로 도입한 것도 이 작품. '패왕상후권'은 보너스 게임 '초필살기 전수'를 클리어하면 사용할 수 있다.

▲ 여성 캐릭터의 '탈의 KO' 도입도 이 작품이 최초다. 4스테이지의 '킹'을 필살기로 KO 시키면 옷이 찢어진다.

■ 캐릭터

료 사카자키
열 살 때 사고로 부모님을 여의고, 유일한 혈육인 여동생과 살고 있었다. 그 여동생이 납치되자, 구하려 싸움에 나선다.

로버트 가르시아
자수성가로 막대한 부를 축적한 아버지의 권유로 다양한 격투기를 배웠다. 그중 극한류 가라테에 끌려, 료와 선의의 라이벌이 되었다.

토도 류하쿠
일본 고무술의 계승자이지만, 전통에 구애받지 않고 현대적인 개념을 적극 도입하여 최강의 자리를 노린다.

잭 터너
폭주족 '블랙 캣츠'의 리더인 거한. 어릴 적 서커스단의 곰에 습격을 받았다 오히려 죽인 일 등의 무용담이 전해진다.

리 파이롱
중국권법 수행자로서, 차이나타운에서 한의사로도 활약하고 있다. 리의 양아버지는 료의 아버지와 절친이기도 하다.

킹
무에타이를 쓰는 가드맨. 실은 여자이지만, 이를 숨기고 오만한 모습을 가장한다. 필살기로 KO 당하면 옷이 찢어져 정체가 탄로 난다.

미키 로저스
불굴의 정신으로 아마추어 권투 챔피언이 되었지만, 다툼에 휘말려 프로 선수로의 앞길이 막히자 타락해버린 비극의 사나이.

존 크롤리
마셜 아츠를 사용하는 사나운 교관. 실전에서 갈고닦은 살인 기술에 능숙하여, '살인 머신'이라는 별명이 있다.

역주 ※: 한국에서는 해외판 타이틀명인 「Art of Fighting」으로 가동되었다. 이후의 「용호의 권」 시리즈도 공통이다.

라인 시스템을 진화시킨, 100메가 쇼크 제2탄

아랑전설 2 새로운 싸움

● 1992년 10월 　　● SNK(개발·발매)

인기 캐릭터 '시라누이 마이', 데뷔

인기 시리즈의 제2탄. 「아랑전설 : 숙명의 싸움」의 속편으로서, 사용 가능 캐릭터 증가, 조작계 변경, 보이스·비주얼 퀄리티 향상 등 다방면으로 개선했다.

대인전도 전작보다 진화되었는데, 라인 이동 시스템도 한몫하여 「스트리트 파이터 II」에서 밸런스 붕괴를 불러왔던 파동승룡 전술 문제도 이 작품에는 없다. 대전격투 장르 중에선 상당히 일찍부터 초필살기 개념을 도입한 타이틀이기도 해, 상당한 열세에 몰린 상황이더라도 한 방에 역전을 노릴 수 있다. 단, 초필살기 커맨드는 인스트럭션 카드(역주 ※)에 기재하지 않았으며 커맨드도 까다롭게 설정했다.

■ 조작방법 (캐릭터가 오른쪽을 향할 때)

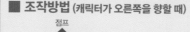

점프
후방 점프　　전방 점프
후퇴·가드　　　전진
후퇴·가드
앉기
약펀치　약킥　강펀치　강킥

※ 후퇴시 같은 방향을 2번 입력하면 백스텝
※ 약펀치+약킥을 누르면 라인 이동

▲ 선택 가능한 캐릭터가 전작의 3명에서 8명으로 증가했다. '시라누이 마이' 등, 매력적인 신캐릭터가 여럿 추가되었다.

▲ 시리즈 굴지의 인기 캐릭터 '시라누이 마이'가 처음 등장한다. 노출도 높은 의상과 바스트 모핑 포즈로 수많은 팬을 매료시켰다.

▲ 조작계도 리뉴얼해, 8방향 레버+4버튼식으로 변경했다. 이 작품부터 상대를 다른 라인으로 날려버리는 것도 가능해졌다.

■ 캐릭터

테리 보가드
격투가 제프 보가드의 양자이자, 앤디의 의형제. 마셜 아츠 구사자로서, 이 작품부터 민소매 점퍼를 착용한다.

앤디 보가드
제프 보가드의 양자이자, 테리의 의동생. 골법 스승 시라누이 한조의 손녀 마이와는 애인 사이다. 테리에게는 한 번도 이긴 적이 없다.

죠 히가시
홀로 태국에 건너가 무에타이 챔피언 자리까지 오른 일본인. 반바지에 머리띠를 두른 모습이 특징이며, '폭풍을 부르는 남자'란 별명이 있다.

빅 베어
전작의 '라이덴'과 동일 인물이며, 개과천선하고 마스크를 벗었다. 정통파 레슬러로 활약 중. 의외로, 필살기 중에 커맨드 잡기가 없다.

친 신잔
홍콩에서 활약 중인 사업가. 태극권의 달인이며, 마피아에게서 크라우저의 소문을 듣고서 '킹 오브 파이터즈'에 참가한다.

시라누이 마이
시라누이류 인술의 후계자인 글래머 쿠노이치. 앤디 보가드를 쫓아와 대회에 뛰어든다. 노출도 높은 붉은 복장이 특징.

김갑환
태권도 사범. 태권도야말로 세계 최강이라 자부하며, 정의를 중요시하는 진지한 성격. 기술 대부분이 다리를 사용한다.

야마다 쥬베이
'귀신 야마다'라는 별명으로 근대 유도계에 이름을 떨치던 달인. 마이와 앤디의 후견인이지만, 뻔뻔하기 그지없는 변태 할아범이기도 하다.

역주 ※: 가동중인 게임의 캐비닛에 부착해 전시하는, 해당 게임의 공식 기술표를 말한다.

「용호의 권」·「아랑전설 2」에 이은 100메가 쇼크 제3탄

파이어 수플렉스 [역주 ※]

● 1993년 3월 ● SNK[개발·발매]

SNK가 제작한 프로레슬링 게임

네오지오로 발매되었던 프로레슬링 액션 게임. 대용량을 살려 캐릭터들을 큼직하게 묘사한 것으로도 유명한 타이틀이다. 등장 캐릭터는 10명. 시스템은 8방향 레버+4버튼식이며, 대시도 사용 가능해 게임의 전반적인 템포가 빠른 것이 특징이다. 레슬러 중 「아랑전설」에 등장했던 '라이덴'과 태그 팀으로 활동했었다는 설정의 '빅 봄바더'가 등장해, 「아랑전설」·「용호의 권」과 설정이 연결돼 있음을 암시하기도 했다.

참고로, 타이틀명인 '파이어 수플렉스'는 주인공 '테리 로저스'의 필살기 명칭에서 따온 것이다.

■ 조작방법

펀치·촙   킥   점프·낙하기술   폴

※ 전진·후퇴시 같은 방향을 2번 입력하면 대시한다.

▲ 시스템은 여타 프로레슬링 게임과 유사한 편. 기술은 타격·잡기·던지기로 구성된다. 동시에 잡으면 버튼 연타 힘겨루기가 발동된다.

▲ 스테이지는 일반적인 링 외에도 공장·고철 하치장·전류 매치가 있으며, 바닥에 놓인 흉기를 집어 사용할 수도 있다.

▲ 기술을 걸 수 있는 타이밍에 아예 '기술을 걸어라'라고 알려주는 친절 시스템. 연출에도 공을 들여 프로레슬링다운 맛을 살렸다.

■ 캐릭터

테리 로저스

작품의 주인공인 정통파 레슬러. 타고난 정의감과 강렬한 투지로 인해 '불꽃의 젠틀맨'으로 불린다.

로이 윌슨

나무를 베다 곰을 만나자 목을 졸라 죽인 경력이 있는 야생이다. 덕분에 '곰을 죽인 바바리안'이라는 별명이 붙었다.

레오 브래들리

지하 프로레슬링 조직 '사자굴' 출신의 힐 레슬러. 체인을 무기로 휘두른다. 별명은 '광란의 백발 귀신'이다.

빅 봄바더

남다른 거구와 괴력을 활용하는 레슬러. 「아랑전설」의 '라이덴'과 태그를 짜고 활동했던 적이 있다.

고챠크 빅봄

봄바더의 쌍둥이 동생. 형과 맞먹는 괴력의 소유자이며, 봄바더와 기술이 동일하다. 통칭 '성난 소'.

더 레드 드래곤

'동양의 붉은 닌자'로 불리는 인기 레슬러. 테리의 라이벌로서, 다채로운 기술과 공중살법으로 싸운다.

더 간다라

요가의 달인으로서, 주특기는 4차원 살법이다. 화염 살법을 쓰는 악역 레슬러로서, '사자굴' 출신이라고도 한다.

블러버 맨

사자굴 출신이라는 소문이 있는 악역 레슬러. 욱하면 나이프로 적을 베어버린다. 통칭 '공포의 유혈대왕'.

블루스 해블램

모든 것이 수수께끼인 복면 레슬러. 체격과 기술이 블러버 맨과 같기에, 동일인으로 의심받는 중이다.

마스터 반즈

18대 헤비급 챔피언으로서, 비인간적일 만큼 강한 사나이. 별명은 '무적의 사이보그 전사'다.

역주 ※ : 한국에서는 해외판 타이틀명인 「3 Count Bout」로 가동되었다.

사무라이 스피리츠 [역주 ※]

● 1993년 7월　　● SNK[개발·발매]

'강베기' 한 방에 치명상이라는 긴장감

인기 시리즈의 제1탄. 모방작과 속편물이 난무하던 당시 격투 게임계에서 '무기로 싸우는' 시스템과 중세 일본 무대의 '가상 역사물'을 전면에 내세운 이색 타이틀이다. 등장 캐릭터는 보스를 포함해 13명. 일본인부터 금발에 파란 눈의 서양인까지, 실로 다채로운 캐릭터들로 구성했다. 게다가 무기로 공격하면 대미지가 크게 들어가는 등 당시 격투 게임의 주류였던 콤보 중심의 패러다임을 정면으로 역행해, 복잡한 조작 없이도 독자적인 심리전과 긴박감을 제공한다. 이후 수많은 속편이 등장하지만, 조작이 심플한 이 작품이야말로 시리즈 최고 걸작이란 의견도 많다.

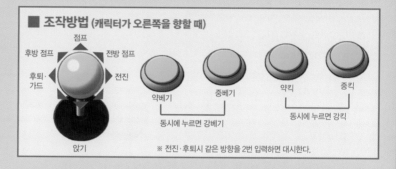

■ 조작방법 (캐릭터가 오른쪽을 향할 때)

점프 / 후방 점프 / 전방 점프 / 후퇴·가드 / 전진 / 앉기

약베기 / 중베기 / 약킥 / 중킥

동시에 누르면 강베기　　동시에 누르면 강킥

※ 전진·후퇴시 같은 방향을 2번 입력하면 대시한다.

▲ '무기'로 겨루기에 일격의 대미지가 매우 크다. 특히 '강베기'를 맞으면 체력이 30~50%까지 날아가기도 한다.

▲ 서로의 공격이 정확히 맞부딪치면 힘겨루기 이벤트가 발생한다. 버튼 연타가 밀린 쪽은 무기를 놓치게 된다.

▲ 스토리와 캐릭터 일부가 야마다 후타로의 소설 '마계전생'의 영향을 받았기에, 게임 내에 이를 오마주한 장면도 있다.

■ 캐릭터

하오마루

최강의 검객이 되기 위해, 강한 자를 찾는 수행차 방랑하고 있는 열혈한.

타치바나 우쿄

불치병에 걸렸음에도 사랑하는 여성에게 바칠 환상의 꽃을 찾아 싸우는 청년.

나코루루

자연을 사랑하고 애호하는 착한 소녀. 자연과 동물들을 지키려 싸운다.

갈포드

정의의 시노비 마스터가 되고 싶어 하는 정의감 넘치는 아메리칸 닌자.

샤를로트

귀족 출신. 민중을 이변에서 지켜내기 위해 나선, 자긍심 강한 여검사.

핫토리 한조

이가 닌자군의 수령. 아마쿠사가 탈취한 아들의 혼을 해방시키려 싸운다.

야규 쥬베이

야규 신카게류 검법을 쓰는 막부 소속의 이도류 검사. 힘겨운 수행을 거쳤다.

센료 쿄시로

온 세상에 가부키의 참맛을 알리기 위해 세계를 여행하는 가부키 배우.

왕푸

중국 통일을 위해, 자신의 오른팔이 될 만한 호걸을 찾아 전국을 떠돈다.

탐탐

빼앗긴 마을의 비보를 되찾기 위해 싸우는, 마음씨 착한 가면의 성전사.

시라누이 겐안

어둠에 숨어 살아가는 시라누이 일족의 엘리트, 잔혹하며 비겁한 수단도 가리지 않는다.

어스퀘이크

거대한 체격의 인술 실력자. '팔렝케 스톤'을 입수하는 것이 목적이다.

역주 ※: 한국에서는 해외판 타이틀명인 「Samurai Shodown」으로 가동되었으며 현재도 이 시리즈명으로 신작이 발매되고 있기에, 두 제목이 모두 통용된다.

아랑전설 스페셜

● 1993년 9월　　● SNK(개발·발매)

SNK에게 명성을 안겨준 인기작

인기 시리즈의 제3탄. 부활한 기스가 크라우저에게 펼치는 복수극을 중심으로, 여기에 테리와 앤디의 복수극이 얽혀 들어가는 스토리다.

캐릭터는 「아랑전설 2」의 8명에, CPU 전용이었던 삼투사와 크라우저도 사용할 수 있게 했고, 추가로 「아랑전설」의 덕 킹·텅푸루·기스 하워드까지 참전했다. 심지어 히든 캐릭터인 료 사카자키까지 있어, 총 16명을 사용할 수 있다. 조작계는 「아랑전설 2」를 계승했기에 라인 이동과 초필살기도 건재하며, 전체적으로 볼륨감을 키운 것은 물론 대인전도 더욱 재미있게 다듬었다.

■ 조작방법 (캐릭터가 오른쪽을 향할 때)

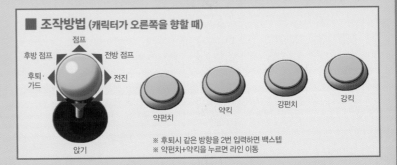

점프 / 후방 점프 / 전방 점프 / 후퇴·가드 / 전진 / 앉기

약펀치 / 약킥 / 강펀치 / 강킥

※ 후퇴시 같은 방향을 2번 입력하면 백스텝
※ 약펀치+약킥을 누르면 라인 이동

▲ 등장 캐릭터가 15명으로 늘어나, 선택 화면도 빽빽해졌다. 히든 캐릭터인 료 사카자키의 성능은 그야말로 파격적이다.

▲ 그래픽도 진화되어, 배경의 묘사가 한층 더 치밀해졌다. 숨겨진 요소도 많은데, 조건이 만족되면 발견할 수 있다.

▲ 조작성도 대인전을 고려하여 연속기가 가능해졌고 회피 공격도 내기 쉽도록 하여 사용성과 쾌감이 현격히 향상됐다.

■ 캐릭터

테리 보가드

기스에게 암살된 제프 보가드의 양자.

앤디 보가드

테리의 형제로, 일본에 건너와 골법을 배운 달인.

죠 히가시

'폭풍을 부르는 남자'라는 별명의 무에타이 챔피언.

빅 베어

악역 레슬러였지만 개과천선하여 마스크를 벗었다.

친 신잔

홍콩 톱 클래스의 재력을 가진 태극권 달인.

시라누이 마이

시라누이 류 인술을 익힌 쿠노이치. 앤디의 애인.

김갑환

정의를 중시하고 악을 용서하지 않는 태권도 사범.

야마다 쥬베이

귀신으로 불리는 유도의 달인. 상당한 변태 할아범.

덕 킹

테리의 라이벌을 자칭하는 모히칸 청년.

텅푸루

팔극성권의 달인이자 제프와 기스, 친의 스승.

빌리 칸

기스의 측근인 삼투사 중의 명인. 삼절곤의 달인.

액셀 호크
삼투사 중 한 명이자, 전 헤비급 챔피언.

로렌스 블러드
삼투사 중 한 명으로, 냉혹하고 실력 좋은 투우사.

기스 하워드

사우스타운의 지배자이자, 크라우저의 이복형제.

볼프강 크라우저
슈트로하임 성주로서, 뒷세계에서는 암흑의 제왕.

료 사카자키
「용호의 권」의 주인공이며, 극한류 가라테 사범 대리.

스토리는 이어지고, 대인전은 강화하다
용호의 권 2

● 1994년 2월　　　● SNK(개발·발매)

캐릭터의 모션을 전작보다 매끄럽게

전작의 스토리성은 유지하면서 대인전을 강화시킨, 「용호의 권」의 정규 속편. 전작의 1년 후를 무대로, 사우스 타운에서 개최된 격투대회 '더 킹 오브 파이터즈'에 도전한다.

캐릭터는 전작에서의 8명에 테무진·키사라기 에이지·유리 사카자키가 추가됐으며, 히든 보스로서 젊은 시절의 기스 하워드가 참전한다. 사용 가능 캐릭터가 늘어난 덕분에 다양하고 풍성한 대전이 가능해지긴 하였으나, 기본적인 시스템은 여전히 본격적인 대전 게임이라기보다 전작처럼 연출과 스토리를 즐기는 1인용 게임에 가깝다.

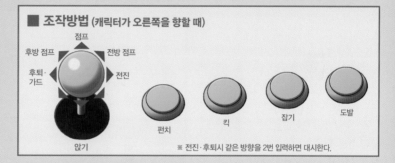

■ 조작방법 (캐릭터가 오른쪽을 향할 때)

- 점프
- 후방 점프
- 전방 점프
- 후퇴·가드
- 전진
- 앉기
- 펀치
- 킥
- 잡기
- 도발

※ 전진·후퇴시 같은 방향을 2번 입력하면 대시한다.

▲ 전작 캐릭터 중 토도 류하쿠 외엔 전원이 등장하며, 거의 모든 캐릭터에 스토리 모드가 제공된다.

▲ 히든 보스로 등장하는 젊은 시절의 기스 하워드. 「아랑전설」과의 접점이 명확해져, 이후의 「KOF」 시리즈로 이어진다.

▲ 이 작품에선 킹뿐만 아니라, 플레이어블 캐릭터가 된 유리 사카자키도 필살기로 KO 당하면 옷이 찢겨진다.

■ 캐릭터

료 사카자키
전작 이후 산에서 수행하다 대회의 소문을 듣고 사우스 타운으로 간다.

로버트 가르시아
세계 최고의 격투가가 되려는 대부호의 아들. 료에게 대회 소식을 전한다.

킹
다리가 불편한 동생 '장'의 치료비를 벌기 위해 대회에 참가했다.

테무진
상금으로 사우스 타운의 어린이들을 도우려 대회에 참가한 선량한 전사.

키사라기 에이지
일본 전통 인술의 실력자. 인술이 최강임을 증명하려 극류 타도를 노린다.

존 크롤리
미스터 빅에게 무기를 빼돌려 팔다 발각되어, 징계 면직 처분을 받았다.

미스터 빅
기스의 체면을 뭉개버리기 위해 대회 참가자들을 닥치는 대로 기습한다.

미키 로저스
머리를 깎고 다시 프로가 되어선 일어선다. 권투선수라 펀치로만 공격한다.

잭 터너
해산된 팀을 '네오 블랙 캣츠'라는 이름으로 재건하기 위해 출전했다.

리 파이론
격투가·한방의를 겸업 중. 격투가로서는 마지막이라고 결심하고 참가했다.

타쿠마 사카자키
전작의 보스였던 극류 가라테 창시자. 현재는 작은 도장을 운영 중이다.

유리 사카자키
오빠 몰래 극한류 가라테를 배웠다. 자신의 실력을 확인해 보려 대회에 참가한다.

왕중왕 [역주 ※]

● 1994년 6월　　● 빅콤(개발) / SNK(발매)

1994 VICCOH 주식회사 빅콤

LEVEL-4　　CREDIT 00

캐릭터 전원이 태권도 실력자

　한국의 빅콤 사가 네오지오용으로 개발한 오리지널 타이틀. 캐릭터들이 태권왕을 목표로 싸운다는 스토리로서, 등장 캐릭터들은 국적부터 기술까지 제각각이지만 일단은 모두 태권도를 쓴다는 설정이다. 게임은 스토리 모드에 해당하는 '순회 경기 방식'과 플레이어끼리 싸우는 '1대1 경기 방식' 두 가지 모드가 있으며, 타인이 난입할 때는 대전 모드로 전환되는 식이다. 조작성이 나쁜 편이라 결과적으로 난이도가 올라가버렸으나, 타의 추종을 불허하는 캐릭터 설정과 괴상한 기술 등이 당시 큰 인상을 남겨, 지금도 컬트 팬들이 존재하는 작품이다.

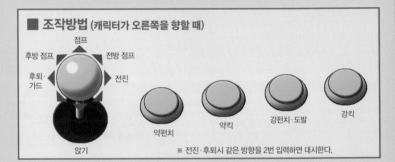

■ 조작방법 (캐릭터가 오른쪽을 향할 때)

점프

후방 점프　　전방 점프

후퇴·가드　　전진

앉기

약펀치　　약킥　　강펀치·도발　　강킥

※ 전진·후퇴시 같은 방향을 2번 입력하면 대시한다.

▲ 이 작품에서는 필살기를 '필승기'라고 칭한다. 필승기를 쓰면 캐릭터 아이콘 아래에 기술명도 표시된다.

▲ 하키 마스크를 뒤집어쓴 군인 '닉 코만도', 그 외에도 왕관을 쓴 인물 등의 독특한 캐릭터들이 가득하다.

▲ 당시 유저들에게 강한 인상을 남긴 보스 '가라테 켄지'. 이름대로 가라테를 쓸 것 같았으나. 기상천외한 기술이 속출한다.

■ 캐릭터

한배달
작품의 주인공. 홈그라운드는 한국. '비연질풍각'과 유사한 '비호각' 등, 「용호의 권」의 료 사카자키의 영향이 강하다.

김훈
「용호의 권」의 로버트 포지션인 캐릭터. 홈그라운드는 멕시코. 로버트 가르시아에게서 큰 영향을 받은 느낌이 강하다.

미유키
작품의 홍일점인 일본인 여성. 홈그라운드는 일본. 회오리를 날리거나 달려들어 할퀴는 등, 트리키한 캐릭터다.

로펜 하이머
독일이 홈그라운드인 중년 파이터. 승리 포즈시 '당케'라고 말하며 정좌하고 합장하는 등, 외모와 달리 예의가 바르다.

골리오
홈그라운드는 브라질. 불룩한 배를 땅에 대고 팽이처럼 몸을 돌리는 등 태권도라고는 보기 힘든 기술을 사용한다.

닉 코만도
하키 마스크를 쓴 미국 군인. 홈그라운드는 미국. 물론 마셜 아츠가 아니라 태권도를 사용한다.

매직 던커
닉과 동일하게, 홈그라운드는 미국이다. 어떻게 봐도 그냥 농구선수. 점프력이 좋고, 점프해서 공중에서 농구공을 던지는 기술이 있다.

칭따오
중국인 배우로서, 홈그라운드는 중국. 홍가권 구사자로 유명한 무술가 황비홍을 모델로 삼았다.

역주 ※: 원서에는 해외판 타이틀명인 「Fight Fever」로 기재되어 있으나, 한국 개발작이므로 원제를 따랐다.

더 킹 오브 파이터즈 '94

● 1994년 8월　　● SNK[개발·발매]

■ 수많은 결점을 날려버리는 화려함

과거 SNK가 출시했던 여러 게임의 주인공급 캐릭터들이 참전하는 올스타 배틀 게임. 각국을 대표하는 8개 팀 중에서 한 팀을 골라 다른 팀과 맞붙자. 등장 캐릭터는 보스를 포함해 총 25명. 기본은 3:3 팀 배틀로서, 원호공격·공격회피 등 당시로서는 획기적인 시스템이 많았고 경쾌함을 중시했다. 출시 당시에는 「아랑전설」과 「용호의 권」의 캐릭터들이 본격 대결한다는 점이 주목 포인트였다 보니, 오히려 주인공인 일본 팀의 존재감이 희미했다. 이 작품 이후 속편이 거의 매년 여름마다 출시되어, 아케이드 업계의 간판 타이틀로 성장한다.

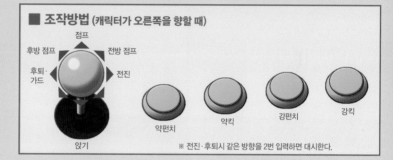

■ 조작방법 (캐릭터가 오른쪽을 향할 때)

점프 / 후방 점프 / 전방 점프 / 후퇴·가드 / 전진 / 앉기

약펀치　약킥　강펀치　강킥

※ 전진·후퇴시 같은 방향을 2번 입력하면 대시한다.

▲ 「아랑전설」, 「용호의 권」뿐만 아니라, 「사이코 솔저」, 「이카리」 등 자사 액션 게임에서도 캐릭터를 차출했다.

▲ 3:3 토너먼트전으로서, 상대 팀 전원을 쓰러뜨리면 승리한다. 상대 한 명을 쓰러뜨리면 체력이 약간 회복된다.

▲ 시스템도 「아랑전설」+「용호의 권」에 변형을 가미했다. 상대의 파워 게이지는 '도발'로 깎을 수 있다.

■ 캐릭터

쿠사나기 쿄	니카이도 베니마루	다이몬 고로	테리 보가드	앤디 보가드	죠 히가시	타쿠마 사카자키	로버트 가르시아	료 사카자키	킹	시라누이 마이	유리 사카자키

하이데른	랄프	클락	아사미야 아테나	친 겐사이	시이 켄수	헤비 D!	럭키 글로버	브라이언 배틀러	김갑환	장거한	최번개

진 사무라이 스피리츠 하오마루 지옥변 [역주 ※]

● 1994년 10월　　● SNK(개발·발매)

■ 숙적 '키바가미 겐쥬로', 이 작품으로 데뷔

인기 시리즈의 제2탄. 그래픽을 전면 리뉴얼했고, 신규 시스템을 다수 추가했다. 캐릭터는 탐탐을 삭제한 대신, '키바가미 겐쥬로' 등 신규 캐릭터 4명을 추가해 총 15명이 등장한다.

기본 시스템은 전작을 계승하면서도 무기파괴 필살기와 상단·하단 공격 회피기 등을 다수 추가해, 잔재미가 늘어났다. 반면 신캐릭터와 신 시스템이 게임과 잘 맞물리지 않는 면도 있어, 게임성은 전작에 비해 다소 밋밋하다. 그럼에도 뛰어난 완성도와 매력적인 연출에 힘입어, 시리즈 최대 히트작이 되었다.

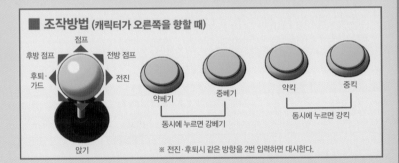

■ 조작방법 (캐릭터가 오른쪽을 향할 때)

점프
후방 점프　　전방 점프
후퇴·가드　　전진
앉기

약베기　　중베기　　약킥　　중킥

동시에 누르면 강베기　　동시에 누르면 강킥

※ 전진·후퇴시 같은 방향을 2번 입력하면 대시한다.

▲ 이 작품에서 새로 도입된 '무기 파괴 팔살기'. 이른바 초필살기에 해당하며, 분노 게이지가 MAX인 동안에는 여러 번 발동 가능하다.

▲ '앞구르기'·'뒤구르기'·'엎드리기'라는 상단 공격 회피 기술에, 짧은 점프로 하단 공격을 회피하는 동작까지도 추가했다.

▲ 모든 캐릭터는 특수 커맨드를 입력하면 봉제인형으로 변신한다. 인형 상태일 땐 커맨드로 입력하는 기술 외의 동작이 불가능하다.

■ 캐릭터

하오마루

자신을 노리는 자의 정체를 밝혀내려 여행을 떠난다.

타치바나 우쿄

이전보다 뛰어난 궁극의 꽃을 찾아 아마쿠사 여행하는 검사.

나코루루

마계에 흡수된 영혼을 구출하려 싸움에 나선다.

갈포드

세상이 혼란한 원인이 마계임을 알고 마계로 돌입한다.

샤를로트

마성 암브로지아의 존재를 알고서 사명감에 불타는 여검사.

핫토리 한조

마계를 장악한 마물을 쓰러뜨리기 위해 싸우는 닌자.

야규 쥬베이

쇼군이 에나리의 명을 받고 마물 토벌에 나선 은밀 검사.

센료 코시로

마물이 목숨을 노리자 그 뿌리를 뽑으려 마계로 향한다.

왕푸

소원을 이뤄주는 '파왕의 알'을 얻기 위해 싸운다.

시라누이 겐안

마계의 왕이 되기 위해 살육을 일삼는 암살자.

어스퀘이크

마성을 지닌 자가 지목한 사람의 목숨을 노리는 도적두령.

키바가미 겐쥬로

비뚤어진 원한으로 하오마루·니코친의 목숨을 노리는 검사.

챰챰

도둑맞은 가보를 되찾기 위해 여행을 떠나는 소녀.

나인하르트 지거
이웃나라들을 습격한 마물을 토벌하러 여행하는 기사.

가후인 니코친
하오마루의 스승. 하오마루가 위기임을 알고 여행을 떠난다.

역주 ※: 한국에서는, 당시 공급사인 빅콤이 한국판 오리지널 타이틀명인 「진 싸울아비 투혼」으로 개칭하여 출시한 바가 있다.

066

대시를 최대한 활용해, 무한 필드를 누벼라!

갤럭시 파이트 유니버설 워리어즈

● 1995년 1월　　● 선 소프트(개발) / SNK(발매)

여덟 행성이 무대인 SF 대전격투 게임

네오지오용 2D 대전격투 게임. 8명의 전사 중 하나를 골라, 암흑을 지배하는 악마 '펠든 크라이스'를 타도하자. 게임의 최대 특징은, 다른 대전격투 게임과 달리 스테이지 양끝단이 막혀있지 않아 스테이지 넓이가 무한하다는 것이다. 뿐만 아니라 등장 캐릭터의 가속·대시 속도가 상당히 빨라, 속도감 넘치는 호쾌한 배틀이 전개된다. 게다가 일부 필살기와 강공격에 상대를 멀리 날리는 속성이 설정돼 있고, 발사계 기술이라도 상대에 명중만 하면 경직을 필살기로 캔슬 가능해 연속기 연결 용도로 섞어 쓸 수 있다.

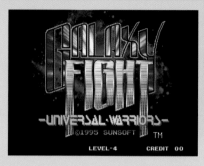

■ 조작방법 (캐릭터가 오른쪽을 향할 때)

점프
후방 점프　　전방 점프
후퇴·가드　　전진
앉기

약공격　　중공격　　강공격　　도발

※ 전진·후퇴시 같은 방향을 2번 입력하면 대시한다.

▲ 이론적으로 넓이가 무한한 스테이지를 누비는 호쾌한 타이틀. 대시 공격을 구사해 고속 배틀을 펼친다.

▲ 이 타이틀의 대시 공격은 기본적으로 가드 대미지가 들어가며, 특히 대시 도중의 일반 공격은 평소의 1.5배라는 고성능을 자랑한다.

▲ 스테이지가 넓다 보니, 전투 중의 캐릭터·배경 크기가 3단계로 전환되며 접근할수록 크게 확대된다.

■ 캐릭터

롤프
'은빛별의 영웅'이라 불리는 모험가 중의 유일한 생존자. 특수 슈트에 부스터·블래스터가 내장돼 있어 전투력이 높다.

카즈마
전사한 아버지를 넘어서기 위해, 롤프와 함께 강자를 찾아 여행 중인 닌자. 롤프처럼 슈트를 착용하고, 칼을 무기로 쓴다.

쥬리
아름다움에 집착하는 여전사. 착용한 슈트는 주위에 자기장을 일으켜 상대의 공격을 무력화시키는 형태로 흡수한다.

루미
무조건 쌍둥이로 태어나며, 인간의 절반 수명인 종족의 소녀. 발목까지 닿는 장발과 긴 귀, 무릎 아래의 역관절이 특징.

귄터
위대한 전사를 스승으로 받들며 수행하는 부족의 전사. 드래곤을 인간화한 듯한 외모로서, 신체가 딱딱한 각질층으로 덮였다.

알반
멸망한 행성 로자리스의 왕자. 인간보다 6~7배나 장수하며, 싸울 때 이마에 나타나는 뿔은 투사의 상징이라고 한다.

무사파
군사행성 파키르의 전투로봇. 신형 로봇 병사의 프로토타입으로서, 포로의 뇌를 바이오 브레인으로 사용한다.

골든 돈
펠든 크라이스의 갈비뼈를 이용해 만들어진 분신. 신체 내부가 진흙 인형과 유사해, 장기가 존재치 않으며 고글 안에도 눈이 없다.

주요 캐릭터만을 남기고 전원 교체한 리뉴얼 신작

아랑전설 3 아득한 싸움

● 1995년 3월　　● SNK(개발·발매)

■ 신규 캐릭터·시스템을 대량으로 추가

인기 시리즈의 제4탄. 스토리 측면에서는 「아랑전설 2」의 속편에 해당한다. 캐릭터는 1편의 주인공 3명+시라누이 마이와 기스 하워드로 총 5명이 재등장하며, 그 외에 신규 캐릭터로 8명이 더 등장한다. 새로운 시스템으로는 3라인 이동을 활용한 '오버 스웨이'와 '퀵 스웨이', 콤보가 매끄럽게 연결되는 '콤비네이션 아츠'를 도입했다.

'잠재능력'은 '초필살기'의 강화판 격으로서, 이 작품의 경우 초필살기를 사용할 때 1/1024 확률로 발동한다는 것이 공식 조건이다. 반향이 좋았는지, 잠재능력은 이후의 SNK 타이틀에도 들어갔다.

■ 조작방법 (캐릭터가 오른쪽을 향할 때)

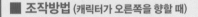

점프 / 후방 점프 / 전방 점프 / 후퇴·가드 / 전진 / 앉기 / 약펀치 / 약킥 / 강펀치 / 강킥

※ 전진·후퇴시 같은 방향을 2번 입력하면 대시한다.
※ 약펀치+약킥으로 안쪽 라인 이동, 약킥+강펀치로 바깥쪽 라인 이동

▲ 이 작품은 이동 가능 라인이 3개로 늘었다. 고속 이동도 가능하며, 특정 기술을 사용하면 상대가 다른 라인에 있어도 공격할 수 있다.

▲ 신규 시스템 '콤비네이션 아츠'는 특정한 순서대로 타이밍에 맞춰 버튼을 누르면 매끄럽게 연속 공격이 이어진다는 개념이다.

▲ 같은 시기 가동된 2D 대전격투 게임 중에서는 그래픽 퀄리티가 매우 높으며, 스테이지별 연출에도 공을 들였다.

■ 캐릭터

테리 보가드

작품의 주인공. 친구인 리처드 마이어의 신 점포 오픈에 초대받아 사우스 타운으로 돌아왔다.

앤디 보가드

테리의 의형제. 리처드의 신 점포 오픈 기념 파티에 참여하기 위해 마이와 함께 찾아왔다.

죠 히가시

무에타이 챔피언. 친 신잔에게 '진의 비전서'의 이야기를 듣고서 사우스 타운을 찾아왔다.

시라누이 마이

시라누이류 인술 계승자. 앤디와 해외여행을 가는 기분으로, 함께 사우스 타운에 왔다.

기스 하워드

사우스 타운을 지배하는 하워드 커넥션의 총수. 1편의 엔딩 후 기적적으로 생환했다.

밥 윌슨

'파오파오 카페 2호점'의 점장. 리처드도 인정하는 카포에이라 달인으로서, 쾌활한 성격이다.

블루 마리

커맨드 삼보를 구사하는 프리 에이전트. '진의 비전서'와 야마자키 류지를 조사하고 있다.

프랑코 배쉬

전 킥복싱 헤비급 세계 챔피언. 아이가 야마자키 류지에 인질로 사로잡히기에 악행에 가담했다.

홍푸

홍콩 경찰 소속의 형사. 현재 추적 중인 야마자키를 따라 사우스 타운에 도착했다.

모치즈키 소카쿠

시라누이류와 적대하는 정전무도류 무술의 계승자. '진의 비전서'를 수라의 근원으로 여겨 간다.

주먹이 울고 무기가 부딪친다. 풍운을 부르는 근미래 격투!

풍운묵시록 격투창세 [역주 ※]

● 1995년 4월 ● SNK(개발·발매)

당시 SNK 게임의 집대성급 시스템

「아랑전설」,「용호의 권」,「사무라이 스피리츠」에 이은, SNK의 완전 신작 대전격투 게임. 미래세계의 '지광구 시티'를 무대로, 의문의 남자 '사자왕'이 개최하는 '수신무투회'에서 승리하자. 등장 캐릭터는 보스 포함 11명으로서 비교적 적은 편이나, 전원이 맨손 격투기에 별도로 무기까지 사용한다. 2라인 이동 시스템이지만 안·바깥쪽부터 스테이지 상·하층까지 라인 구분이 다양한 등 과거 SNK가 도입했던 다양한 시스템들을 발전시켰는데, 캐릭터들이 다들 우락부락한데다 남성 캐릭터만 격투 중 옷이 찢어지는 등의 의외성도 포함해 당시 SNK 격투 게임의 집대성격인 타이틀이라 할 수 있다.

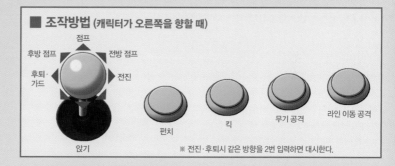

■ 조작방법 (캐릭터가 오른쪽을 향할 때)

점프
후방 점프 / 전방 점프
후퇴·가드 / 전진
앉기

펀치 킥 무기 공격 라인 이동 공격

※ 전진·후퇴시 같은 방향을 2번 입력하면 대시한다.

▲ 「아랑전설」,처럼 2라인제를 채용했다. 다만, 안쪽 라인에 특수장치가 있거나 2층 구조인 등 다소 변칙적인 라인도 있다.

▲ 스테이지에 이런저런 장치가 많아 천정의 종이나 등롱이 떨어지거나 롤러코스터에 치이기도 하는 등 나름의 공을 들였다.

▲ 모든 캐릭터는 무술 외에 무기도 하나씩 지니고 있어, 근거리에서는 손발로, 중·장거리에서는 무기로 싸우는 게 기본이다.

■ 캐릭터

쇼 하야테

가라테와 부메랑을 결합한 격투기 '풍운권'의 사범. 부메랑은 던지기도 하고 봉술처럼 다루기도 한다.

맥스 이글

무패의 프로레슬러. 도끼를 휘두르며, 불기둥도 만들어낸다. 사자왕에게서 실종된 형을 떠올려, 참전을 결정했다.

캐럴 스탠잭

리듬체조와 합기도를 접목한 '짐나스 아츠'의 실력자. 사자왕과의 혼약을 파기하기 위해 그를 물리치려 참가한다.

고든 보먼

실전 체포술에 특기인 험악한 경찰관. 스턴 톤파로 타격과 전기 충격을 선사한다. 딸의 수술비가 참가 목적이다.

중바이후

백호노신권과 불꽃 지팡이를 구사하는 전설급 격투가. 은퇴해 선술을 연구하다, 대회에 참가하기 위해 나타났다.

니콜라 자자

재벌의 아들이자, IQ 600을 자랑하는 초천재 소년. 독학한 삼보와 직접 발명한 슈트·파워 프리스비로 싸운다.

조커

도적단 '매지컬 히포포'를 통솔하는 전직 길거리 예술가. 저글링 파이트와 매직 아이템을 무기 삼아 싸운다.

고즈

암흑조직의 암살 머신. 화류인법을 구사하며, 갈고리로 적을 찢는다. 막냇동생의 원수인 사자왕을 노리고 참가했다.

메즈

암흑조직 '사하'의 닌자 삼형제 중 차남이자, 수류인법의 실력자. 복수를 위해 형제와 함께 대회에 참가한다.

사자왕

일찍이 '진 사자왕'에 심취해 자신의 이름마저 버린 대역사. 다양한 격투기에 오드 오브 레오를 휘두른다.

역주 ※: 한국에서는 해외판 타이틀명인 「Savage Reign」으로 가동되었다.

천외마경 진전 [역주 ※]

● 1995년 6월 ● 라쿠진(개발) / SNK(발매)

我が道に敵なし。

일본풍 판타지인 원작의 세계를 재현

허드슨 사의 대인기 RPG 시리즈를 원작으로 삼은 대전격투 게임. 가상의 나라 '지팡구'를 무대로, 원작 시리즈의 인기 캐릭터들이 무기와 술법을 구사해 배틀을 펼친다. 히든 캐릭터를 포함해 총 12명의 캐릭터가 있고, 주로 1편 「ZIRIA」와 2편 「만지마루」의 캐릭터들이 등장한다. 조작 방식은 「사무라이 스피리츠」와 같은 8방향 레버+4버튼식으로서, '강베기'·'강킥'·'특대공격'은 버튼을 동시에 눌러 발동한다. 각 캐릭터는 무기 공격 외에 술법을 이용한 공격도 가능하다. 아이템도 나오는데, 얻으면 공격력 향상부터 회복까지 효과가 다양하지만 가끔 기절이 걸리기도 한다.

■ 조작방법 (캐릭터가 오른쪽을 향할 때)

점프 / 후방 점프 / 전방 점프 / 후퇴·가드 / 전진 / 앉기

약베기 / 중베기

약킥 / 중킥

※ 약베기+중베기로 강베기, 약킥+중킥으로 강킥, 중베기+약킥으로 특대공격
※ 전진 2번 입력시 대시, 후퇴 2번 입력시 백스텝, 대시 중 점프로 대 점프

▲ 이 작품은 일반 공격과 특수 동작이 상당히 풍부하며, 캐릭터 고유의 술법을 이용한 공격도 가능하다.

▲ 대전 중에는 다양한 아이템이 등장한다. 아이템은 공격력 상승 등의 효과가 있어 한 방에 역전을 노릴 수도 있다.

▲ 술법은 화면 하단의 '매직 게이지'를 소비해 사용한다. 연출이 화려하고 위력도 강력한 기술이 많다.

■ 캐릭터

센고쿠 만지마루
「천외마경」 2편의 주인공. 히다 국의 시라카와 마을 출신이며 불의 일족의 후예. 천재 검사이자 골목대장이며 효심도 깊다.

가부키 단쥬로
자칭 '지팡구 제일의 멋쟁이'로서, 요란하고 나르시시스트에 자기중심적인 남자. 사고뭉치에 호색가이며 낭비가 심하고 요령도 없다.

오로치마루
「천외마경」 1편의 캐릭터. 불의 일족 중 하나인 '뱀족'의 후예로서, 쇼군의 밀정으로 활동하며 냉정 침착한 성격이다.

고쿠라쿠 타로
거구와 괴력에 대식가로서, 호탕하고 낙천적인 성격의 사나이. 중량급 파워 캐릭터이고 리치도 길다. 오의·술법도 호쾌한 것이 많다.

츠나데
「천외마경」 1편의 여주인공. 불의 일족 중 하나인 '민달팽이족'의 후예로서, 덜렁대지만 성품이 착하고 힘이 세다.

키누
「천외마경」 2편의 여주인공. 오니의 피를 이어받아 갖게 된 엄청난 괴력·초능력과 잔혹성 탓에, 맘먹고 싸우면 두려울 정도.

야구모
「천외마경 : 풍운 가부키전」의 여주인공인 오쿠니의 여동생. 따라서 용모가 같다. 평소엔 배우로 단독 활동하며, 전투 시 무기는 부채와 춤이다.

지라이야
「천외마경」 1편의 주인공. 츠쿠바 국의 불의 일족 '두꺼비족'의 후예. 불의 술법을 쓰는 도적이며, 온몸이 무기이고 민첩함이 특기다.

역주 ※ : 한국에서는 해외판 타이틀명인 「Kabuki Klash」로 가동되었다.

팀 에디트와 스토리를 도입한 시리즈 제2탄

더 킹 오브 파이터즈 '95

● 1995년 7월　　● SNK(개발·발매)

라이벌 팀, 그리고 이오리의 데뷔작

　SNK의 인기 캐릭터들이 총출동하는 올스타 격투 게임의 속편. 전작의 24명에 보스 2명이 추가되어 총 26명의 캐릭터가 등장한다. 이번 작품은 팀 에디트 시스템을 도입하여, 기본적인 팀 조합 외에도 3명 단위로 자유롭게 팀을 편성할 수 있게 됐다. 순수한 이벤트성 게임이었던 전작과 달리, 이 작품부터는 오리지널 캐릭터들을 앞세워 「KOF」만의 독자적인 스토리가 전개된다. 이 타이틀의 출시를 계기로, 「KOF」는 「아랑전설」과 「용호의 권」에 견줄만한 인기 시리즈로 도약했다. 오리지널 주인공들 역시, 게임을 넘어서 SNK의 인기 캐릭터로 성장해 가게 된다.

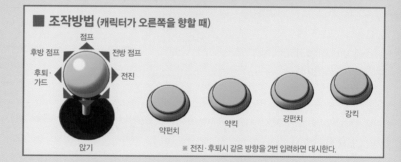

■ 조작방법 (캐릭터가 오른쪽을 향할 때)

점프 / 후방 점프 / 전방 점프 / 후퇴·가드 / 전진 / 앉기

약펀치 / 약킥 / 강펀치 / 강킥

※ 전진·후퇴시 같은 방향을 2번 입력하면 대시한다.

▲ 전작과 동일한 3:3 팀 배틀식. 히든 커맨드를 입력하면 보스 캐릭터인 '쿠사나기 사이슈'와 '오메가 루갈'도 사용할 수 있다.

▲ 기본 시스템도 「아랑전설」+「용호의 권」을 바탕으로 하여 변형한 것이다. 전작에서 발견됐던 버그도 일부 고쳤다.

▲ 이번 타이틀부터는 「KOF」의 독자적인 스토리가 전개된다. 주인공 '쿠사나기 쿄'와 맞서는 라이벌 '야가미 이오리'의 데뷔작이기도 하다.

■ 캐릭터

쿠사나기 쿄	니카이도 베니마루	다이몬 고로	료 사카자키	로버트 가르시아	타쿠마 사카자키	테리 보가드	앤디 보가드	죠 히가시	하이데른	랄프	클락

아사미야 아테나	시이 켄수	친 겐사이	김갑환	장거한	최번개	유리 사카자키	시라누이 마이	킹	야가미 이오리	키사라기 에이지	빌리 칸

운명에 이끌린 10명의 투혼. 싸워라, 초인 전사들!

초인학원 고우카이저

● 1995년 9월　　● 테크노스 재팬(개발) / SNK(발매)

물리친 상대의 기술은, 나의 기술이 된다

인기 애니메이터인 오오바리 마사미가 캐릭터 디자인을 담당한 2D 대전격투 게임. 국립 베르나르 학원의 학생이 되어 세계정복의 야망을 품은 교장의 폭주를 막아내야 한다.

등장 캐릭터는 12명. 이 작품의 특징인 '트레이스 시스템'이란, 대전하여 쓰러뜨린 캐릭터로부터 특정한 필살기 하나를 전수받을 수 있는 시스템이다. 덕분에 전략과 플레이의 폭이 넓어진 반면, 캐릭터에 따라서는 성능이 달라지는 기술도 있다. 캐릭터 보이스로 히야마 노부유키·오키아유 료타로·미도리카와 히카루·토마 유미 등 당시의 인기 성우 다수를 기용해 실로 호화로운 캐스팅을 자랑했다.

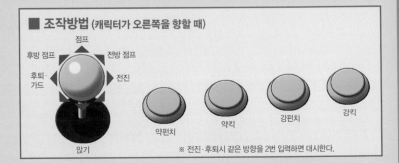

■ 조작방법 (캐릭터가 오른쪽을 향할 때)

점프 / 후방 점프 / 전방 점프 / 후퇴·가드 / 전진 / 앉기

약펀치 / 약킥 / 강펀치 / 강킥

※ 전진·후퇴시 같은 방향을 2번 입력하면 대시한다.

▲ 최대 특징은 오오바리가 디자인한 캐릭터로 싸울 수 있다는 점. TV 애니메이션을 보는 듯한 호화로운 비주얼이 일품이다.

▲ 캐릭터들은 하나같이 강렬한 개성의 소유자들이다. 전투 개시 시에는 변신 장면도 나오고, 연출에도 공들인 부분이 많다.

▲ 초필살기는 체력 게이지가 일정 수치 아래로 떨어져 점멸할 때 사용 가능하다. 고우카이저와 신룡에겐 숨겨진 초필살기도 있다.

■ 캐릭터

고우카이저

정의감 넘치는 청년 '카이자 이사토'가 변신한 모습. 전형적인 성능의 초보자용 캐릭터.

캡틴 아틀란티스

고고학 연구자인 랜디가 고대의 가면을 쓴 모습. 공격력은 높지만 움직임이 둔하다.

카린

133대째 제천대성. 민첩한 움직임과 조금 특이한 필살기를 사용하는, 천진난만한 파괴자.

후도마루

막부의 명에 따라, 만악의 근원인 교장을 말살하려 한다. 카운터에 특화된 테크니컬 캐릭터.

마리온

학교의 무장풍기기구 소속인 전투로봇. 공중비행이 가능하고, 공중에서 쓰는 필살기가 풍부하다.

히사자키 샤이아

학교의 아이돌이지만, 실은 우주경찰이기도 하다. 전투는 볼보이에게 맡기기에 빈틈이 꽤 큰 단점.

배틀마스터 신룡

과거를 설욕하기 위해 교장에 도전하는 격투가. 공격 속도가 가장 빨라서로 밀어붙이는 캐릭터다.

시구레 코스케

죽은 누나의 원수인 교장과 싸우는 청년. 주술을 사용해 식신 3마리를 소환한다.

헬 스팅거

밴드의 보컬인 캇슈가 변신한 모습. '파괴의 귀공자'를 자칭한다. 공중전이 특기인 캐릭터.

브라이더

학교의 싸움꾼 타치바나 잇키가 변신한 모습. 지상·공중 어느 쪽으로든 연속기가 가능한 숙련자용 캐릭터.

072

등장 캐릭터들이 대폭 변경된 시리즈 제3탄
사무라이 스피리츠 잔쿠로 무쌍검 [역주 ※1]

● 1995년 11월   ● SNK[개발·발매]

카운터 성립시엔 무지막지한 대미지가

등장 캐릭터 및 시스템을 대폭 교체한, 시리즈 제3탄. 전작에 이어서 등장하는 7명에, '히사메 시즈마루'와 최종 보스 '미나즈키 잔쿠로'를 신규 캐릭터로 추가해 총 13명이 등장한다.

시스템 면에서는 버튼 배치를 변경하고, '대극(対極) 선택'과 '레벨 선택'을 추가했다. 또한 카운터 성립 시의 대미지 상승률을 높여, 분노 상태+카운터+강베기라면 상대방의 체력을 절반 가까이 깎을 수 있다. 전반적으로 보면 호평하기에는 애매한 면이 많은 타이틀이지만, 다른 대전격투 게임에는 없는 독특한 긴장감이 있기도 한지라 호불호가 나뉘는 편이다.

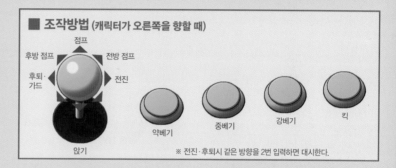

■ 조작방법 (캐릭터가 오른쪽을 향할 때)

점프 / 후방 점프 / 전방 점프 / 후퇴·가드 / 전진 / 앉기 / 약베기 / 중베기 / 강베기 / 킥

※ 전진·후퇴시 같은 방향을 2번 입력하면 대시한다.

▲ 시리즈 최초로 주인공을 교체했다(이 작품의 경우 히사메 시즈마루). 이후부터는 매 작품마다 주인공이 바뀐다.

▲ 사용 캐릭터를 고른 후, '수라'와 '나찰' 중에서 대극(스타일)을 선택한다. 고른 대극에 따라 필살기가 달라진다.

▲ 대극을 선택한 후 레벨을 고른다. 레벨은 '검객'·'검호'·'검성'으로 나뉘며, 레벨별로 캐릭터 성능이 크게 변화한다.

■ 캐릭터

히사메 시즈마루

작품의 주인공. 기억상실 상태로서, 유일하게 기억하는 '오니'를 쫓아 여행 중이다.

쿠비키리 바사라

오니에게 살해당했으나, 오니인 잔쿠로에게 복수하려 이승을 방황하는 청년.

가후인 가이라 [역주 ※2]

사람을 죽이는 오니를 목격하고 주먹을 떨며 분노하여, 오니를 물리치려 여행한다.

하오마루

수행을 위한 여행 중 오니에게서 살아남은 소년을 만나 오니 퇴치를 결심한다.

타치바나 우쿄

오니의 신동 상일도류 도장 습격으로 죽은 스승의 원수를 갚으려 오니를 쫓는다.

나코루루

오니의 영혼을 구하려 오니를 쫓는다. '나찰'일 경우 늑대 '시크루'를 데리고 다닌다.

갈포드

세상을 어지럽히는 오니를 쓰러뜨리기 위해 수행 중인 정의의 아메리칸 닌자.

핫토리 한조

오니의 조사·처리를 명령받아 조사한 바, 오니는 한조와 과거 인연이 있던 남자였다.

센료 코시로

오니의 광경에서 아름다움을 느껴 자신의 춤을 완성하고자 오니와 싸운다.

키바가미 겐쥬로

오니 따위와 무래도 좋고, 하오마루를 죽일 일만 생각하며 여행하고 있다.

리무루루

오니의 요정 '콘루'를 데리고, 언니 대신 아마쿠사를 차단하기 위해 여행한다.

아마쿠사 시로 토키사다

얼음의 요정이 지닌 무한한 힘을 눈여겨보아. 그 힘을 얻기 위해 오니를 죽이려 움직인다.

역주 ※1: 한국에서는 한국판 고유 타이틀명인 『FIGHTERS SWORDS』로 가동되었다. 서양판 『Samurai Shodown III』에서 일부 캐릭터명을 수정한 버전이다.

역주 ※2: 한국판에서는 '김웅재'로 이름이 바뀌었다. 당시 유통사인 빅에이의 관계사 빅코의 대표이사 이름을 땄다고 한다.

인기 악역 '기스 하워드'가 주인공이 된 타이틀

리얼 바웃 아랑전설

● 1995년 12월   ● SNK(개발·발매)

대표 선전문구는 '잘 가라, 기스.'

인기 시리즈의 제5탄. 「아랑전설 3」의 반년 후가 무대로서, 시리즈를 관통하는 테마였던 기스와 보가드 형제간의 싸움은 이 작품으로 완결된다.

등장 캐릭터는 주인공 기스를 포함해 총 16명. 기본 시스템은 「아랑전설 3」를 계승했지만, 복잡해져버린 라인 이동을 간략화하고 파워 게이지·링 아웃을 도입하는 등 플레이하기 쉬운 방향성으로 진화시켰다. '레이징 스톰'이나 '파워 게이저' 등의 일부 필살기는 여러 라인에 걸쳐 공격할 수도 있다. 이 작품에서 기스는 스토리상 죽음을 맞이하지만, 이후에도 속편이나 「KOF」 시리즈 등에 계속 등장한다.

■ 조작방법 (캐릭터가 오른쪽을 향할 때)

점프
후방 점프   전방 점프
후퇴·가드   전진
앉기
펀치   킥   강공격   라인 이동(안쪽)

※ 전진·후퇴시 같은 방향을 2번 입력하면 대시한다.
※ 안쪽 라인일 때 ↓+D 버튼으로 바깥쪽 라인 이동, 점프 중 D 버튼으로 방향 전환

▲ 전작의 복잡했던 라인 이동을 간략화해 D 버튼 한 번에 스웨이 라인으로 도망칠 수 있으나, 그만큼 빈틈이 커졌다.

▲ 시리즈 최초로 파워 게이지를 추가했다. 꽉 찬 후에는 감소하지만, 소진되기 전에 초필살기를 한 번 사용할 수 있다.

▲ 이번 작품은 링 아웃도 도입했다. 좌우의 구조물이 파괴될 때까지 상대를 밀어붙이면, 특유의 연출 후 한 라운드를 따낸다.

■ 캐릭터

테리 보가드

시리즈의 주인공. 기스와의 마지막 결전에 도전한다.

앤디 보가드

테리의 형제. 스타일이닌자에 가까워졌다.

죠 히가시

젊은 이에 태국 무에타이 챔피언이 된 일본인.

시라누이 마이

시라누이류 인술의 글래머 여닌자. 앤디를 사랑한다.

기스 하워드

사우스 타운의 뒷세계 지배자. 이 작품에서 죽게 된다.

모치즈키 소카쿠

힘을 추구하는 자를 노리는 정통전무도류 무술계 승자.

밥 윌슨

드레드 헤어의 흑인 청년. 카포에이라 파이터.

홍푸

중국권법과 쌍절곤을 사용하는 홍콩 경찰의 형사.

블루 마리

커맨드 삼보를 사용하는 금발 보브컷 백인 여성.

프랑코 배쉬

킥복싱의 슈퍼헤비급 세계 챔피언.

야마자키 류지

홍콩을 거점으로 암약하는 무기밀매 브로커.

진숭수

진숭뢰의 쌍둥이 동생. 형과 함께 진의 비전서를 찾는다.

진숭뢰

진왕룡의 후손. 제왕권을 쓰며, 진의 비전서를 찾는다.

덕 킹

모히칸 머리가 특징인, 쾌활한 스트리트 댄서.

김갑환

한국 최고봉의 실력을 자랑하는 정의의태권도 사범.

빌리 칸

사람들이 '살아있는 흉기라며 두려워하는 봉술의 명수.

ART OF FIGHTING 용호의 권 외전 [역주 ※]

● 1996년 3월　　　● SNK(개발·발매)

3D 대전격투를 2D로 재현하다

인기 시리즈의 3번째 작품. 이 타이틀 이후 아직까지 속편이 제작되지 않아, 현 시점에서는 사실상 「용호의 권」 시리즈 마지막 작품이다. 주인공이 료 사카자키에서 로버트 가르시아로 변경되었고, 후일 인기를 얻게 되는 여성 캐릭터 '토도 카스미'도 이 작품에서 처음 등장했다. 여타 캐릭터 역시, 로버트와 료를 제외하고는 모두 신규 캐릭터들이다.

캐릭터의 동작 제작에 모션 캡처를 활용하고, 시스템 역시 '콤비네이션'과 '얼티밋 K.O.'에 체력 저하 시 공격력이 상승하는 '히트 모드'까지 도입하는 등 의욕적인 시도를 많이 넣은 것이 이번 작품의 특징이다.

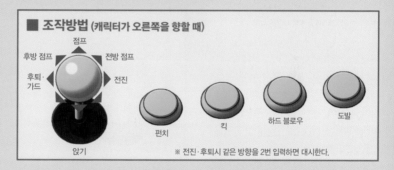

■ 조작방법 (캐릭터가 오른쪽을 향할 때)

점프
후방 점프　　전방 점프
후퇴·가드　　　　전진
펀치　　킥　　하드 블로우　　도발
앉기

※ 전진·후퇴시 같은 방향을 2번 입력하면 대시한다.

▲ 캐릭터 제작 시 모션 캡처를 사용해 그렸기에, 이후의 격투 게임들과 비교해도 동작이 매우 부드럽고 자연스럽다.

▲ 신규 시스템인 '얼티밋 K.O.'는, 체력이 1/8 이하인 상대를 초필살기로 KO 시키면 완성으로 판정되는 것이다.

▲ 이 작품에 도입된 '콤비네이션'은 특정 기술을 연결해 연속 공격이 가능한 시스템이지만, 일반기를 필살기로 캔슬할 수는 없다.

■ 캐릭터

로버트 가르시아
가르시아 재벌의 차기 당주. 전작 이후에도 자유로운 나날을 보냈으나, 소꿉친구 프레이아와 만나 그래스힐 밸리로 향한다.

료 사카자키
가르시아 가문의 에이전트인 카만 콜의 의뢰를 받아, 로버트를 조사하기 위해 그래스힐 밸리로 간다.

로디 버츠
톤파가 무기인 사립탐정 겸 바운티 헌터. 친구 레니의 꼬임에 넘어가 프레이아 보호에 협력하기 위해 그래스힐 밸리로 간다.

레니 크레스턴
로디의 옛 친구인 여성 저널리스트. 와일러에게 프레아 보호를 부탁받아 로디와 함께 그래스힐 밸리로 향한다.

토도 카스미
과거에 아버지를 이겼던 료 사카자키에게 흥미를 느껴 그를 찾아 홀로 미국으로 건너가 그래스힐 밸리에 도달했다.

후하 진
키사라기 에이지의 과거 동문. 에이지를 쓰러뜨리려 여행하다 에이지를 이긴 료에 흥미를 느껴 그래스힐 밸리로 간다.

카만 콜
가르시아 재벌의 에이전트. 로버트를 이탈리아로 돌려보내기 위해, 사카자키 남매를 끌어들여 그래스힐 밸리로 향한다.

왕각산
겉으로는 방랑 화가지만, 실은 환상의 권법이라는 심의육합권의 실력자. 대만 출신으로, 동향인 리 파이론과는 아는 사이. 한국판은 'PARK'으로 이름이 바뀌었다.

역주 ※ : 한국에서는 해외판 타이틀명인 「The Path of the Warrior : Art of Fighting 3」로 가동되었다. 북미판에서 일부 캐릭터 이름을 수정한 버전이다.

천재지변급 기술이 오가고, 공중 연속기가 작렬한다!!

신황권

● 1996년 6월　　　● 자우루스(개발) / SNK(발매)

풍부한 특수동작과 폭넓은 전략성

　언뜻 3D 폴리곤 게임 같아 보이는 2D 대전격투 게임. 등장하는 캐릭터들 전원을, 일단 워크스테이션으로 3D 모델부터 만든 뒤 이를 캡처해 애니메이션화하는 프리렌더링 기법으로 제작했다. 덕분에, 일반적인 2D 그래픽으로는 제작하기 어려웠을 막대한 양의 특수동작을 집어넣을 수 있었다.

　조작계는 8방향 레버+4버튼식을 채택했고, 캐릭터는 보스를 포함해 총 11명이 등장한다. 공중 대시·체인 콤보 등은 기본이고, 상승공격·하강공격 개념도 있으며, 특정 속성을 강화시키는 '천재지변 게이지' 등의 개성적인 시스템도 도입했다.

■ 조작방법 (캐릭터가 오른쪽을 향할 때)

점프
후방 점프　　전방 점프
후퇴·가드　　전진
앉기

약펀치　　약킥　　강펀치　　강킥

※ 전진·후퇴시 같은 방향을 2번 입력하면 대시한다.

▲ 이 작품은 캐릭터를 모두 프리렌더링 기법으로 제작해 얼핏 3D 게임으로 보일 만큼 입체감 있는 그래픽을 보여준다.

▲ 각 캐릭터는 바람·물·불·번개 중 2가지 속성을 보유하며, 대전 중 커맨드 입력으로 전환해 사용한다.

▲ 특수 기술인 상승공격·하강공격, 특정 속성이 일정 시간 강화되는 '천재지변 게이지' 등의 오리지널 시스템이 있다.

■ 캐릭터

스사노오
일본 신화에 등장하는 스사노오가 모델. 지금은 신이 되어 신계에서 살지만, 전생에는 신계를 파괴했던 흑룡이었다.

시나
해왕신 넵튠의 딸인 인어공주. 과거 모험 시 얻은 신창 리바이어던을 쓴다. 다리를 물고기 꼬리로 바꿔 공격하기도 한다.

손오공
중국 4대 기서 중 '서유기'의 손오공이 모델. '제천대성'이란 별명의 봉술 실력자로서, '12신장'의 일원이란 설정도 있다.

벤텐
칠복신 중 '벤자이텐'이 모델. '복의 신'으로 불리지만, 물정에 어둡고 제멋대로다. 비사몬텐이 오빠이며, 쌍검으로 싸운다.

슈텐도지
오에 산에 산다는 전설의 일본 도깨비가 모델. 우락부락한 가면이 특징인 '술의 신'이며, 술로 변한 아들을 구하려 싸운다.

치치 & 네네
풍신·뇌신이 모델인 캐릭터. 각각 바람과 번개의 힘으로 트리키한 공격을 펼친다. 평소엔 아이 모습이지만, 초필살기 시 성인이 된다.

이그렛
사신이 모티브인 캐릭터. 얼굴 절반을 가면으로 가린 남장 여인으로서, 미샤라는 검은 고양이를 키운다. 무기는 낫.

빈텐
일본의 가난신이 모델인 캐릭터. 제멋대로인 성격이며, 변태에 성희롱 상습범. 오랜 방랑생활 덕에 경험은 풍부하다.

더 킹 오브 파이터즈 '96

● 1996년 7월　　● SNK(개발·발매)

■ 선전문구는 "불타고 있나?"

SNK의 인기 캐릭터들이 한 무대에 모이는 대전격투 게임의 제3탄. 스토리는 전작으로 시작된 '오로치 편'의 제2장에 해당한다. 등장 캐릭터는 보스를 포함해 총 27명. 전작에서 등장했던 빌리·하이데른 등의 남성 캐릭터 4명이 삭제된 대신 여성 캐릭터가 4명 추가되었다.

시스템도 그간 미흡했던 부분들을 대폭 개선하여 속도감이 늘었고 전체적으로 공격자에게 유리하도록 진화시켜 이후 이어지는 시리즈의 방향성을 결정지었다. 또한 캐릭터 그래픽·모션도 모두 리뉴얼했고, 일반기·필살기의 성능 역시 기존작들과 차이가 크다.

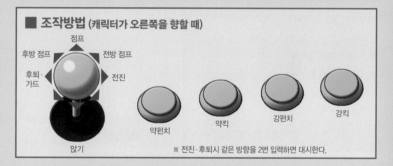

■ 조작방법 (캐릭터가 오른쪽을 향할 때)

점프
후방 점프　　전방 점프
후퇴·가드　　　전진
앉기

약펀치　약킥　강펀치　강킥

※ 전진·후퇴시 같은 방향을 2번 입력하면 대시한다.

▲ MAX 초필살기를 추가했고, 프론트 스텝이 대시로 바뀌었으며, 공격 회피가 긴급 회피로 변경되었다.

▲ 승리 메시지가 화면 위쪽에 표시되는 것도 이 작품의 특징. 특수한 조건에만 나오는 승리 메시지도 있다.

▲ 이 작품 역시 중간보스·최종보스 전부가 교체됐고, 중간보스로 '카구라 치즈루'가 등장한다. 「KOF」 최초의 여성 보스다.

■ 캐릭터

쿠사나기 쿄	니카이도 베니마루	다이몬 고로	료 사카자키	로버트 가르시아	유리 사카자키	테리 보가드	앤디 보가드	죠 히가시	레오나 하이데른	랄프 존스	클락 스틸	아사미야 아테나	시이 켄수

친 겐사이	김갑환	장거한	최번개	토도 카스미	시라누이 마이	킹	야가미 이오리	매츄어	바이스	기스 하워드	크라우저	미스터 빅

풍운 슈퍼 태그 배틀

● 1996년 9월　　● SNK(개발·발매)

2:2로 싸우는 태그 배틀 게임

전작 「풍운묵시록」이 아시아 지역에서 히트한 것을 계기로 개발된 속편. 시스템을 태그 배틀로 변경했고, 일반공격과 무기공격을 조합시킨 '러싱 콤비네이션'과 대기 캐릭터와의 협력공격인 '서프라이즈 어택' 등의 새로운 시스템을 대거 추가했다. 신규 캐릭터를 포함해 총 12명의 캐릭터가 등장한다.

같은 날 동시 출시된 「~스페셜 버전」은, 통신 기능 확장 보드를 추가해 최대 4명까지 동시 플레이할 수 있는 버전이다. 다만 4명이 한꺼번에 난전하는 배틀이 아니라, 각 플레이어가 태그 캐릭터 1명씩을 조작하며 그 중 2명은 교대 대기하는 식이었다.

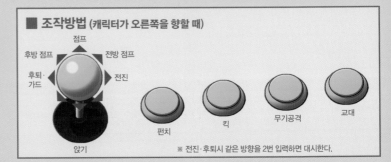

■ 조작방법 (캐릭터가 오른쪽을 향할 때)

점프
후방 점프　　전방 점프
후퇴·가드　　전진
앉기

펀치　　킥　　무기공격　　교대

※ 전진·후퇴시 같은 방향을 2번 입력하면 대시한다.

▲ 새로운 주인공 '로사'는 이 게임의 유일한 여성 캐릭터. 탈의 KO가 가능하고, 어떤 조건을 만족시키면 탈의 범위가 늘어난다.

▲ 시스템을 전작의 싱글 배틀에서 2:2 태그 배틀로 변경했다. 터치가 가능한 범위 내라면 언제든지 교대할 수 있다.

▲ 일반공격과 무기공격을 조합한 '러싱 콤비네이션'과 공중 가드 등, 여러 신규 시스템을 추가했다.

■ 캐릭터

쇼 하야테

1년간의 수행을 끝내고, 사자왕 재등장의 소문을 듣고서 대회에 참가했다. '오의 무쌍난무'가 개량되었다.

맥스 이글

전작에서 어물쩍 넘어간 '진 사자왕'이 형이란 사실을 확인하려 대회에 참가. 최근 소중한 연인이 생겼다.

고즈

메즈와 함께 막내의 원수를 쫓지만, 진짜 원수는 사자왕이 아니라 자신의 조직 '사하'의 동료임이 밝혀진다.

메즈

고즈의 동생이자 사하살법 '류'의 실력자. 이 작품에선 막내의 원수를 갚으려 했지만 사하에 쫓기는 신세가 된다.

그림자 사자왕

전작에서 진 사자왕을 배신하려다 실패해 검을 빼앗겼기에, 모조 검으로 참전했다. 본명은 제이크 애보트.

고든 보먼

완쾌된 딸이 큰 집을 원해서 대회에 참가했다. 엔딩 시점 기준으로, 계약금이 다 모이려면 55년 걸린다고.

중바이후

전 대회에서는 요통으로 기권했지만 재도전. 사자왕에 원한은 있으나, 그를 바로잡으려는 마음도 있다.

조커

인재 부족에 허덕이는 '매지컬 히포포 도적단'을 위해 진 사자왕의 조직 탈취를 꾀한다. 하마를 키우고 있다.

로사

여러 검술을 단련한 '진홍의 암표범'. 이민자들로 구성된 레지스탕스의 보스로서, 붙잡힌 동료를 구하려 싸운다.

김수일

이 게임의 세계에서는 드문 학구파이지만, 지금은 술집의 경호원. 태권도에 자기류 봉술을 섞어 싸운다.

역주 ※: 한국에서는 해외판 타이틀명인 「Kizuna Encounter : Super Tag Battle」로 가동되었다.

시스템을 리뉴얼하고, 신개념을 추가한 집대성

사무라이 스피리츠 아마쿠사 강림 [역주 ※1]

● 1996년 10월　　● SNK(개발·발매)

■ '연참'을 추가하여, 콤보 게임으로 진화

　인기 시리즈의 제4탄이자, 구 SNK의 「사무라이 스피리츠」 시리즈로는 최종작. 캐릭터는 「~잔쿠로 무쌍검」에 등장했던 13명에, 신캐릭터 2명과 부활 캐릭터 3명을 추가해 총 18명이 등장한다. 시스템 면에서는 전작의 문제점을 보완했고, 「리얼 바웃 아랑전설」의 콤비네이션 아츠와 유사한 연속베기 '연참', 이후 시리즈에도 계승되는 '분노폭발'·'일섬' 등의 신개념을 도입했다. 체력 게이지도 두 줄이 되었고, '자결'·'단말오의' 등의 오리지널 시스템도 넣는 등 다양한 요소를 대거 추가했으나 이 탓에 조작이 복잡해져, 시리즈 고유의 특징이 오히려 옅어지기도 하였다.

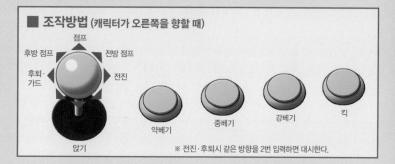

■ 조작방법 (캐릭터가 오른쪽을 향할 때)

점프
후방 점프　전방 점프
후퇴·가드　전진
앉기

약베기　중베기　강베기　킥

※ 전진·후퇴시 같은 방향을 2번 입력하면 대시한다.

▲ 이번 작품의 주인공은 카자마 카즈키: 소게츠 형제. 과거 작품에 나온 적이 있던 캐릭터 중에선 야규 쥬베이·샤를로트·탐탐이 부활했다.

▲ 이 타이틀의 특징이기도 한 '연참'은, 연참 시동 기술을 맞힌 후 버튼을 추가 입력해 연속 공격하는 시스템이다.

▲ 분노 상태일 때는 전작처럼 공격력이 오르고 무기 날리기 필살기 사용이 가능하며, 일부 필살기의 성능도 변화된다.

■ 캐릭터

카자마 카즈키　카자마 소게츠　히사메 시즈마루　쿠비키리 바사라　가후인 가이라[역주 ※2]　하오마루　타치바나 우쿄　나코루루　리무루루

갈포드　핫토리 한조　센료 쿄시로　키바가미 겐쥬로　샤를로트　야규 쥬베이　탐탐　아마쿠사 시로 토키사다　아마쿠사 시로 토키사다(악)

역주 ※1: 한국에서는 고유 타이틀명인 「패왕전설: LEGEND OF A WARRIOR」로 가동되었다. 서양판 「Samurai Shodown IV : Amakusa's Revenge」에서 타이틀명만을 수정한 버전이다.

역주 ※2: 전작과 마찬가지로, 한국판에서는 '김웅재'로 이름이 바뀌었다.

最高の舞台へ、ようこそ。

「아랑전설」 본편과는 별개의, 이벤트성 타이틀

리얼 바웃 아랑전설 스페셜

● 1997년 1월　　● SNK(개발·발매)

「리얼 바웃」이 더욱 진화하다

「리얼 바웃」시리즈 제2탄이자, 「아랑전설」로는 제6탄. 본편과는 시간축이 별개인 이벤트성 오리지널 신작이다. 캐릭터로는 전작의 15명에, 과거 작품에서 텅푸루·크라우저·로렌스·친 신잔 4명이 추가됐다. 전작에서 사망했던 기스도 히든 보스로 등장한다.

시스템은 기본적으로 「리얼 바웃 아랑전설」 그대로지만, 라인 이동을 2라인식으로 되돌리는 등 전작의 문제점을 개선했다. 한편 콤비네이션 아츠는 커맨드 입력이 수월해져, 전작 이상으로 공격하는 맛이 경쾌하다.

■ 조작방법 (캐릭터가 오른쪽을 향할 때)

점프 · 후방 점프 · 전방 점프 · 후퇴/가드 · 전진 · 앉기 · 펀치 · 킥 · 강공격 · 라인 이동

※ 전진·후퇴시 같은 방향을 2번 입력하면 대시한다.

▲ 라인 이동은 전작까지의 3라인제에서 기존 2라인제로 돌아왔다. 상대가 다른 라인에 있어도 가드가 가능해졌다.

▲ 전작의 '링 아웃'을 폐지했다. 화면 끝단의 벽 장애물이 파괴되면, 벽을 등진 캐릭터는 기절한다.

▲ 콤비네이션 아츠의 난이도도 전작보다 낮췄다. 초보자라도 콤보를 연결하기 쉬워져, 공격하는 재미를 살렸다.

■ 캐릭터

테리 보가드	앤디 보가드	죠 히가시	시라누이 마이	김갑환	모치즈키 소카쿠	밥 윌슨	홍푸	블루 마리	프랑코 배쉬

야마자키 류지	진숭수	진숭뢰	덕 킹	빌리 칸	텅푸루	친 신잔	로렌스 블러드	볼프강 크라우저

더 킹 오브 파이터즈 '97

● 1997년 7월　　● SNK(개발·발매)

상당히 화려해진 캐릭터 선택 화면

독보적인 입지를 구축해갔던 「KOF」 시리즈 최초의 총결산격 타이틀. 시작 시 캐릭터의 성질이 완전히 달라지는 'ADVANCED'·'EXTRA' 두 가지 모드 중에서 선택하여 진행한다.

캐릭터로는 9개 팀 27명에 신캐릭터 2명+히든 캐릭터 6명까지 총 35명이고, 여기에 최종 보스 '오로치'가 추가된다. 팀 중 하나인 "97 스페셜 팀'은 당시 일본에서 게임잡지 '패미통'·'게메스트'·'네오지오 프리크'를 통해 진행했던 인기투표로 선정했다. 시스템 면에서는 필살기 쓰기가 용이해진 탓에, 밸런스가 거칠긴 하나 화려하고 속도감 있는 싸움이 펼쳐지는 작품이다.

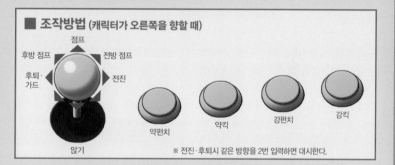

■ 조작방법 (캐릭터가 오른쪽을 향할 때)

점프
후방 점프　전방 점프
후퇴·가드　전진
앉기

약펀치　약킥　강펀치　강킥

※ 전진·후퇴시 같은 방향을 2번 입력하면 대시한다.

▲ 캐릭터가 대거 늘어나 선택 화면이 화려해졌다. 팀 에디트 시 야부키 신고·나나카세 야시로 등의 신규 캐릭터도 선택 가능.

▲ 난입 전용의 폭주 캐릭터 '달밤에 오로치의 피에 미친 이오리', '한밤에 오로치의 피에 눈뜬 레오나'도 최초로 등장한다.

▲ '오로치 편'을 마무리 짓는 타이틀인 만큼, 참전 캐릭터도 많고 스토리와 엔딩도 충실하게 제작되어 있다.

■ 캐릭터

쿠사나기 쿄	니카이도 베니마루	다이몬 고로	테리 보가드	앤디 보가드	죠 히가시	료 사카자키	로버트 가르시아	유리 사카자키	레오나	랄프	클락	아사미야 아테나	시이 켄수	친 겐사이

카구라 치즈루	시라누이 마이	킹	김갑환	장거한	최번개	나나카세 야시로	셸미	크리스	야마자키 류지	블루 마리	빌리 칸	야가미 이오리	야부키 신고

저승과 현세를 잇는 '지옥문'의 이번 앞에, 강자가 모이다

막말낭만 월화의 검사 [역주 ※]

● 1997년 11월　　● SNK[개발·발매]

베고, 팅겨내며, 막부 말기를 헤쳐나가라

에도시대 말기를 무대로 하여 검사들이 싸우는 2D 대전격투 게임. 일반기술뿐만 아니라 필살기(오의)마저도 팅겨낼 수 있는 칼싸움 액션 기반에, 캐릭터 성능을 변경하는 '검질' 시스템을 도입했다. 검질은 '힘(力)'과 '기술(技)' 중 하나를 선택하며, 기본적으로 '힘'은 공격력이 높고 '기술'은 속도가 빠르다는 특징이 있다. '힘'은 오의를 캔슬해 초오의로 연결시킬 수 있는 '승화'와 초필살기 격인 '잠재오의'가 있고, '기술'은 캔슬 가능기가 많으며 '난무오의'를 사용할 수 있다는 것도 큰 차이다. 상·하단 모두 팅기기가 가능하고, 팅기기 직후 반격할 수도 있어, 상대의 기술을 읽는 심리전을 그야말로 검사들의 대결처럼 심오하게 승화시켰다.

■ 조작방법 (캐릭터가 오른쪽을 향할 때)

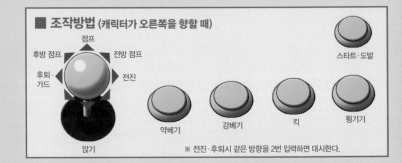

점프 / 후방 점프 / 전방 점프 / 후퇴·가드 / 전진 / 앉기 / 스타트·도발 / 약베기 / 강베기 / 킥 / 팅기기

※ 전진·후퇴시 같은 방향을 2번 입력하면 대시한다.

▲ 캐릭터를 고르면 곧바로 검질 선택 화면으로 바뀐다. 같은 캐릭터라도 검질에 따른 성능 변화가 크니, 취향에 맞춰 선택하자.

▲ 무사시의 잔상은 상대의 공격을 유도해 '팅기기'를 걸면 나온다. 쓰기 어려운 기술이지만, 제대로 걸리면 반격의 찬스다.

▲ 일부 캐릭터는 예외이지만, 베기 기술로 결정타를 날리면 잔혹한 표현과 함께 쓰러지는 캐릭터도 있다.

■ 캐릭터

카에데
강력해지지만 그 대신 체력이 감소하는 '각성' 능력의 보유자.

미나카타 모리야
카에데의 의형제. 과묵해. 카에데에게 스승의 원수로 오해를 산다.

유키
카에데 일행의 스승·양부인이 세이후로, 카에데·유키를 키운다.

현무옹
카에데의 의남매. 전용스테이지는 눈 탓에 프레임이 드물게 되기도.

이치죠 아카리
유서 깊은 음양사 일족의 후예. 아카리에게는 항상 굽실거린다.

칸자키 쥬조
이치죠가문의 식객이라, 아카리에게는 항상 굽실거린다.

와지즈카 케이이치로
히지카타 토시조의 부하. 카가미가 노리는 '지옥문'을 조사한다.

시쿄
신선조에서 추방된 정신이상자. 사람을 베는 것을 좋아한다.

아마노 효
한량처럼 보이는 협객. 패배하면 여자의 이름(다수)을 외친다.

이열화
정의로운 무술가. 어느 영화에서 나오는 황비홍과 꼭 닮아 있다.

잔테츠
키사라기류 인술의 시조. 이 최강임을 확신하려 싸운다.

나오에 시겐
지옥문을 지키는 사신 중 '백호'이다. 카가미의 옛친구.

아카츠키 무사시
히든 캐릭터. 카가미가 열어버린 지옥문에서 소생한 마인이다.

카가미 신노스케
가정용판 한정의 히든 캐릭터. '주작'의 힘을 지닌 최종 보스.

역주 ※: 한국에서는 한국판 오리지널 타이틀명인 「The Last Soldier」로 가동되었다. 해외판 「The Last Blade」를 심의에 맞춰 추가 수정한 버전인데, 당시에 일본 대중문화 수입 전반에 대한 규제가 제일 심했던 시기이기 때문이다. 일부 캐릭터명도 원작과 다르게 교체했다.

'하이퍼 네오지오 64'로 제작한 시리즈 제5탄

시혼(侍魂) SAMURAI SPIRITS [역주 ※]

● 1997년 12월　　● SNK[개발·발매]

게임의 컨셉은 2D와 3D의 융합

기존의 2D 아케이드 기판 '네오지오 MVS' 대신, 신규 3D 기판인 '하이퍼 네오지오 64'로 제작된 「사무라이 스피리츠」 시리즈 신작. 캐릭터로는 기존 시리즈에서 10명이 참전하고, 신캐릭터 '시키'·'야규 한마'와 CPU 전용의 보스 캐릭터 4명이 추가되었다. 시스템은 전작 「~아마쿠사 강림」 기반으로서, 여기에 그래픽을 3D로 전환한다는 신개념을 도입했다. 맨손 상태가 없어져 대전 중에 무기를 놓치지 않게 되었기에, 이전 작들에 있었던 '무기 날리기 기술'은 '비오의'로 취급된다. 최종 라운드에서 무승부가 될 경우 버튼 연타로 승패를 결정하는 '일섬의 극'이란 시스템도 도입되었다.

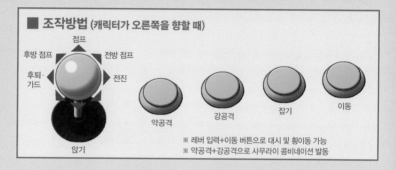

■ 조작방법 (캐릭터가 오른쪽을 향할 때)

점프 / 후방 점프 / 전방 점프 / 후퇴·가드 / 전진 / 앉기

약공격　강공격　잡기　이동

※ 레버 입력+이동 버튼으로 대시 및 횡이동 가능
※ 약공격+강공격으로 사무라이 콤비네이션 발동

▲ 이전까지는 2D 게임이었던 「사무라이 스피리츠」가 드디어 3D 폴리곤화되었다. 덕분에 일본에선 '폴리사무라'라는 약칭으로 불린다.

▲ 「~아마쿠사 강림」의 시스템을 유지하면서, 버튼 배치를 변경했다. C 버튼은 잡기, D 버튼은 이동 및 특수 동작이다.

▲ '연참'은 '사무라이 콤비네이션 시스템'(SCS)으로 개칭하고, '스태미너 게이지'를 소비하는 기술로 바꾸었다.

■ 캐릭터

하오마루
무사수행 차 전국을 방랑하던 중, 의문의 여자가 집요하게 노려온다.

키바가미 겐쥬로
하오마루를 쓰러뜨리려 쫓고 있었으나. 누군가의 방해를 받게 된다.

나코루루
대자연에 둘러싸여 잠들어 있던. 마의 김새를 느끼고 다시 눈을 떴다.

리무루루
대자연의 변화를 느끼고는, 언니 나코루루를 대신하여 여행을 떠난다.

핫토리 한조
각지에서 빈발하는 태아 실종사건의 원흉 '인형사'를 쫓아 여행한다.

갈포드
세계 평화를 지키려. 타고난 정의감으로 악에 맞서는 아메리칸 닌자.

타치바나 우쿄
연인 케이의 태내에 있던 아이가 사라져버렸다. 케이를 위해 직접 나선다.

카자마 카즈키
의문의 인형사를 찾았다가 연락이 끊긴 아버지를 찾아 여행한다.

카자마 소게츠
두령에게 어느 인물의 말살을 명령받고 나선다. 이 인물은 인형사였다.

시키
'유가'의 명령으로, 하오마루를 어둠의 세계로 끌어가기 위해 미행한다.

야규 한마
인형극을 관람하던 영주가 변모해버렸다. 원흉인 인형사를 쫓아 여행한다.

쿠로코
대전 시에만 사용 가능한 히든 캐릭터. 대전 후 일반 캐릭터로 변경된다.

역주 ※: 한국에서는 「패왕전설 64」라는 타이틀명으로 빅콤 사가 정식 출시할 예정이었고 한국어 더빙 수록 및 인컴테스트까지 마쳤으나, 최종적으로는 출시되지 않았다.

전작의 시스템을 유지하면서, 대인전을 강화하다
리얼 바웃 아랑전설 2 THE NEWCOMERS

● 1998년 3월　　● SNK(개발·발매)

3번째 작품다운 세련된 시스템

「리얼 바웃 아랑전설」의 속편이자, 「리얼 바웃 아랑전설 스페셜」처럼 메인 스토리의 시간축 바깥에 있는 이벤트성 타이틀. 캐릭터는 전작의 20명에 '릭 스트라우드'와 '리 샹페이'가 신규 추가되어, 총 22명이 등장한다. 호화롭기 그지없던 전작에 비하면 전반적으로 연출이 간소해진지라 살짝 담담한 느낌도 없지 않지만, 게임 밸런스가 잘 다듬어져 있고 어떤 캐릭터든 강·약점이 뚜렷하다. 결과적으로, '대인전'이라는 관점에서 보면 당시의 대전격투 게임 중에서도 높은 수준에 도달한 작품이 되었다.

■ 조작방법 (캐릭터가 오른쪽을 향할 때)

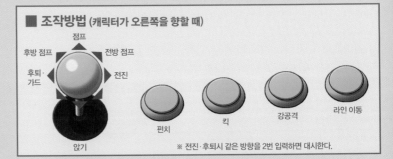

점프 · 후방 점프 · 전방 점프 · 후퇴·가드 · 전진 · 앉기 · 펀치 · 킥 · 강공격 · 라인 이동

※ 전진·후퇴시 같은 방향을 2번 입력하면 대시한다.

▲ 「리얼 바웃」 시리즈의 큰 특징인 '2라인 이동'과 '콤비네이션 어츠'는 이번 작품에서도 건재하다.

▲ '브레이크 샷'(가드 캔슬)과 '회피공격'을 활용해 카운터를 치는 등, 「스트리트 파이터」계와는 차별화된 심리전을 즐긴다.

▲ 「리얼 바웃 아랑전설 스페셜」의 히든 캐릭터였던 기스도, 이번엔 일반 캐릭터로서 참전한다.

■ 캐릭터

테리 보가드	앤디 보가드	죠 히가시	시라누이 마이	기스 하워드	모치즈키 소카쿠	밥 윌슨	홍푸	블루 마리	프랑코 배쉬	야마자키 류지

진숭수	진숭뢰	덕 킹	김갑환	빌리 칸	텅푸루	친 신잔	로렌스 블러드	볼프강 크라우저	리 샹페이	릭 스트라우드

더 킹 오브 파이터즈 '98

● 1998년 7월　　● SNK(개발·발매)

공수 밸런스가 잡힌 시스템이 완성되다

「KOF」 시리즈의 제5탄이자, 이제까지의 총집편에 해당하는 타이틀. 전작에서 '오로치 편' 스토리가 완결되었기에, 이번엔 딱히 스토리가 없는 '드림 매치'가 되었다. 캐릭터는 12팀 36명부터 시작해 에디트 전용 캐릭터 2명, 어나더 캐릭터 12명, 최종 보스 1명까지, 당시로서도 꽤 이례적인 51명이나 된다. 성능도 기술도 다양해져, 총집편에 어울리는 호화 캐릭터 라인업이 되었다. 시스템 쪽 역시 이전작들에서 숙성된 시스템들을 기반으로 삼아 시간을 들여 조정한 덕에, 상당히 수준 높은 공수 밸런스를 구현해냈다. 덕분에, 지금까지도 시리즈 최고 걸작이라는 호평이 많다.

■ 조작방법 (캐릭터가 오른쪽을 향할 때)

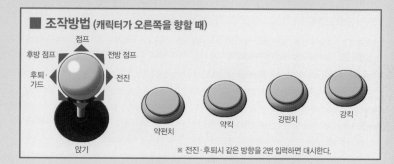

점프
후방 점프　　전방 점프
후퇴·가드　　전진
앉기

약펀치　　약킥　　강펀치　　강킥

※ 전진·후퇴시 같은 방향을 2번 입력하면 대시한다.

▲ 역대 시리즈에 등장했던 캐릭터들 거의 대부분을 망라했기에, 선택 화면이 빈틈없이 들어차게 되었다.

▲ 체력 게이지 밑에 표시되는 캐릭터명이 전작까지는 풀 네임이었으나 이번엔 성·이름 중 한쪽만 표시하는 식으로 바뀌었다.

▲ 배경과 BGM도 이제까지의 집대성이라 할 만큼 화려하기 그지없다. 특수 조건 엔딩까지 있는 등 장난기도 가득하다.

■ 캐릭터

쿠사나기 쿄 / 니카이도 베니마루 / 다이몬 고로 / 테리 보가드 / 앤디 보가드 / 죠 히가시 / 료 사카자키 / 로버트 가르시아 / 유리 사카자키 / 레오나 / 랄프 / 클락 / 아사미야 아테나 / 시이 켄수 / 친 겐사이 / 카구라 치즈루 / 시라누이 마이 / 킹 / 김갑환

장거한 / 최번개 / 야마자키 류지 / 블루 마리 / 빌리 칸 / 나나카세 야시로 / 셸미 / 크리스 / 헤비 D! / 럭키 / 브라이언 / 하이데른 / 타쿠마 사카자키 / 쿠사나기 사이슈 / 야가미 이오리 / 바이스 / 매츄어 / 야부키 신고 / 루갈

아수라 참마전 SAMURAI SPIRITS 2

● 1998년 10월 ● SNK(개발·발매)

전작의 문제점을 한층 개선하다

전작 「시혼」에 이어 하이퍼 네오지오 64로 제작된 3D 「사무라이 스피리츠」의 제2탄. 스토리적으로는 전작의 속편으로서, 캐릭터는 전작에 등장했던 13명에 새로운 주인공 '아수라'와 '모로즈미 타이잔'이 추가되었다. 폴리곤을 사용한 3D 대전격투 게임이라는 점은 전작과 동일하나, 시스템 쪽은 전작의 문제점을 개선하고 조작계를 변경하는 등 「~아마쿠사 강림」에 더욱 가까워졌다. 대극 선택 시에도 '수라'와 '나찰'의 성격이 명확하게 갈리며, CPU전에서는 스테이지별로 부제가 붙고 대전 상대도 어느 정도 고정된다.

■ 조작방법 (캐릭터가 오른쪽을 향할 때)

점프
후방 점프   전방 점프
후퇴·
가드   전진
앉기

약공격

강공격

특수공격

스텝 이동

※ 전진·후퇴와 같은 방향을 2번 입력하면 대시한다.

▲ 전작에 있었던 링 아웃·스테미너 게이지·스테이지간 이동을 없애, 2D 게임에 더 가까운 감각의 시스템이 되었다.

▲ 체력 게이지에 자동 회복 시스템 '바이탈 소스'를 추가했다. 받은 대미지의 일부는 노란색이 되고, 서서히 회복된다.

▲ 조작계는 여전히 8방향 레버+4버튼식이지만, 버튼 배치가 다시 변경되었기에 주의해야 한다.

■ 캐릭터

아수라
'유가'가 쓰러져 봉인이 약해진 순간을 노려 탈출했다.

하오마루
술병을 차고서애도 '후구도쿠'를 휘두르는 호쾌 무뢰한 검객.

키바가미 겐쥬로
도박과 여색을 좋아하며 하오마루를 노리는 살인검의 실력자.

나코루루
무녀로서 대자연을 수호하는 마음씨 착한 소녀.

리무루루
언니 나코루루의 힘이 되고 싶어 하는 카무이 코탄의 무녀.

핫토리 한조
수많은 사건을 해결해 온 이가 닌자 군단의 총수.

갈포드
슈퍼 히어로를 꿈꾸는 정의감 넘치는 닌자.

타치바나 우쿄
사랑하는 여성을 위해 흉사에 뛰어든 검객.

카자마 카즈키
애검 '주작'과 함께 싸우는, 뜨거운 불꽃 닌자.

카자마 소게츠
도주 닌자가 된 카즈키를 쫓고 있는 일족 최강의 닌자.

시키
'유가'의 주박에서 해방된 후, 잃어버린 기억을 찾아 떠돈다.

야규 한마
어느 영주의 딸을 경호하는 역할로 파견되었다.

모로즈미 타이잔
'유가'에게 처자식을 살해당해, 복수를 위해 몸을 던진다.

막말낭만 제2막 월화의 검사
달에 피는 꽃,
흩날리는 꽃

● 1998년 11월　　● SNK[개발·발매]

적의 참격을 간파해 반격을 노려라

　막부 말기 배경의 2D 대전격투 게임 제2탄. 캐릭터 성능을 바꾸는 '검질'에, 방어력이 낮고 게이지가 잘 모이지 않는 대신 '힘'·'기술' 모드 양쪽의 성질을 겸비한 '극(極)'을 추가했다(고르려면 특수 커맨드를 입력해야 한다). 또한 적의 공격을 튕겨내 빈틈을 만드는 '튕기기'가 개선되어, 동일 조작으로 일반기·필살기를 모두 튕길 수 있게 되었고 공중에서도 튕기기가 가능해졌다. 필살기만은 튕기기 가능한 타이밍이 짧아졌으나, 원 버튼으로 통일함으로써 운에 의존하지 않고 순수하게 상대의 호흡을 살피는 치열한 대결감각을 구현해냈다. 다운 회피와 공중 낙법이 추가되는 등, 시스템 측면에서도 다양하게 개량했다.

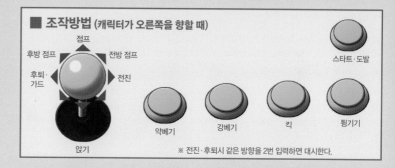

■ 조작방법 (캐릭터가 오른쪽을 향할 때)

점프

후방 점프　전방 점프

후퇴·가드　전진

앉기

약베기　강베기　킥　튕기기

스타트·도발

※ 전진·후퇴시 같은 방향을 2번 입력하면 대시한다.

▲ 새로 추가된 검질 '극'은 다양한 성질을 가진 대신, 방어력 등 여러 제한도 걸려있어 꼭 강력하다고는 할 수 없다.

▲ 전작보다 캐릭터 수가 늘었다. 이 작품부터 등장한 타카네 히비키는 싸움을 싫어하는 소녀이지만, 살인마로 타락하는 특수 엔딩도 있다.

▲ 카에데·모리야·유키의 스승 겸 양아버지였던 황룡이 되살아나 최종 보스로서 대결한다. 판정도 리치도 커서 꽤 어려운 상대다.

■ 캐릭터

카에데

각성 상태로 등장한다. 히든 캐릭터로 각성 전의 모습도 나온다.

미나카타 모리야

거리가 조정돈 만큼만큼 든 빈틈이 없는 기술 일색이지만 다루기 가까렵다.

유키

리치·기술이 조정돼 약해졌고, 스토리상으로도 불운하다.

현무옹

낚싯대로 싸우는 날렵한 할아범. 거북이 다이고도 소환한다.

이치죠 아카리

인형을 대 역으로 세우로서 패배 시에도 죽을 일이 없다.

칸자키 쥬조

아카리의 언니에게 반했다. 잡기와 냅다 던지기가 강하다.

와시즈카 케이치로

히지카타 토시조의 직속 부하로서, 천하리심류의 실력자.

무쿠로

전작에 등장했던 시 코가 지옥문에서 귀환한 모습이다.

아마노 효

전작에 이어, 엔딩에서 선택지분기가 나온다.

이열화

컨티뉴하여 클리어하면 엔딩에서 배를 잘못 타고 만다.

잔테츠

손주에게 기술을 전수하고, 죽음이 올 때까지 싸우려 한다.

나오에 시겐

히든 캐릭터에 양녀 '코테츠'가 있지만, 정작 싸우는 쪽은 시겐.

사나다 코지로

전작의 PS판에서 시코에게 죽은 오빠의 모습을 빌린 쌍둥이 여동생.

타카네 히비키

아버지가 만든 최후의 태도(太刀)와, 이름 지은 세츠나를 쫓는다.

세츠나

저승에서 온 사자. 모든 존재를 증오하며, 봉인된 인의식을 저지하려 한다.

카가미 신노스케

전작의 최종 보스로, 이제 인류를 멸망시킬 생각은 없다.

아랑전설 WILD AMBITION

● 1999년 1월　　　● SNK[개발·발매]

기본 조작은 「리얼 바웃」 기준

하이퍼 네오지오 64로 발매된 3D 대전격투 게임으로는 제4탄. 스토리적으로는 「리얼 바웃 아랑전설」의 속편이 아니라, 초대 「아랑전설」의 리부트다.

캐릭터는 테리와 앤디, 죠 히가시, 시라누이 마이 등의 인기 캐릭터 외에 오리지널 캐릭터인 센도 츠구미·사카다 토지, 히든 캐릭터인 기스·리 샹페이 등등 총 12명이 등장한다. 기본 시스템은 「리얼 바웃 아랑전설」을 계승했지만, 라인 이동에서 축이동으로 변경하고 파워 게이지와 스턴(기절) 게이지를 겸하는 '히트 게이지'를 도입하는 등 3D화에 맞춰 적절히 개변했다.

■ 조작방법 (캐릭터가 오른쪽을 향할 때)

점프
후방 점프　전방 점프
후퇴·　　　　　　전진
가드
앉기
펀치 공격　킥 공격　강공격　축이동

※ 전진·후퇴시 같은 방향을 2번 입력하면 대시한다.

▲ 3D화됨에 따라 라인 이동은 없어졌다. 대신 축이동으로 바꾸어 시리즈 이전작과의 위화감을 최소화했다.

▲ 마찬가지로, 3D화에 따라 배후 공격이 가능해졌다. 잡기 기술도 상대의 방향에 맞춰 달라진다.

▲ 신규 시스템으로 '히트 게이지'를 도입했다. 기존의 파워 게이지에 해당하며, 공격을 히트시키면 게이지가 모인다.

■ 캐릭터

테리 보가드

기스가 죽인 제프 보가드의 양자. 제프에게 배운 격투 살법과 마셜 아츠로 싸운다.

앤디 보가드

테리의 의형제. 골법과 시라누이류 인술의 실력자. 양부 제프의 원수를 갚기 위해 수련 중이다.

죠 히가시

젊은 나이에 태국으로 건너가 무에타이 챔피언이 된 일본인. 기스와는 딱히 직접적 인연이 없다.

시라누이 마이

원래는 「아랑전설 2」부터 등장하는 캐릭터. 시라누이류 인술의 후계자로, 체술과 부채로 싸운다.

김갑환

원래는 「아랑전설 2」부터 등장하는 캐릭터. 태권도가 세계 최강이라고 믿는 고지식한 사나이.

라이덴

거구의 복면 프로레슬러. 승부조작 의혹을 받아 업계에서 추방당한 후 기스 수하로 들어갔다.

센도 츠구미

'불타는 투신'으로 일컬어지는 레슬러 아버지를 둔 여학생. 레슬링을 그만두려고 대회에 참가한다.

사카다 토지

전설의 무술 '대남류 합기유술'의 달인인 외눈의 노인. 기스의 실력에 흥미를 품어, 목숨을 걸고 도전한다.

야마자키 류지

원래는 「아랑전설 3」부터 등장하는 캐릭터. 홍콩을 거점으로 암약하며 무기를 밀매하는 브로커.

빌리 칸

기스가 가장 신임하는 최측근. 홍백의 반다나가 트레이드마크이며, 봉술의 명수로 유명하다.

BURIKI ONE WORLD GRAPPLE TOURNAMENT '99 in TOKYO

● 1999년 5월 ● SNK(개발·발매)

버튼으로 이동! 레버로 공격!

리얼리티를 추구한 3D 대전격투 게임. PRIDE나 MMA가 등장하기 전의 종합격투기 세계를 게임으로 구현했다. 기존 격투 게임의 상식을 뒤엎고 왼쪽에 버튼, 오른쪽에 레버를 배치했으며, 따라서 버튼으로 좌우 이동하고 레버로 공격 및 특수 조작을 한다. 각 캐릭터의 동작 및 시스템에도 리얼리티를 추구하여, 라이프 게이지 대신 '바이탈 게이지'를 배치했고, 화면 밑에 위치한 '파워 밸런스 게이지'는 이동·공격할 때마다 앞뒤로 움직이며, 이것이 앞으로 간 상태에서 타격받으면 카운터 히트가 걸리는 등의 특징이 있다.

■ 조작방법 (캐릭터가 오른쪽을 향할 때)

후퇴

전진

뛰기
피하기
모으기
웅크리기
엎드리기
도발
자세 변경

펀치
킥
잡기
자세 취하기

※ 후퇴+전진 버튼을 동시에 누르고 있으면 방어

▲ 게임 전체의 분위기를, 종합격투기 경기의 TV 중계처럼 연출했다. 스폰서 광고나 인터뷰 느낌의 엔딩 등, 리얼리티를 추구했다.

▲ 연출 외에 시스템 부분도 리얼리티를 추구해 기본적으로 장풍계 기술은 없으며 타격이나 잡기, 관절기 기술로 승부한다.

▲ 이동이나 공격 시에는 화면 아래쪽의 '파워 밸런스 게이지'가 앞으로 이동하고, 이 상태에서 타격을 받으면 카운터로 대미지가 증가한다.

■ 캐릭터

텐도 가이

오키나와에서 수행중인 천재 격투가. 반쵸라는 이름의 개를 기른다.

사카자키 료

「용호의 권」 의주인공. 극한류 가라테 사범으로, 민첩함과 파워를 겸비했다.

파얌 싯피탁

웰터급 무에타이 선수. 처자식이 있고, 근거리·원거리 기술이 모두 강력하다.

서용성

독특한 헤어스타일의 대학생 태권도 실력자. 발기술 중심이라 리치가 길다.

이반 소콜로프

러시아 출신의 아마추어 레슬러. 잡기 기술이 풍부하고 관절기 파생기도 많다.

아카츠키마루

세키와케 지위의 현역 스모 선수. 기술 발생 속도는 늦지만 다른 능력치가 높다.

랍 파이슨

슈퍼헤비급 프로 복서. 경쾌한 이동 속도와 빠른 펀치가 특징이다.

자크 뒤칼리

프랑스 출신의 유도가. 강력한 잡기 기술이 많고, 한번에 큰 대미지를 준다.

파트릭 판 헤이팅

세계 굴지의 프로레슬러. 특히 상반신의 내구력이 높아 방어가 우수하다.

사이온지 타카토

합기도 실력자인 고교생. 급소 지르기 등 단발기가 대부분이나, 타격력은 높다.

송 쉬안다오

초연히 살던 노인이지만, 한때 '맹호'로 불렸다 하는 전설의 태극권 실력자.

질버
정체불명의 가라테 파이터. 노 컨티뉴로 결승전까지 진행하면 출현한다.

더 킹 오브 파이터즈 '99

● 1999년 7월　　● SNK(개발·발매)

Only One Can Surpass K. And That's K'!

■ 새로운 시리즈 '네스츠 편', 개막

　SNK의 인기 캐릭터들이 대결하는 대전격투 게임의 제6탄. 「더 킹 오브 파이터즈 '97」로 완결된 '오로치 편'에 이어, '네스츠 편'의 제1장이 펼쳐진다.

　K'(케이 대시)가 새로운 주인공이 됨과 동시에, 기존의 주인공인 쿠사나기 쿄는 히든 보스 겸 히든 캐릭터로 변경됐다. 팀 편성도 1팀 3명제에서 4명제로 변경됐으며, 기존 팀들은 대폭적으로 재편성했다. 신규 시스템으로 원호 공격을 업그레이드시킨 '스트라이커'를 비롯해 '카운터 모드'·'아머 모드'가 추가되었고 긴급 회피가 '피하기 이동'으로 교체되는 등, 새로운 스토리의 개막에 어울리는 대담한 개변을 가한 작품이다.

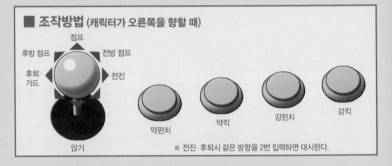

■ 조작방법 (캐릭터가 오른쪽을 향할 때)

점프 / 후방 점프 / 전방 점프 / 후퇴·가드 / 전진 / 앉기 / 약펀치 / 약킥 / 강펀치 / 강킥

※ 전진·후퇴시 같은 방향을 2번 입력하면 대시한다.

▲ '네스츠 편' 개막에 따라 주인공이 교체되어, 쿠사나기 쿄의 불꽃을 다루는 능력을 이식받은 청년 K'가 등장한다.

▲ 네 번째 캐릭터를 선택하는 '스트라이커' 시스템을 도입했다. 원호 공격을 발전시킨 특수 공격 '스트라이커 봄'도 추가했다.

▲ 전작의 앞구르기·뒤구르기 등 긴급 회피가 '피하기 이동'으로 바뀌었고, '카운터 모드'·'아머 모드'가 추가되었다.

■ 캐릭터

K' / 맥시마 / 니카이도 베니마루 / 야부키 신고 / 테리 보가드 / 앤디 보가드 / 죠 히가시 / 시라누이 마이 / 료 사카자키 / 로버트 가르시아 / 유리 사카자키 / 타쿠마 사카자키 / 레오나 / 랄프 / 클락

웝 / 아사미야 아테나 / 시이 켄수 / 친 겐사이 / 바오 / 킹 / 블루 마리 / 토도 카스미 / 리 샹페이 / 김갑환 / 전훈 / 장거한 / 최번개 / 쿠사나기 쿄-1 / 쿠사나기 쿄-2

캐릭터를 전면 교체한 「아랑전설」 시리즈 제8탄

아랑 MARK OF THE WOLVES

● 1999년 11월　　● SNK(개발·발매)

매너리즘 탈피에 성공, 심오한 작품이 되다

네오지오로 발매된 최후의 「아랑전설」. 「리얼 바웃 아랑전설」에서 10년 후의 사우스 타운을 무대로, 새로운 주인공 '락 하워드'가 활약한다. 전작에서 계속 등장하는 캐릭터는 테리뿐으로서, 총 14명 중 무려 13명이 신규 캐릭터에 해당한다.

마찬가지로 시스템 역시 '라인 이동'이 없어지는 등 대폭적인 개변과 보강을 가해, 「아랑전설」을 연상시키긴 하나 거의 완전 신작이나 다름없어졌다. 이후 구 SNK의 도산으로 시리즈 마지막 작품이 될 뻔했으나, 신작이 개발 중임을 알리는 티저 트레일러가 지난 2022년 미국에서 발표되었다.

■ 조작방법 (캐릭터가 오른쪽을 향할 때)

점프
후방 점프　　전방 점프
후퇴·가드　　전진
후퇴·가드
앉기
약펀치　　약킥　　강펀치　　강킥

※ 전진·후퇴시 같은 방향을 2번 입력하면 대시한다.

▲ '라인 이동'이 없어져, 다른 격투 게임처럼 1라인제가 되었다. '콤비네이션 아츠'도 패턴이 줄어들었다.

▲ 신규 시스템 '브레이킹'은 경직 시간이 대폭 감소되는 특수 동작. '저스트 디펜스'는 성공시 체력과 가드 내구력이 근소하게 회복된다.

▲ 그래픽 품질도 한층 더 향상되었다. 네오지오의 한계를 초월한 디테일한 그래픽으로서, 당시엔 최고의 퀄리티였다.

■ 캐릭터

락 하워드

작품의 주인공이며 테리의 양아들. 테리와 친아버지 기스의 기술을 이어받았다.

테리 보가드

전작까지의 주인공. 외견은 크게 달라졌으나 돌진시의 파괴력은 건재하다.

김동환

김갑환의 장남. 아버지와는 정반대 성격인 천재 타입이며, 삼각 점프도 가능.

김재훈

동환의 동생. 아버지를 닮은 우등생형이며, 전반적 성능이 높고 봉황각도 사용한다.

후타바 호타루

여러 중국권법을 구사하는 가련한 소녀. 초필살기 '천상난희'가 물의를 일으켰다.

가토

여러 중국권법을 사용하는 청년. 어머니를 죽이고 종적을 감춘 아버지를 찾고 있다.

마르코 로드리게스

료 사카자키의 제자이자, 극한류 가라테 사범대리. 초필살기의 성능이 우수하다.

호쿠토마루

앤디의 제자로서 시라누이류 인술을 쓴다. 이 작품에서 유일하게 이단 점프가 가능하다.

B.제니

세계 굴지의 재벌가 영애로서, 금발의 글래머 미녀. 해적단의 리더이기도 하다.

프리맨

슬럼가에서 자란, 살인의 쾌락을 즐기는 남자. 손톱으로 상대를 찢어발기는 기술을 쓴다.

그리폰 마스크

멕시코 출신의 프로레슬러. 뛰어난 파괴력의 잡기 기술을 지닌 잡기계 캐릭터.

케빈 라이언

동료의 복수를 꿈꾸는 경찰관. 고성능의 기본기와 필살기로 상대를 몰아붙일 수 있다.

더 킹 오브 파이터즈 2000

● 2000년 7월　　　● SNK[개발·발매]

구 SNK 최후의 대전격투 게임

SNK의 인기 타이틀에서 집결한 캐릭터들이 팀을 이뤄 싸우는 대전격투 게임의 제7탄. 이 작품부터 연도를 2 자리 약칭이 아니라 4자리로 표기했다. 전작과 마찬가지로 4인 1팀 편성이지만, 각 캐릭터별로 고전 SNK 타이틀들에 등장했던 수많은 캐릭터를 하나씩 짝으로 배정해 추가 스트라이커(어나더 스트라이커)로 등장시켰다.

연출과 데모 영상은 당시에도 이미 상당한 구식 하드웨어였던 네오지오의 성능을 한계까지 끌어내 제작했으며, 각 팀별로 준비된 엔딩의 연출 역시 매우 화려하고 퀄리티가 높아 볼 가치가 있다.

■ 조작방법 (캐릭터가 오른쪽을 향할 때)

점프 / 후방 점프 / 전방 점프 / 후퇴·가드 / 전진 / 앉기

약펀치 / 약킥 / 강펀치 / 강킥

※ 전진·후퇴시 같은 방향을 2번 입력하면 대시한다.

▲ MAX 초필살기는 발동 조건이 체력에 상관없이 게이지 3개 소비로 변경됐다. 대신 조건만 맞으면 언제든 쓸 수 있다.

▲ 전작부터 도입된 '스트라이커'는 '액티브 스트라이커' 시스템으로 변경되었고, 사용방법 등도 대폭 달라졌다.

▲ 오랫동안 간판 일러스트레이터로 근무했던 신키로가 SNK에서 캐릭터·커버 일러스트를 작업한 마지막 타이틀이기도.

■ 캐릭터

K' / 맥시마 / 라몬 / 바네사 / 니카이도 베니마루 / 야부키 신고 / 린 / 세스 / 테리 보가드 / 앤디 보가드 / 죠 히가시 / 블루 마리 / 료 사카자키 / 로버트 / 킹 / 타쿠마 사카자키 / 레오나

랄프 / 클락 / 윕 / 아사미야 아테나 / 시이 켄수 / 친 겐사이 / 바오 / 시라누이 마이 / 유리 사카자키 / 토도 카스미 / 시조 히나코 / 김갑환 / 장거한 / 최번개 / 전훈 / 쿠사나기 쿄 / 야가미 이오리

제 3 장

세가
엔터프라이지스

세계 최초로 3D 폴리곤을 도입한 대전격투 게임 「버추어 파이터」를 세상에 내놓은 세가는, 뛰어난 기술력을 무기 삼아 3D 대전격투 게임의 대명사로 우뚝 솟은 개발사다. 2D계 타이틀 외에는 가드 전용의 '가드 버튼'을 조작계에 항상 배치한 것도 이 회사의 특징인데, 공격과 가드의 비중을 동등하게 둠으로써 공격과 수비를 일체화한 심리전을 유도하는 데 역점을 둔 시스템이라 할 수 있다.

홀로그램 + 콜로세움 = 홀로세움

홀로세움

● 1992년 12월　　● 세가 엔터프라이지스(개발·발매)

현실감을 추구한 하나의 도달점

오목한 포물면 거울 2장을 붙여 원반형으로 만든 전용 캐비닛 내에서, 거울에 영상을 투영하여 입체적으로 보이도록 만든 홀로그램식 화면으로 격투 게임을 즐기는 독특한 타이틀.

「타임 트래블러」의 캐비닛을 유용한 개조 키트 형태로 출시했지만, 출고량은 적었다. 사용 가능한 캐릭터는 가라테 선수인 DAVE, 중국권법의 CHEN, 무에타이의 DOMPAYAGEN, 마셜 아츠의 GARRISON까지 총 4명. CPU가 조종하는 캐릭터 4명과 싸워 이기면, 최대 400초간 서바이벌 모드 형식의 엑스트라 라운드가 펼쳐진다.

■ 조작방법 (캐릭터가 오른쪽을 향할 때)

점프 / 후방 점프 / 전방 점프 / 후퇴·가드 / 전진 / 앉기 / 약공격 / 강공격

▲ 등장 캐릭터는 격투가 4명. 각기 다른 격투기를 습득하여, 치열한 이종격투기 대전을 즐길 수 있다.

▲ 흡사 SF 작품 속의 텔레포트 장치 느낌인 캐릭터 등장 장면. 홀로그램다운 연출 덕분에 독특한 감성이 더해진다.

▲ 시합은 꽤나 인파이팅 스타일이다. 이동 범위가 꽤 좁은지라, 도망 일변도의 소극적인 전투는 불가능하다.

■ 캐릭터

DOMPAYAGEN

빠른 타격이 특징인 무에타이 파이터. 공격이 킥 중심이라 리치가 길다. 코너에 모는 데 성공하면 단번에 승부가 결정 난다.

DAVE

공수 밸런스가 좋은 가라테 파이터. 의외로 리치가 길다. 공격과 수비가 균형적이어서 초보자용으로 제격인 캐릭터.

CHEN

중국권법을 사용하는 파이터. 움직임이 민첩하며 공격도 스피드도 빠르다. 대신 리치가 짧고 반격받기 쉬운, 숙련자용 캐릭터다.

GARRISON

마셜 아츠의 구사자. 외모대로 파워형 파이터라, 단발공격이 묵직하고 잡기 기술이 강력한 캐릭터다.

「버추어 파이터」 이전에 등장한 3D 대전격투 게임

다크 엣지

● 1993년 3월　　● 세가 엔터프라이지스(개발·발매)

2D 그래픽으로 횡이동을 재현

　세가가 개발한 대전격투 게임. 시스템적으로는 3D 대전격투 장르로 분류되지만, 폴리곤이 아니라 스프라이트 기능 기반으로 3D 공간을 표현했기에 정확히는 '유사 3D 대전격투 게임'이라 할 수 있다. 거대 컴퓨터가 지배하는 25세기에서, 아웃사이더가 되어 싸워보자.

　조작은 8방향 레버+5버튼식을 적용했으며, 버튼을 눌러 점프하는 것이 특징이다. 필살기 커맨드가 상대와의 위치 관계에 따라 달라지며 게임 속도도 빠른 편이라, 입력이 까다롭다. 약 반년 후 「버추어 파이터」가 나왔음을 감안하면, 세가답게 발상이 너무 시대를 앞서갔던 타이틀인지도 모르겠다.

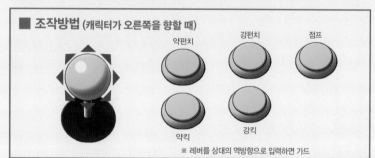

■ 조작방법 (캐릭터가 오른쪽을 향할 때)

약펀치　강펀치　점프

약킥　강킥

※ 레버를 상대의 역방향으로 입력하면 가드

▲ 등장 캐릭터가 6명으로 적은 편이지만, 그래픽은 매우 훌륭하다. 같은 시기의 타사 타이틀들과 비교해도 전혀 뒤지지 않는다.

▲ 점프는 버튼을 눌러야 하지만 방어는 레버 조작식인 등, 전반적으로는 2D 게임 감각의 조작계다.

▲ 캐릭터 전원에게 장풍계 기술이 있다. 모아쓰기 식이지만, 상대가 조금이라도 위치를 바꾸면 커맨드가 성립되지 않는다.

■ 캐릭터

M.E.K
'Mechanical Enforced Command'의 약칭인 유럽 용병. 전쟁에서 부상을 입어 사이보그 수술을 받았다. 자신을 전장에 파견한 지배자에 복수를 맹세한다.

예거
세계 최속·최강의 전사가 되기 위해 직접 개조 수술을 받아 사이보그가 된 독일의 전직 전투기 파일럿. 고속 비행할 수 있다.

지니
전투의 스릴에 중독돼 버린 여성 격투가. Gymnastic Supporter로 민첩성을 올려, 적의 빈틈을 노려 공격한다.

터드
사무라이 스피릿을 지닌 미국인으로서, 뇌참검·풍운환이라는 일본도 두 자루를 휘두르는 이도류의 달인. 정신력을 믿으며, 번개를 조종한다.

블러드
유전자 조작으로 태어난 괴인으로서, 신축성 있는 손톱과 예리한 지느러미가 무기다. 싸움을 본능화했으며 독액을 토해내는 파워형 캐릭터.

골라이어스
토목작업용 강화복에 빼돌린 군용 무기를 조합한 파워 슈트를 입고, 노동자들의 기대를 한몸에 받으며 싸운다. 움직임은 둔하나 공격이 강력한 편이다.

RAM-X
보너스 스테이지 다음에 등장하는 이 게임 최강의 적 캐릭터. 속도가 빠른 데다 강력한 미사일 공격까지 하는 로봇이다.

RULER
RAM-X 다음에 등장하는 최종 보스. 자신은 이동하지 않고 총알만 쏘아대지만, 그리 강한 편은 아니다. 이 녀석을 쓰러뜨리면 엔딩이 나온다.

셀 애니메이션풍의 그래픽이 특징
버닝 라이벌

● 1993년 7월　　● 세가 엔터프라이지스(개발·발매)

세가 최초의 아케이드 2D 대전격투 게임

　셀 애니메이션풍의 미려한 그래픽이 눈을 사로잡는 타이틀. 세가가 개발한 최초의 본격 대전격투 게임으로서, 32비트 CPU를 탑재해 2차원 표시 성능이 뛰어난 '시스템 32' 기판으로 제작했다.

　미국의 중소도시 '데스티니 시티'에서 개최되는 격투대회에서 우승해야 한다는 설정으로서, 8명의 캐릭터 중 하나를 골라 플레이한다. 제한 시간이 화면 최상단에 막대 게이지 형태로 표시되는 것이 특징이며, 조작계는 8방향 레버+6버튼식으로서 이른바 「스트리트 파이터 Ⅱ」 방식이다. 필살기 커맨드도 파동권·승룡권 등과 유사해, 시스템이 매우 전형적인 편이다.

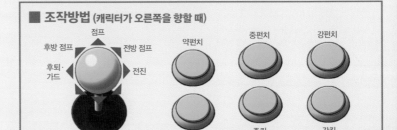

■ 조작방법 (캐릭터가 오른쪽을 향할 때)

점프 / 후방 점프 / 전방 점프 / 후퇴·가드 / 전진 / 앉기 / 약펀치 / 중펀치 / 강펀치 / 약킥 / 중킥 / 강킥

▲ 미국의 중소도시와 일본의 상점가 등, 여러 세계관이 섞여있다. 공격뿐만 아니라 방어 시에도 득점을 얻는다.

▲ 기판에 2D 표시 성능으로 정평이 난 '시스템 32'를 도입했다. 캐릭터는 애니메이션풍으로서 비주얼의 명암이 뚜렷하다.

▲ 조작 방식은 대체로 캡콤의 「스트리트 파이터 Ⅱ」와 유사한 시스템을 적용했다. 가드 경직이 매우 짧다는 특징은 있다.

■ 캐릭터

아놀드
가라테 파이터. 스승을 죽인 것을 후회하며 수행 여행 중이라는 설정이지만, 눈에 띄게 언동이 도발적인 것을 보면 별로 반성하지 않는 것 같기도 하다.

빌
전직 미식축구 선수로서, 은퇴 후 프로레슬러를 거쳐 뒷세계의 경호원이 되었다. 조직과 연을 끊으려면 돈이 필요해서 대회에 참가했다.

크레이즈
길거리 싸움꾼인 청년. 자신의 실력을 알아보려 대회에 참가했다. 실은 대부호의 아들이지만, 부모에게 반발하여 가출한 것이다.

잭슨
모히칸 헤어스타일이 돋보이는 현 킥복싱 챔피언. 자신이 최강임을 증명하기 위해 대회에 참가했다.

미스터 친
중국권법 파이터. 몸집이 작고 트리키한 캐릭터이며, 대회에 우승하면 상금으로 자신이 경영하는 라멘가게를 확장하려 한다.

산타나
속도감 있는 움직임과 뛰어난 공격력의 루차도르 파이터. 중병에 걸린 여동생의 수술비 마련을 위해 대회에 참가했다.

신겐
무사의 망령이 갑옷에 빙의된 형태의 파이터. 잡기의 리치가 길고 위력도 강하다. 덕분에 기본 잡기만으로도 클리어가 가능한 강력한 캐릭터.

아스카
행방불명된 오빠를 찾아, 자신의 유파 '무은류'의 문외불출'이란 철칙을 깨고 세계를 떠도는 쿠노이치. 오빠를 찾기 위해 대회에 참가했다.

세계 최초의 3D 대전격투 게임

버추어 파이터

● 1993년 12월　　● 세가 엔터프라이지스(개발·발매)

■ 격투 게임계 일대에 지각변동을 일으키다

현재의 모든 3D 대전격투 게임의 원점이라 할 수 있는 타이틀. 3D 폴리곤으로 캐릭터 및 스테이지를 입체화하여 구현한 세계 최초의 게임으로서, 출시 당시 처음 본 사람들에게 커다란 충격을 주었다.

사용 가능한 캐릭터는 8명. 조작계는 8방향 레버에 가드·펀치·킥 3버튼만으로 심플하게 구성했고, 시스템적으로는 상·중·하단 공격을 기본으로 하여 간격싸움과 잡기, 가드와 심리전 등 양 플레이어에게 상대의 행동을 예측해야 유리해지는 고도의 수읽기를 요구한다. 프레임 단위의 공방을 확립시킴으로써, 대전격투 게임의 세계에 새로운 가능성을 제시한 작품이다.

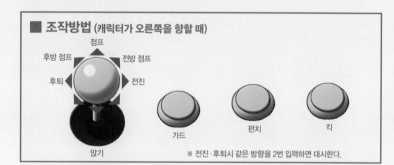

■ 조작방법 (캐릭터가 오른쪽을 향할 때)

점프
후방 점프　전방 점프
후퇴　전진
앉기
가드　펀치　킥

※ 전진·후퇴시 같은 방향을 2번 입력하면 대시한다.

▲ 캐릭터는 물론이고, 스테이지까지 3D화한 대전격투 게임. 기술이 히트할 때의 묵직한 중량감은 모두를 놀라게 했다.

▲ '기술 발생 속도'나 '먼저 움직이는 쪽'을 따져, 확실하게 대미지를 주는 국면을 노리는 '프레임 공방'을 확립시킨 작품이기도 하다.

▲ 최종보스 '듀랄'은 기존 격투 게임의 보스에서는 없었던 여성적인 디자인이 특징. 맨몸의 인체 모델링도 당시엔 매우 신선했다.

■ 캐릭터

아키라
명문 도장인 '유키 무관' 출신. 할아버지가 창시한 팔극권 기반의 무술을 계승하려 수행 여행하던 도중, 대회에 참가한다.

파이
홍콩의 액션스타. 아버지 '라우'를 증오하여, 그가 격투 토너먼트에 참가한다는 소식을 듣고 대회 참가를 결심한다.

라우
유명 요리사이자 최강의 무투가이지만, 가족을 돌보지 않았다. 아내가 죽고 딸이 집을 나가자, 무술에 심취해 격투 토너먼트에 참가한다.

울프
무적의 프로레슬러. 강적을 찾아 여러 단체를 전전했지만 진적이 없어, 아직 만나지 못한 강적을 찾아 대회에 참가한다.

제프리
호주에 사는 어부. 상어가 배를 파괴하여 고기잡이를 할 수 없게 됐다. 배를 새로 만들 비용이 필요해 대회에 참가한다.

카게마루
닌자 '하가쿠레' 일족의 10대 당주. 모친은 행방불명되었고, 부친은 의문의 조직의 흉탄에 쓰러졌다. 의문의 조직을 쫓아 대회에 참가한다.

사라
오빠의 사고를 조사하다 알게 된 악의 조직에 납치돼 버렸다. 이후 조직에 세뇌를 당해, 재키를 암살하기 위해 대회에 출장하게 된다.

재키
자신이 당한 사고를 조사하던 중 악의 조직을 알게 된다. 이를 조사하기 위해, 악의 조직이 배후에 있다고 의심되는 대회에 출전한다.

텍스처 매핑을 사용한, 시리즈 최대 히트작

버추어 파이터 2

● 1994년 11월 ● 세가 엔터프라이지스[개발·발매]

THE ULTIMATE 3D FIGHTING ACTION! INTO THE NEXT LEVEL!

■ 캐릭터 동작도 한층 더 진화하다

세가의 최신 기판 'MODEL2'로 제작된, 시리즈 제2탄. '텍스처 매핑' 기술을 도입해 표현력이 상승했고, 초당 57.5프레임 덕분에 캐릭터의 모션도 부드러워져 시리즈 최대 히트작이 되었다. 일본 전국에서 강호 게이머가 등장해 게임잡지 등에 소개되며 유명세를 떨친 것도, 이 작품에서 처음 벌어진 일이다.

캐릭터는 전작에 이어 등장하는 8명에, 당랑권을 사용하는 '리온'과 취권의 '슌디'가 신규 등장했는데, 둘 다 개성적이면서도 트리키한 모션으로 화제가 되었다. 1995년에는 버그를 수정하고 게임 밸런스를 조정한 「버추어 파이터 2.1」도 가동되었다.

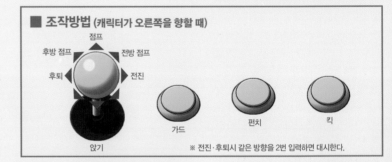

■ 조작방법 (캐릭터가 오른쪽을 향할 때)

점프
후방 점프　　전방 점프
후퇴　　　　　전진
앉기

가드　　　펀치　　　킥

※ 전진·후퇴시 같은 방향을 2번 입력하면 대시한다.

▲ 시스템은 일부 기술을 제외하고는 복잡한 커맨드가 없어, 캐릭터의 특성과 움직임을 체득하는 것이 중요해졌다.

▲ 팔극권·당랑권·절권도 등, 이 시리즈의 캐릭터들이 사용하는 유파는 당시엔 비교적 널리 알려지지 않았던 것이 많다.

▲ 이 작품부터 등장하는 당랑권의 '리온'과 취권의 '슌디'는 모두 독특한 모션이 특징이다. 기존의 2D 격투 게임엔 없던 모션들이다.

■ 캐릭터

아키라

자신의 미숙한 실력을 깨닫고 수련하다. 제2회 격투 토너먼트 개최 소식을 듣고 참가를 결심한다.

파이

제2회 토너먼트 개최와 라우의 출전 소식을 듣고, 이번에는 꼭 라우를 쓰러뜨리려고 대회에 참가한다.

라우

제1회 토너먼트에서 우승했지만 납득하지 못하고 계속 수행하던 중이다. 제2회 개최를 알고 참가를 다짐한다.

울프

제1회 대회에서 아키라와 우정을 쌓는다. 제2회에선 아키라와 자웅을 겨루기 위해 참가한다.

제프리

제1회 대회의 상금으로 새 배를 건조해 사탄 샤크에 덤볐으나 지고 말았다. 상금을 노려 다시 참가한다.

카게마루

납치된 모친이 조직의 전사로 지내고 있다는 정보를 얻어, 제2회 격투 토너먼트에 참가한다.

사라

지난 대회에서 재키에게 패배한 후, 조직에 더욱 강한 세뇌를 당해 다시 토너먼트에 참여하게 됐다.

재키

지난 대회에서 사라 구출에 실패한 뒤, 제2회 격투 토너먼트 개최 소식을 듣고 사라를 구하러 참가한다.

슌디

술기운에 제2회 격투 토너먼트 참가를 선언해버린 후, 어쩔 수 없이 대회에 참가하고 만다.

리온

자산가의 아들. 격투 토너먼트에서 우승하면 자유를 허락한다는 아버지의 말에 따라, 대회에 참가한다.

골든 액스 더 듀얼

● 1995년 1월　　● 세가 엔터프라이지스(개발·발매)

마법의 항아리를 모아 '하이퍼 매직' 발동!

인기 벨트스크롤 액션 게임 「골든 액스」의 캐릭터들을 사용한 2D 대전격투 게임. 「골든 액스 : 데스 애더의 복수」로부터 80년 후가 무대로서, '길리우스 선더헤드'의 희생으로 물리치는 데 성공했던 '데스 애더'가 부활했다. 골든 액스를 둘러싼 싸움이 다시 시작된다.

시리즈 역대 작품에 등장했던 캐릭터들의 후손 7명에, 신 캐릭터 3명이 추가 등장한다. 조작 방식은 8방향 레버+6버튼식으로서 「스트리트 파이터 Ⅱ」스타일이다. 대전 도중 입수할 수 있는 마법의 항아리를 사용하면 파워 업하며, 파워 업된 상태일 때는 필살기 '하이퍼 매직'을 사용 가능하다.

■ 조작방법 (캐릭터가 오른쪽을 향할 때)

후방 점프　점프　전방 점프
후퇴·가드　　전진
앉기

약펀치　중펀치　강펀치
약킥　중킥　강킥

※ 전진·후퇴시 같은 방향을 2번 입력하면 대시한다.

▲ 등장 캐릭터들 중, '데스 애더' 외에 기존 캐릭터는 전혀 없다. 대신, 그들의 후손 혹은 이름을 이어받은 캐릭터들이 나온다.

▲ 시리즈 전통의 마법은, 대전 도중 등장하는 난쟁이가 도둑을 쓰러뜨려 입수하는 마법의 항아리를 5개 소비해 발동한다.

▲ 조작은 8방향 레버+6버튼 방식을 채택했다. 이 작품 이후, 세가의 2D 대전격투 게임은 2014년까지 명맥이 끊기게 된다.

■ 캐릭터

카인 블레이드

이 게임의 주인공. 전쟁고아였지만 한 검사가 그를 거두어 검술을 가르쳤다. 죽을 장소를 찾아 싸움에 몸을 던진다.

밀란 플레어

아마조네스 '티리스 플레어'의 여동생의 자손. 데스 애더로부터 왕국을 지키기 위해 싸움에 뛰어든다.

길리우스 록헤드

길건 마을 최강의 용사. 시리즈 이전작의 드워프와 이름은 같지만, 별개 인물이다. 흉사의 원인을 봉인하려 싸운다.

조마

이 게임의 오리지널 캐릭터. 하늘에 뜬 섬에 사는 마술사라는 점 외엔, 모든 것이 의문투성이다.

도크

이 게임의 오리지널 캐릭터. 동쪽 섬나라에서 수행했으며, 도를 무기로 쓴다. 약혼자의 복수를 위해 싸움에 참가한다.

킬

이 게임의 오리지널 캐릭터. 엘프와 인간의 혼혈로서. 단검 이도류 검사이자 얼음의 마법사다.

잼

이 게임의 오리지널 캐릭터. 수신(獸神) 데가스가 키운 소녀다. 데가스를 부활시키고 싶어서 싸움에 도전한다.

판쵸스

대장장이의 아들로서 발명이 취미. 골든 액스의 구조가 너무 궁금해, 직접 만든 폭탄을 들고 싸움에 참가한다.

그린

데스 애더 군의 노예가 되어 전쟁에 이용당해 온 거인족 유일의 생존자. 인간이 되기 위해 싸운다.

데스 애더

역대 3번째로 등장하는, 시리즈 전통의 최종 보스. 뱀의 화신이며, 골든 액스를 강탈해 포악한 짓을 일삼는다.

「버추어 파이터」의 그래픽을 리뉴얼

버추어 파이터 리믹스

● 1995년 4월　　● 세가 엔터프라이지스(개발·발매)

■ 텍스처 매핑으로 다시 태어났다!

세가센터 호환 아케이드 기판 'ST-V' 기반으로 제작된 타이틀. 새턴판 「버추어 파이터」를 기반으로 삼아, 폴리곤 모델링 전체에 텍스처 매핑을 추가한 작품이다. 아케이드 가동일과 거의 같은 시기에, 세가센터으로도 이식되어 '100만 대 기념 패키지' 본체에 번들 소프트 형태로 발매됐다(후일 게임 단품으로도 발매했다).

카메라 앵글도 추가로 조정하고 링에 BG 화면을 사용하는 등, 전작에서 두드러졌던 폴리곤 부족을 최대한 감춰 보완했다. 게임 내용 자체는 큰 변경점이 없기에, 「버추어 파이터」와 동일한 감각으로 플레이할 수 있다.

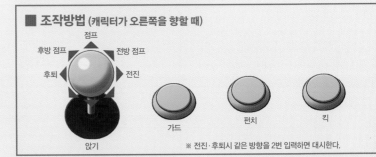

■ 조작방법 (캐릭터가 오른쪽을 향할 때)

점프 / 후방 점프 / 전방 점프 / 후퇴 / 전진 / 앉기

가드　펀치　킥

※ 전진·후퇴시 같은 방향을 2번 입력하면 대시한다.

▲ 패키지 커버 및 캐릭터 선택 화면 등의 2D 일러스트는 일러스트레이터이자 만화가인 테라다 카츠야가 담당했다.

▲ 원작인 새턴판 「버추어 파이터」에 텍스처 매핑을 입힌 정도라, 플레이 감각과 공략법도 원작과 거의 같다고 보면 된다.

▲ 그래픽풍이 「버추어 파이터 2」에 가까워졌고 카메라 앵글 조정 등이 개선되어, 폴리곤이 부족한 느낌을 최소화했다.

■ 캐릭터

아키라
명문 도장인 '유키 무관' 출신. 할아버지가 창시한 팔극권 기반의 무술을 계승하려 수행 여행하던 도중, 대회에 참가한다.

파이
홍콩의 액션스타. 아버지 '라우'를 증오하여, 그가 격투 토너먼트에 참가한다는 소식을 듣고 대회 참가를 결심한다.

라우
유명 요리사이자 최강의 무투가이지만, 가족을 돌보지 않았다. 아내가 죽고 딸이 집을 나가자, 무술에 심취해 격투 토너먼트에 참가한다.

울프
무적의 프로레슬러. 강적을 찾아 여러 단체를 전전했지만 진적이 없어, 아직 만나지 못한 강적을 찾아 대회에 참가한다.

제프리
호주에 사는 어부. 상어가 배를 파괴하여 고기잡이를 할 수 없게 됐다. 배를 새로 만들 비용이 필요해 대회에 참가한다.

카게마루
닌자 '하가쿠레' 일족의 10대 당주. 모친은 행방불명되었고, 부친은 의문의 조직의 흉탄에 쓰러진다. 의문의 조직을 쫓아 대회에 참가한다.

사라
오빠의 사고를 조사하다 알게 된 악의 조직에 납치돼 버렸다. 이후 조직에 세뇌를 당해, 재키를 암살하기 위해 대회에 출장하게 된다.

재키
자신이 당한 사고를 조사하던 중 악의 조직을 알게 된다. 이를 조사하기 위해, 악의 조직이 배후에 있다고 의심되는 대회에 출전한다.

파이팅 바이퍼즈

근미래 배경으로, 화려하고 코믹한 3D 배틀이 펼쳐진다

● 1995년 11월　　● 세가 엔터프라이지스(개발·발매)

신규 시스템, '아머 파괴'!

개성이 강한 8명의 캐릭터가 화려한 배틀을 펼치는 3D 대전격투 게임. 근미래의 도시 '암스톤 시티'를 무대로 삼아, 등장하는 '바이퍼' 중 1명을 골라 다른 바이퍼와 결투한다.

모든 캐릭터가 아머를 착용하고 있다는 것이 이 게임의 특징으로, 상대의 아머를 파괴하는 데 성공하면 큰 대미지를 줄 수 있다. 바이퍼가 엄청난 높이로 점프하거나 공중에서 낙법 자세를 취하기도 하는 등, 리얼리티와는 동떨어진 전투가 벌어진다. 상대를 벽으로 몰아 벽까지 부수며 멀리 날려버리는 등의 호쾌한 연출도 속출하여, 「버추어 파이터」와는 색다른 방향성을 제시했다.

■ 조작방법 (캐릭터가 오른쪽을 향할 때)

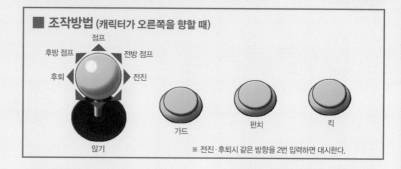

점프 / 후방 점프 / 전방 점프 / 후퇴 / 전진 / 앉기 / 가드 / 펀치 / 킥

※ 전진·후퇴시 같은 방향을 2번 입력하면 대시한다.

▲ 아머는 상반신·하반신으로 나뉘며, 상대의 공격을 받으면 각각의 내구치가 감소하고, 바닥나면 점멸한다.

▲ 상대의 아머가 점멸 중인 상태에서 '아머 파괴 기술'을 히트시키면 아머가 파괴된다. 이후부터는 방어력이 낮아져 큰 대미지를 입는다.

▲ 링 사방에 철망을 친 '철망 데스매치'를 도입했다. 한쪽이 벽으로 몰렸을 경우 공격·방어 기술이 상황에 맞게 변화한다.

■ 캐릭터

반
바다 너머 섬나라의 서쪽 마을 출신인 고교생. 아버지를 찾아 암스톤 시티로 왔다. 기술은 적지만 파괴력이 압도적이다.

토키오
가부키 배우 집안 출신. 엄격한 교육에 반발해 동네 폭력단에 들어갔지만, 지금은 홀로 행동 중. 히트수가 많고 연속기도 다채롭지만 공격력은 낮다.

락셀
록밴드 'DEATH CRUNCH' 의 기타 겸 보컬. 미남 캐릭터로서, 일렉트릭 기타를 타격이나 잡기에 활용하는 등 제법 실전적이다.

산맨
의문투성이인 사람으로서 과묵한 편. 숫자 '3'(일본어로 '산')을 좋아해 '산맨'이라 불린다. 중량급 잡기 캐릭터로서, 타격기도 강한 편이다.

피키
주니어 하이스쿨에 다니는 스케이트보드 소년. 동급생의 관심을 끌려고 스케이트보드를 시작했다. 경량급으로, 트리키한 모션이 많다.

그레이스
패션모델이자 스케이트 퀸인 흑인 여성. 인라인스케이트를 사용한 회전계 발차기 등, 화려한 기술이 많다.

제인
군인을 지망하는 여성. 해병대를 가려고 하이스쿨 시절부터 강철 근육으로 단련했다. 움직임은 둔하지만, 타격기와 잡기가 풍부하다.

허니
고양이를 좋아하는 코스프레 마니아로, 의상 디자이너를 꿈꾸는 내성적인 소녀. 자작 드레스를 입으면 성격이 돌변한다. 하단 기술이 특기.

코믹한 2등신 캐릭터들이 펼치는 본격 배틀

버추어 파이터 키즈

● 1996년 3월 　　● 세가 엔터프라이지스[개발·발매]

10명의 캐릭터 + 듀랄이 등장

　어린이와 대전격투 게임 초보자를 대상으로 제작한, 타이틀명대로 어린이용 「버추어 파이터」. 기본적인 컨텐츠는 세가새턴판 「버추어 파이터 2」 기반이지만, 캐릭터를 큼직한 머리와 짧은 다리의 SD형 캐릭터로 교체했다. 게임 속도가 조금 빨라져서, 플레이 감각이 원작인 「버추어 파이터 2」와는 다소 차이가 있다. 오리지널 시스템으로서 오토 가드화와, 버튼 연타로도 기술이 나가는 '키즈 모드'를 도입하여 초보자라도 대전의 재미를 만끽할 수 있도록 했다. 또한 타 업종 기업과의 타이업(제휴) 개념을 도입하여, 게임 내 광고로서 오츠카 비버리지 사의 자와티(역주 ※) 등 실제 음료수 상품이 등장한다.

■ 조작방법 (캐릭터가 오른쪽을 향할 때)

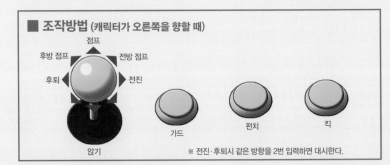

점프 / 후방 점프 / 전방 점프 / 후퇴 / 전진 / 앉기 / 가드 / 펀치 / 킥

※ 전진·후퇴시 같은 방향을 2번 입력하면 대시한다.

▲ 기본적으로 새턴판 「버추어 파이터 2」 기반이지만, 캐릭터 모델링을 팔다리가 짧은 2등신 체형으로 변경했다.

▲ 이 작품에서 도입한 '키즈 모드'는 간단한 조작으로도 대전이 가능한 시스템으로서, 이름처럼 어린이나 미경험자를 배려했다.

▲ 게임 내의 각종 글자도 한자를 배제하고 히라가나·가타카나만 사용했으며, 동글동글한 폰트로 부드러운 이미지를 연출했다.

■ 캐릭터

아키라

시리즈 전반의 주인공이자 상징적 존재. 유키 팔극권의 실력자로서, 밤낮없이 수행하는 무도가다.

파이

연청권을 구사하는 영화배우. 가족을 등한시한 아버지(라우)에게 복수하기 위해 대회에 참가했다.

라우

호연권의 달인이자 유명 요리사. 자신이 불치병에 걸렸음을 알고, 후계자를 찾으려 대회에 참가했다.

울프

캐나다 국적의 프로레슬러. 무패로 프로레슬링을 떠난 후, 라이벌을 찾기 위해 토너먼트에 참가했다.

제프리

호주 국적의 어부. 사탄 샤크가 파괴한 배를 새로 건조하기 위해 대회에 참가했다.

카게마루

하가쿠레류 인술의 닌자. 괴조직 'J6'로 인해 '듀랄'이 되어버린 어머니를 구하려 토너먼트에 참가했다.

사라

미국 국적의 대학생. J6에게 납치되어 세뇌당한 후, 재키를 살해하기 위해 자객으로 파송된다.

재키

미국 국적의 절권도 실력자. 여동생 사라를 지키기 위해 J6와 싸우고 있다. 본업은 인디카 레이서.

슌디

취권 실력자인 노인. 행방불명된 애제자를 찾아서 직접 세계 격투 토너먼트에 출전한다.

리온

프랑스 대부호의 상속자로서, 당랑권 실력자. 순수하게 자신의 실력을 확인하고자 대회에 참가한다.

역주 ※: 동아오츠카에서 1997년부터 현재까지 판매 중인 '데자와'가, 이 음료의 한국판.

가상의 도쿄에서 벌어지는, 갱들 간의 불법 격투시합

라스트 브롱크스 도쿄 번외지

● 1996년 6월　　● 세가 엔터프라이지스(개발·발매)

■ 무기를 사용하는 폴리곤 대전격투

　스트리트 갱들 사이의 항쟁을 테마로 삼은 3D 대전격투 게임. 등장하는 캐릭터 8명 모두가 각자의 전용 무기를 사용하여 싸운다.

　기본 시스템은 「버추어 파이터」의 8방향 레버+3버튼식을 답습했지만, 거의 모든 타격기 동작 도중에 가드 버튼으로 캔슬하여 다른 공격으로 연결시킬 수 있는 '어택 캔슬', 상단·중단 공격을 피해 상대와의 거리를 좁히는 '구르기' 등의 독자적인 시스템도 도입했다. 스테이지도 시부야·하라주쿠 등 실제 도쿄 명소들의 당시 풍경을 따왔고, 시부야 109·JAL 등 실존 기업이 참여한 게임 내 광고도 나온다.

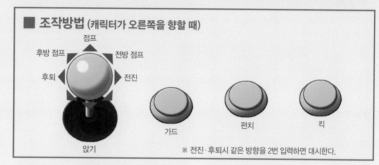

■ 조작방법 (캐릭터가 오른쪽을 향할 때)

점프
후방 점프　　전방 점프
후퇴　　　　　전진
앉기

가드　　펀치　　킥

※ 전진·후퇴시 같은 방향을 2번 입력하면 대시한다.

▲ 이 게임의 상징인 '어택 캔슬'은, 성공하면 첫 기술이 신속하게 발동되는데다 다채로운 콤보나 연속기로 연결할 수 있다.

▲ '구르기'는 펀치·킥·가드 3개 버튼을 동시에 눌러 발동한다. 상단·중단 잡기 기술을 회피 가능하지만, 하단 공격에는 약하다.

▲ 스테이지가 벽으로 막혀있기에 링 아웃 개념이 없다. 게다가 벽에 몰려 공방중일 때는 공중 콤보가 강력해진다는 특징이 있다.

■ 캐릭터

쿠도 유사쿠
이 작품의 주인공. 붉은 오토바이 슈트를 착용하고 라이더 팀 'NEO SOUL'을 이끈다. 삼절곤을 활용하는 육탄전이 중심.

이나가키 죠
라이더 팀 '신주쿠 MAD'의 리더. 과거 쿠도 유사쿠와 같은 조직에 있었다. 쌍절곤과 체술을 사용한 근접전이 특기.

쿠사나미 리사
밴드 'ORCHIDS'의 드럼 담당. 종합무술 쿠사나미 도장의 사범대리이기도 하다. 더블 스틱을 사용한 연속기가 특기.

토미에 히로시
시부야의 스케이터 팀 'HELTER SKELTER'의 리더. '배틀 스틱'이라고 이름 붙인 곤봉을 휘두르며 교묘한 기술을 구사한다.

코우노 요코
서바이벌 게임 팀 'G-TROOPS'의 멤버. 두 개의 톤파를 휘두르며 킥과 연속기로 싸우는 것이 특기다.

쿠로사와 토오루
롯폰기의 건달 그룹 '롯폰기 야수회'의 리더. 출생·경력은 일체 불명. 목검을 쓰지만, 검도와 전혀 무관한 아류 무술이다.

호죠 나기
여성폭력단 '도그마'의 리더. 코우노 요코에게 강한 흥미를 품는다. 쌍차 두 자루가 무기이며, 긴 다리를 이용한 킥도 특기.

자이모쿠 사부로
지역 자경단 '카츠시카 덤프스터즈'의 리더. 공사현장에서 불량배들을 갱생시키곤 한다. 무기는 해머. 호쾌한 잡기 기술도 사용한다.

소닉 캐릭터를 사용한 3D 대전격투 게임

소닉 더 파이터즈

● 1996년 6월 　　● 세가 엔터프라이지스(개발·발매)

SONIC'S FIGHTING ACTION DEBUT

▌ 배리어의 타이밍이 승패와 직결된다

　세가를 대표하는 인기 타이틀 「소닉 더 헤지혹」 시리즈의 캐릭터들이 싸우는 3D 대전격투 게임. 닥터 에그맨의 야망을 저지하기 위해, 스페이스 셔틀에 탈 '최강'의 캐릭터를 정한다는 스토리다.

　기본 시스템은 8방향 레버+3버튼식. 다만, 세가의 다른 3D 대전격투 게임에서 익숙했던 가드 버튼이 '배리어' 버튼으로 바뀐 것이 특징이다. 시스템 측면에서는 「버추어 파이터 3」보다 앞서 '회피' 개념을 도입했다. 주요 특징으로서 앞서 언급한 '배리어'를 비롯해, 배리어 1회분을 소모하여 고속으로 이동하는 '하이퍼 모드'가 있다.

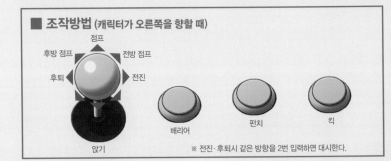

■ 조작방법 (캐릭터가 오른쪽을 향할 때)

점프
후방 점프　　전방 점프
후퇴　　전진
앉기

배리어　　펀치　　킥

※ 전진·후퇴시 같은 방향을 2번 입력하면 대시한다.

▲ 이 작품의 최대 특징인 '배리어'는 한 시합 내에서 5회까지 사용 가능. 다 써 버리면 다음 라운드에서도 회복되지 않는다.

▲ 하이퍼 모드를 사용하면 일시적으로 속도가 빨라진다. 하이퍼 모드 발동 중에는 하이퍼 기술을 한 번만 사용할 수 있다.

▲ 「버추어 파이터 3」보다 앞서 '회피' 개념을 도입했다. 지근거리에서 세 버튼을 동시에 누르면 상대의 배후로 이동한다.

■ 캐릭터

소닉
파란색 고슴도치 소년. 공격은 몸을 둥글게 말아 점프해서 직접 부딪치는 것과, 몸을 둥글게 만 상태로 대시하는 '스핀 어택'의 2종류다.

테일스
소닉의 친구이자 동생 격인 노란색 여우 소년. 꼬리를 회전시켜 비행할 수 있다. 데모 화면에서는 직접 개발한 메카닉에도 탑승한다.

팽
아공간에 사는 트레저 헌터로서, 늑대와 날다람쥐의 혼혈이다. 총기로 원거리 공격하는 것이 특기이다.

빈
붉은 스카프를 두른 딱따구리 소년. 장거리 공격이 무려 4종류나 된다. 다만, 폭발에 자신도 휘말릴 가능성이 있다.

바크
니트 모자를 쓴 북극곰 소년. 체격이 크고 공격력이 강한 게 특징이며, 가드 크러시 등의 효과가 있는 잡기 기술을 사용한다.

에스피오
탐정사무소를 경영하는 녹색 카멜레온. 허로 공격하기에 리치가 길고 기동성도 좋다. 참고로, 허는 무기로 간주되므로 반격받을 수 있다.

에이미
소닉의 걸프렌드를 자칭하는 고슴도치 소녀. 자기 체격만한 거대 해머를 꺼내들어 공격한다.

너클즈
소닉의 친구이자 라이벌인 빨간색 가시두더지 소년. 주먹의 가시를 벽에 꽂아 올라가거나, 가시를 벌려 활공하는 등의 액션이 가능하다.

버추어 파이터 3

● 1996년 9월　　　● 세가 엔터프라이지스(개발·발매)

신 기판을 도입해 그래픽이 대폭 진화

세가의 신 기판 'MODEL3'로 개발된, 인기 시리즈의 제3탄. 캐릭터는 「버추어 파이터 2」까지의 10명에, 합기유술을 쓰는 '우메노코지 아오이'와 스모 선수 '타카아라시'를 추가했다. 그래픽 질감이 한층 더 향상되었고, 스테이지는 기존의 사각 링 형태에서 벗어나 지역별로 다양한 형태로 디자인되었으며, 특히 지형에 따른 고저차(언듈레이션) 개념을 도입한 것이 특징이다.

조작계의 경우, 기존의 8방향 레버 +3버튼식에 새로 '이스케이프'(회피) 버튼을 추가한 덕분에 유저가 임의로 축이동을 할 수 있게 되었다. 덕분에 현실의 격투에 가까운 입체적인 공방이 가능해졌으나, 그런 만큼 시스템이 복잡해져 전작만큼 호평받지 못했다.

■ 조작방법 (캐릭터가 오른쪽을 향할 때)

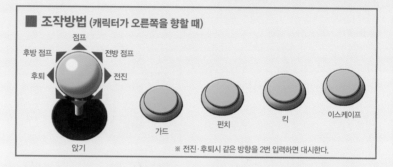

점프
후방 점프　　전방 점프
후퇴　　　전진
앉기
가드　　펀치　　킥　　이스케이프

※ 전진·후퇴시 같은 방향을 2번 입력하면 대시한다.

▲ 이스케이프 버튼으로 상대의 공격을 피할 수 있어, 실제 격투기에 가까운 심리전이 가능해졌다.

▲ 바닥에 높낮이가 있는 동굴과 광활한 사막 등, 다양한 스타일의 스테이지가 등장한다. 고저차와 벽을 이용하는 전략도 필요해졌다.

▲ 잡기 모션을 추가했고, 커맨드 잡기를 푸는 커맨드도 신설했다. 덕분에 이스케이프와 가드 경직을 조합시킨 기술이 발전했다.

■ 캐릭터

| 아키라 | 파이 | 라우 | 울프 | 제프리 | 카게마루 |
| AKIRA | PAI | LAU | WOLF | JEFFRY | KAGE |

| 사라 | 재키 | 슌디 | 리온 | 아오이 | 타카아라시 |
| SARAH | JACKY | SHUN | LION | AOI | TAKA-ARASHI |

3:3 팀 배틀제를 채택한 마이너 체인지판

버추어 파이터 3tb

● 1997년 9월 　　● 세가 엔터프라이지스(개발·발매)

같은 캐릭터끼리도 팀으로 편성 가능

　「버추어 파이터 3」가 출시된 지 1년 후에 가동된 마이너 체인지판. 타이틀 명 뒤에 붙은 'tb'는 글자 그대로 '팀 배틀'의 줄임말로서, 「버추어 파이터 3」에 등장하는 캐릭터들 중에서 3명을 편성해 3:3 단체전으로 플레이하는 게임이다. 동일한 캐릭터 2~3명을 한 팀에 넣는 것도 가능하므로, 자신 있는 캐릭터로만 팀을 꾸릴 수도 있다.

　시스템은 「버추어 파이터 3」를 바탕으로 약간 조정한 정도로서, 기본적으로는 큰 변경점이 없기에 당연히 같은 전법을 사용할 수 있다. 팀 배틀제를 도입한 의도는 제대로 적중해, 전작의 난해함에 질려 떠났던 플레이어들을 어느 정도 다시 불러 모으는 데 성공했다.

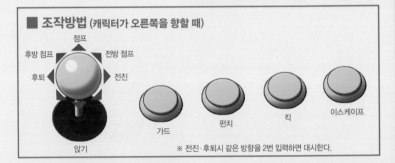

■ 조작방법 (캐릭터가 오른쪽을 향할 때)

점프
후방 점프　　전방 점프
후퇴　　　　전진
앉기

가드　　펀치　　킥　　이스케이프

※ 전진·후퇴시 같은 방향을 2번 입력하면 대시한다.

▲ 이 작품의 팀 배틀 시스템은 토너먼트전과 유사해, 한 라운드가 끝나면 우승한 쪽의 캐릭터가 살아남는 식이다.

▲ 최종적으로 한쪽의 캐릭터 전원이 패배한 시점에서 승부가 끝난다. 승리한 캐릭터는 다음 라운드에서 체력이 회복된다.

▲ 팀 배틀의 체력 회복량은 해당 라운드의 잔여시간에 비례한다. 상대를 빨리 물리치면 회복량이 많아지고, 타임 오버라면 매우 적어진다.

■ 캐릭터

아키라 　파이 　라우 　울프 　제프리 　카게마루

사라 　재키 　슌디 　리온 　아오이 　타카아라시

파이팅 바이퍼즈 2

● 1998년 3월　　　● 세가 엔터프라이지스(개발·발매)

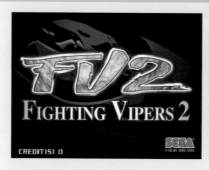

화려함과 게임성, 양쪽을 공존시키다

최신 기판 'MODEL3'로 제작한 시리즈 제2탄. 전작의 2년 후를 무대로, 시장이 벌이는 '바이퍼 사냥'에 저항한다는 스토리다. 등장하는 바이퍼는 전작의 8명에, 새로 3명이 참전했다.

모든 캐릭터에 신규 시스템 '하단 가드 어택'이 추가되었으며, 지상에서만 쓸 수 있고 아머 내구치가 깎이지 않는 가드인 '테크 가드'도 사용할 수 있다. 아머를 직접 해제했거나 상·하 아머가 모두 파괴된 상태에서 특정 기술로 상대방을 이기면 회오리나 운석이 등장하는 화려한 연출 후에 2라운드 완승으로 처리되는 '슈퍼 KO'도 추가되었다.

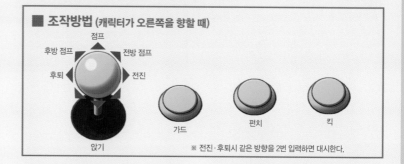

■ **조작방법** (캐릭터가 오른쪽을 향할 때)

점프 / 후방 점프 / 전방 점프 / 후퇴 / 전진 / 앉기

가드　펀치　킥

※ 전진·후퇴시 같은 방향을 2번 입력하면 대시한다.

▲ 기판으로 '버추어 파이터 3'와 동일한 MODEL3를 채택하여, 아머의 금속성 광택과 코스튬의 질감이 향상되었다.

▲ 신규 바이퍼로, 전작의 히든 캐릭터였던 '말러'와 함께 '에미'와 '찰리'를 추가했다. 총 11명이 등장한다.

▲ 상·하 아머가 모두 해제된 상태에서 특정 기술로 승리하면 2라운드 분을 선취하는 '슈퍼 KO'가 추가되었다.

■ **캐릭터**

에미

곰 인형을 등에 멘 소녀. 특수 포즈인 '잠자기'에서 파생되는 다채로운 기술을 사용한다.

반
반스톤 시티를 다시 찾아와, '빅 말러'와의 결전에 나선다.

피키

전작에선 최약체 급이었던 스케이트보드 소년. 이 작품에선 대폭 업그레이드되었다.

제인

트레일러 운전사로 취직했지만, 꿈을 버리지 못하고 '바이퍼 사냥'에 맞선다.

락셀
'바이퍼사냥'의 영향으로 라이브가 불가능해져, 다시 라이브를 하기 위해 바이퍼 사냥에 맞선다.

말러

암스톤 시티를 떠난 후 복면 레슬러가 되었다. 잡기 기술이 다수 추가되었다.

그레이스

탑 클래스의 밸런스를 자랑하는 강력한 캐릭터가 되었다. 싯스핀의 위력은 실로 대단하다.

산맨
전작의 최강 캐릭터. 이번 작품에선 잡기 콤보가 추가되었지만, 사실상 상급자용이다.

허니

유명 코스프레이어로 뜨기 위해, 자진하여 바이퍼 사냥에 맞서 싸우기 시작했다.

토키오

바이퍼 사냥 과정에서 붙잡힌 옛 동료를 구하려, 은퇴를 철회하고서 맞서 싸운다.

찰리

자전거를 등에 멘 소년. 자전거에 탄 자세에서 파생되는 전용 기술을 구사한다.

B.M.

암스톤 시티의 악랄한 시장이자, 말러의 아버지. '감옥 섬'에 살고 있다.

어린이의 방 안에서 인형들이 싸우는 3D 격투 게임

토이 파이터

● 1999년 9월   ● 앵커(개발) / 세가 엔터프라이지스(발매)

■ 대전 규칙에 '포인트제'를 도입

히어로·개구리·동물 등의 장난감 인형들이 대전하는 이색 타이틀. 등장 캐릭터 9명은 저마다 개성적인 컨셉으로 디자인된 장난감 인형이며, 스테이지는 어린이의 방 안이라는 설정이다.

시스템은 「버추어 파이터」 시리즈와 동일한 8방향 레버+3버튼식이다. 최대 특징은 실제 격투기 경기와 유사한 '포인트제'의 도입으로서, 일반적인 공격을 맞으면 라이프 게이지가 줄어들며, 게이지가 바닥나 다운되면 하트 모양의 라이프 포인트가 1개 소모되고, 던지기에 걸리면 2개나 소모된다. 매우 판이한 시스템으로 인해, 기존 격투 게임과는 다른 긴장감을 맛볼 수 있다는 점이 이 작품의 매력이라 하겠다.

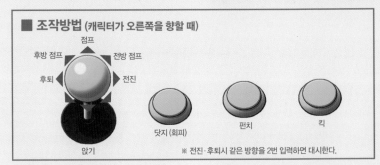

■ 조작방법 (캐릭터가 오른쪽을 향할 때)

- 점프
- 후방 점프
- 전방 점프
- 후퇴
- 전진
- 앉기
- 닷지 (회피)
- 펀치
- 킥

※ 전진·후퇴시 같은 방향을 2번 입력하면 대시한다.

▲ 얼핏 기존 격투 게임과 엇비슷해 보이지만, 라이프 게이지 아래에 하트 모양의 라이프 포인트 5개가 표시된다.

▲ 라이프 포인트는 다운되거나 특수공격(잡기 등)을 받으면 깎인다. 보통 1개 단위이지만, 봄버 등의 큰 공격은 단숨에 3개가 날아가기도.

▲ 이 작품의 가드는 「버추어 파이터」 등에 채용되었던 버튼식이다. 세가의 격투 게임에선 친숙한 방식이기도 하다.

■ 캐릭터

구시켄
격투 게임의 주인공이 흔히 그렇듯, 공격력·스피드 모두 밸런스 중시형인 올라운드 캐릭터다.

루
파워는 그저 그렇지만 대신 가볍고 빠른 체술이 무기인 다크니스 메두사. 쓰기 쉬운 캐릭터다.

심벌즈
일반 캐릭터 중에선 가장 몸집이 큰 파워형 애니멀 뮤지션. 공격 범위가 넓고 공격력도 강하다.

피트
몸집이 작지만 운동능력은 뛰어난 경량급 캐릭터. 몸이 가벼운 만큼 모션이 트리키한 것이 장점.

개구리맨
욕실의 친구인 개구리맨. 원거리에서 뛰어 들어오는 기술이 특기지만, 잡기 횟수에 제한이 걸린다는 결점도 있다.

네지버드
새대가리에 앙상한 골격만 달아놓은 전동 로봇 인형. 누가 쓰느냐로 인상이 달라지는 테크닉계 캐릭터다.

히어로
공격력이 강하고 타격력이 뛰어난 크라임 파이터. 호쾌함을 중시하는 플레이어에게 맞는 캐릭터다.

미후네
칼을 무기로 휘두르는 검술이 강점인 무사도 인형. 펀치 버튼을 길게 누르면 검을 사용해 공격한다.

비타민
미니스커트+앞치마에 머리띠를 끼고 부츠+글러브를 착용한, 뭔가 괴상한 옷차림의 키친 프린세스.

토이 킹
일반 캐릭터를 6명 격파하면 등장하는 최종 보스. 심벌즈를 능가하는 중량급 캐릭터로서, 방어력도 높은 편이다.

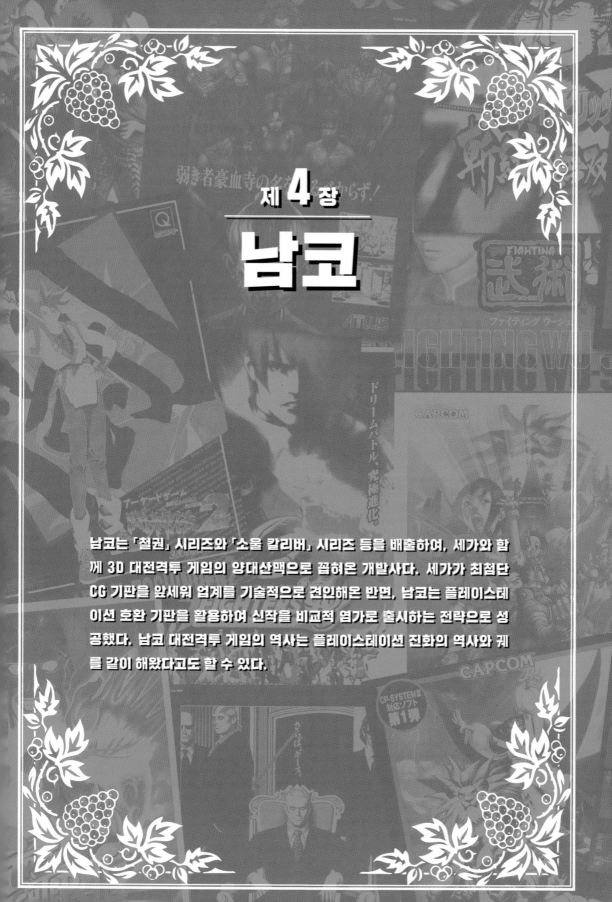

제 **4** 장

남코

남코는 「철권」 시리즈와 「소울 칼리버」 시리즈 등을 배출하여, 세가와 함께 3D 대전격투 게임의 양대산맥으로 꼽혀온 개발사다. 세가가 최첨단 CG 기판을 앞세워 업계를 기술적으로 견인해온 반면, 남코는 플레이스테이션 호환 기판을 활용하여 신작을 비교적 염가로 출시하는 전략으로 성공했다. 남코 대전격투 게임의 역사는 플레이스테이션 진화의 역사와 궤를 같이 해왔다고도 할 수 있다.

너클 헤즈

● 1993년 3월　　　● 남코(개발·발매)

최대 4명까지 동시에 대전 가능

남코가 개발한 첫 대전격투 게임. 당시 남코가 주력하던 '최대 4인 동시 플레이'계 타이틀 중 하나로서, 조작계로 8방향 레버+3버튼식을 적용했다. 앉기 동작이 없고 점프를 버튼으로 발동하기에, 레버 조작은 좌우 이동과 기술 커맨드 입력으로만 사용한다. 다만 1:1 대결 이외의 상황이라면 화면 안쪽이나 바깥쪽으로도 이동할 수 있다.

캐릭터는 총 6명이라 적은 편이긴 하나, 보이스로 하야시바라 메구미, 미츠이시 코토노 등 유명한 인기 성우를 기용했다. BGM도 인기가 많아, 일부 곡이 훗날 자사의 음악 게임 「태고의 달인」 시리즈에 수록되기도 했다.

■ 조작방법 (캐릭터가 오른쪽을 향할 때)

후퇴·가드　　전진

상단 공격

하단 공격

점프

※ 공격 버튼을 누르고 있으면 기를 모은다.

▲ 시청자 참여형 TV 프로라는 설정이 있어, 전투의 승자는 큰돈과 명예를 얻고 시청자 역시 일확천금을 벌 수 있다는 식이다.

▲ CPU전은 총 9스테이지, 등장 캐릭터 5명을 이긴 후 CPU와 1:2로 3라운드를 싸운다. 마지막엔 골드 컬러의 본인 캐릭터와 대전한다.

▲ 등장 캐릭터는 마약수사관부터 액션 스타에 바이킹까지, 개성 넘치는 인물들뿐이다. 성우진도 꽤나 호화롭기 그지없다.

■ 캐릭터

| 롭 빈센트 | 타케시 후지오카 | 크리스틴 먀오 | 그레고리 다렐 | 클라우디아 실바 | 블래트 베이크 |

미국 대재벌의 외동아들. 아버지의 회사를 재건하려, 거액의 상금을 노리고 '너클 헤즈'에 도전한다.

사슬낫을 사용하는 일본인 닌자. 인터폴의 마약수사관이며, 일개 참가자로 프로에 참가해 단독 잠입 수사한다.

중국 출신이며 봉술에 능한 인기 액션 스타. 자신의 기술이 진짜임을 증명하려 '너클 헤즈'에 도전한다.

바이킹의 피를 이어받은 노르웨이인. 이혼을 청구한 아내의 우승을 저지시키기 위해 출전을 결심한다.

파격적인 비키니 아머를 입은 여전사. 자연을 사랑하는 환경보호운동가로서, 상금으로 밀림을 몽땅 사들이려 한다.

싸움과 여자밖에 모르는 그리스의 해머 격투가. 거액의 상금을 노리고 '너클 헤즈'에 출전한다.

독특하고 개성 강한 캐릭터가 인상적인 제1탄

철권

● 1994년 12월　　● 남코(개발·발매)

온갖 패러디 범벅인 등장 캐릭터들

「버추어 파이터 2」와 같은 시기에 가동된, 남코 최초의 3D 대전격투 게임. 좌우 팔다리를 각각 별개의 버튼에 배치한다는 참신한 조작계를 채용했고, '가드불능기'와 '10단 콤보' 등의 독자적인 요소를 도입했다.

캐릭터로는 조작 가능한 8명에 CPU 전용 캐릭터 9명까지, 총 17명이 등장한다. 각 캐릭터는 개별 프로필은 물론이고 다른 캐릭터와의 관계성까지도 세세하게 설정했고, 캐릭터별로 각자에 대응되는 라이벌 캐릭터가 중간보스로 등장한다. 또한 조작 감각이 2D 격투 게임에 더 가까운 것도 특징으로서, 테크닉보다는 상대 기술을 잘 읽어내는 것이 승부를 결정하는 요소다.

■ 조작방법 (캐릭터가 오른쪽을 향할 때)

점프 / 후방 점프 / 전방 점프 / 후퇴·가드 / 전진 / 앉기

좌펀치 / 우펀치 / 좌킥 / 우킥

※ 전진·후퇴시 같은 방향을 2번 입력하면 대시한다.

▲ 2D에 가까운 감각의 3D 대전격투 게임이란, 당시엔 꽤나 희귀한 디자인이었다. 특히 가드가 레버 조작인 것이 한몫했다.

▲ 3D 공간을 활용한 무한 필드를 도입했기에, 타사 3D 대전격투 게임과 달리 링 아웃 개념이 없다.

▲ 캐릭터 모델의 주먹을 큼직하게 키운 것도 독특했다. 공격이 히트하면 불꽃이 튀는 등, 연출도 파격적이고 화려하다.

■ 캐릭터

미시마 카즈야
미시마 재벌 당주 '미시마 헤이하치'의 아들. 미시마 재벌을 물려받으려 하기보단 빼앗으려고 대회에 참가했다. 우승 후 3대 당주가 된다.

폴 피닉스
바짝 세운 금발머리와 빨간 도복이 인상적인, '우주 최고의 격투가'가 목표인 미국인. 폴의 쿠권은 「철권」을 상징하는 기술로 유명하다.

마샬 로우
요리사이자 마샬 아츠의 달인. 자신을 널리 알려 마샬 아츠 도장을 열기 위한 자금을 확보하려 대회에 참가한다.

니나 윌리엄스
긴 금발머리가 특징인 미인. 헤이하치를 죽이려 온 암살자로서, 아버지에게 배운 골법술과 어머니에게 전수받은 합기도를 사용한다.

킹
재규어 복면을 뒤집어쓴 멕시코인 프로레슬러. 고아원 경영자이기도 해, 경영에 필요한 자금을 벌려고 대회에 참가했다.

잭
모히칸 헤어가 트레이드마크인, 러시아가 제작한 전투용 안드로이드. 카즈야의 쿠데타 계획을 저지하기 위해 파견되었다.

요시미츠
의적집단 '만당'의 두목으로서, 캐치프레이즈는 '가짜 우주 닌자'. 재벌의 돈을 가난한 사람들에게 나눠주려고 대회에 참가했다.

미셸 창
중국인 아버지와 북아메리카 원주민 어머니를 둔 혼혈 여성. 미시마 재벌에 살해당한 아버지의 원수를 갚으려 대회에 참가했다.

「버추어 파이터 2」와 쌍벽을 이룬 대히트작

철권 2

● 1995년 8월　　● 남코(개발·발매)

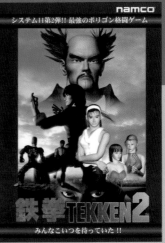

전작을 바탕으로 그래픽을 향상시키다

전작이 출시된 후 1년도 못 돼 발표된 시리즈 제2탄. 개발기간이 짧았음에도 그래픽 품질을 획기적으로 향상시킨 것이 최대의 특징이다.

캐릭터로는 보스 및 어나더 캐릭터를 포함해 총 23명이 등장한다. 신규 캐릭터인 '카자마 준'과 '레이 우롱'을 시작으로 하여, 전작의 보스였던 헤이하치를 기본 캐릭터로, 카즈야를 보스 캐릭터로 서로 교체했다. 기본 시스템은 전작을 따른다. 캐릭터의 모션이 부드러워졌고, 모델링은 실제 인체에 가까운 비율로 수정했다. 두 버전이 존재하는데, 최초에 출시된 'Ver.A'와, 2개월 후 일부 밸런스 붕괴성 기술을 수정하여 출시된 'Ver.B'로 나뉜다.

■ 조작방법 (캐릭터가 오른쪽을 향할 때)

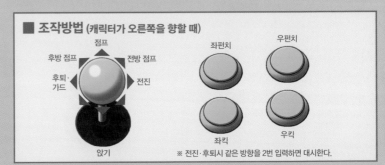

점프　좌펀치　우펀치
후방 점프　전방 점프
후퇴·가드　전진
앉기　좌킥　우킥

※ 전진·후퇴시 같은 방향을 2번 입력하면 대시한다.

▲ 신 캐릭터로 '카자마 준'과 '레이 우롱'을 추가했다. 전작의 캐릭터는 선형이 된 '잭' 외에는 전원이 그대로 재출전한다.

▲ 기판 가동이 시작된 후 일정 시간이 지나면 보스 캐릭터가 자동 개방되는 '타임 릴리즈'를, 아케이드 게임으로서는 최초로 도입했다.

▲ 모든 캐릭터에, 위력이 강한 배후 잡기를 비롯해 집기 풀기와 기상 시 옆구르기를 추가했다. 게다가 일부 캐릭터는 반격기까지도 있다.

■ 캐릭터

미시마 헤이하치

'철권왕'이란 별명이 있는 전 미시마 재벌 당주. 2년간 산에 틀어박혀 있다가. 재벌 탈환을 위해 모습을 드러냈다.

카자마 준

카즈야를 체포하려고 온 자연보호 단체의 감시관. 영감이 강해, 그의 신비로운 힘을 감지하고 있다.

레이 우롱

'슈퍼 폴리스'라는 별명의 홍콩 국제경찰 소속 형사. 5종류의 동물을 본따 창안한 오형권의 실력자다.

폴 피닉스

우주 최고의 격투가가 되려는 미국인 격투가. 지난 대회에서는 쿠마를 간신히 이기고는 기력을 소진해 우승을 놓쳤다.

마샬 로우

중국계 미국인 요리사 겸 권법가. 권법도장의 문하생을 습격한 범인에게 복수하려 대회에 참가했다.

니나 윌리엄스

여동생과의 싸움에 열중하다 지난 대회가 끝나버렸다. 이번에는 자매간의 싸움을 제대로 끝내려고 결심한다.

킹

재규어 복면을 쓴 프로레슬러. 아이들의 신뢰와 과거의 자신을 되찾기 위해 대회에 참가한다.

잭-2

잭의 2호이자 양산형인 안드로이드. 개발자인 보스코노비치 박사를 만나 인간으로의 개조를 부탁하려 참가한다.

요시미츠

의적 '만당'의 당수. 은인인 보스코노비치 박사를 미시마 재벌로부터 구출하기 위해 대회에 참가했다.

미셸 창

중국인과 북아메리카 원주민의 혼혈. 카즈야가 납치해간 어머니를 구출하려 대회에 참가했다.

112

무기를 휘두르며 싸우는 3D 무기 격투 게임

소울 엣지

● 1996년 4월　● 남코(개발·발매)

「철권」과 마찬가지로, 심리전을 중시하다

남코가 발매한 3D 무기 격투 게임. 16세기의 세계를 무대로, 전설의 검 '소울 엣지'를 둘러싸고 각국의 검객 10명이 싸운다는 스토리다. 등장 캐릭터는 최종 보스를 포함해 총 11명. 시스템은 8방향 레버＋4버튼식으로서, 화면에는 체력 게이지와 무기 게이지가 표시된다. 무기 게이지는 상대의 무기 공격을 방어할 때마다 감소하며, 게이지가 바닥나면 무기를 놓쳐버린다.

초기 버전의 출시 후 3개월 뒤에는, 선택 가능 캐릭터가 늘어나고 공중 콤보 등의 새로운 기술을 추가한 'Ver. Ⅱ'(역주 ※)가 출시되었다.

■ 조작방법 (캐릭터가 오른쪽을 향할 때)

점프 / 후방 점프 / 전방 점프 / 후퇴 / 전진 / 앉기

가드 / 횡베기 / 종베기 / 킥

※ 전진·후퇴시 같은 방향을 2번 입력하면 대시한다.
※ ↓↑로 바깥쪽 횡이동, ↑↓로 안쪽 횡이동

▲ 일본·중국·한국 등의 아시아부터 미국·유럽에 이르기까지, 여러 국적의 다채로운 캐릭터들이 등장해 대결을 벌인다.

▲ 전투는 횡이동을 활용하는 심리전 중심이다. 남코는 이 작품에서 횡이동을 처음 도입했고, 이후 「철권」 시리즈에도 반영했다.

▲ 「철권」 시리즈처럼, 캐릭터의 어나더 컬러는 코스튬까지 통째로 바뀐다. 배경의 성곽이나 신전 등의 그래픽도 준수하다.

■ 캐릭터

록
잉글랜드 출신인 거한으로서, 신대륙에서 자랐다. 기억 속의 '소울 엣지'라는 단어를 단서로, 자신의 뿌리를 찾아 여행한다.

타키
봉마의 마을 출신의 여닌자로서, 요괴 사냥이 생업이다. 직접 만든 애도(愛刀)를 더욱 강화시키려, '소울 엣지'를 찾고 있다.

소피티아
오스만 제국 출신의 소녀. 몸을 씻던 도중 헤파이스토스 신의 신탁을 받아, '소울 엣지'를 파괴하기 위해 여행을 떠난다.

미츠루기
비젠 국 출신의 검호. 전국에 이름을 떨치는 용병이 되었지만, 타네가시마(화승총)의 위협에 대항하려 '소울 엣지'를 찾는다.

지크프리트
신성로마제국 출신의 용병 기사대장. 자신이 범한 부친 살해의 현실을 부정한다. 존재하지 않는 원수에게 복수하려고 '소울 엣지'를 찾는다.

성미나
조선 출신으로서, 검술도장 사범대리의 딸. 아버지까지도 능가하는 참마도의 실력자. 구국의 검으로 알려진 '소울 엣지'를 찾는 중이다.

리 롱
명나라 출신의 암살자. '소울 엣지'에는 흥미가 없었지만, 은인인 소녀에게 해를 입힌 검객을 찾아, 모든 검객을 처단하기로 결의한다.

볼도
이탈리아 출신. 무기 상인의 심복이었지만, 화재로 인해 온몸을 붕대로 감은 모습이 되었다. 주인이 끝내 얻지 못한 '소울 엣지'를 찾는다.

역주 ※ : 'Ver.Ⅱ'에는 여기에 한국인 캐릭터 '황성경'(HWANG)과 중간보스 '세르반테스'가 레귤러로 추가된다.

113

철권 3

● 1997년 3월　　　● 남코(개발·발매)

캐릭터 대부분을 전격 세대교체

인기 시리즈의 제3탄. 신 기판 'SYSTEM 12'를 도입해, 전작 이상으로 고품질의 그래픽을 구현해낸 것이 최대의 특징이다.

전작으로부터 무려 19년 뒤라는 설정인지라, 등장 캐릭터는 폴 피닉스·니나 윌리엄스 등의 일부 예외를 제외하고 거의 전원을 세대교체했다. 시스템 면에서는 횡이동을 추가해 3D 격투 게임다운 공방을 구현했으며, 실존하는 격투가를 초빙하여 모션 캡처함으로써 자연스럽고 부드러운 동작을 만들어 냈다. 대대적인 개량 덕에, 이 작품은 이후에도 이어지는 「철권」 시리즈의 밑바탕이 되었다.

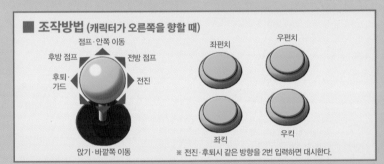

■ 조작방법 (캐릭터가 오른쪽을 향할 때)

점프·안쪽 이동
후방 점프　　전방 점프
후퇴·가드　　전진
앉기·바깥쪽 이동

좌펀치　　우펀치
좌킥　　우킥

※ 전진·후퇴시 같은 방향을 2번 입력하면 대시한다.

▲ 새로운 주인공으로 '카자마 진'이 등장했다. 마샬 로우의 아들부터 제2대 킹에 이르기까지, 대대적인 세대교체로 화제를 불러일으켰다.

▲ 조작은 전작과 대동소이하나, 모든 캐릭터에 '횡이동'을 추가했다. 횡이동이 가능해진 탓에 상대의 행동을 간파해야 하는 '전략성'이 깊어졌다.

▲ 각 캐릭터별 기술 수가 현격히 증가했고, 모션 캡처를 도입하여 이전작들을 능가하는 리얼한 모션을 구현해냈다.

■ 캐릭터

진

이번 작품의 주인공. 카즈야와 준 사이에서 태어난 자식이며, 어머니를 죽인 '투신'에게 복수하기 위해 대회에 참가했다.

샤오유

중국인 여고생. 헤이하치에게서 '우승하면 네가 원하는 대로의 유원지를 만들어 주겠다'라고 약속받았다.

화랑

젊은 태권도 권사. 미시마루 실전 가라테와 진에 라이벌 의식을 불태우며, 결판을 짓기 위해 대회에 참가했다.

에디

브라질 자산가의 아들로서 카포에이라 파이터. 아버지의 복수에 대한 단서를 찾아, 미시마 재벌에 접근하려 한다.

폴

자칭 우주 최고의 격투가. 46세까지 부지런히 수행을 거듭했으며, 이번 에야말로 대회 제패를 다짐한다.

로우

마샬 로우의 아들. 다른 유파와의 시합은 금지되어 있지만, 자신의 실력을 확인하기 위해 대회에 참가했다.

니나

지난 대회에서 미시마 재벌에게 붙잡혀 콜드 슬립 실험대상이 되었다. 진을 말살하려 대회에 참가했다.

킹

재규어 복면을 쓴 제2대 프로레슬러. 선대를 살해한 범인에게 복수하기 위해 대회에 참가했다.

요시미츠

의적 '만당'의 당수. 보스코노비치 박사의 목숨을 구하기 위해, 투신의 피를 입수하려고 대회에 참가했다.

레이

홍콩 국제경찰인 슈퍼 폴리스. 의문의 격투가 연쇄 실종사건 조사 의뢰를 받고서 대회에 참가했다.

스테이지를 자유롭게 누비는 신감각 3D 격투 게임

에어가이츠

● 1998년 2월   ● 드림 팩토리(개발) / 남코(발매)

「파이널 판타지 VII」의 주연 캐릭터도 등장

초대 「버추어 파이터」·「철권」에 참여했던 개발자가 제작에 참가한 3D 대전격투 게임. 보스를 포함해 총 12명의 캐릭터가 등장하며, 특히 「파이널 판타지 VII」에서 '클라우드'와 '티파'가 참전하여 큰 화제가 되었다.

조작계는 8방향 레버+4버튼식을 채용했다. 일반적인 대전격투 게임과 달리, 링뿐만 아니라 고저차가 있는 스테이지를 자유롭게 이동하며 싸우는 대전 액션 게임에 가까운 시스템을 채택한 것이 특징. 같은 개발사의 「토발 2」가 기반으로서, 저스트 프레임 개념을 도입했고 상대의 공격을 필살기 버튼으로 반격하는 '인터럽트' 등의 독자적인 시스템도 넣었다.

■ 조작방법

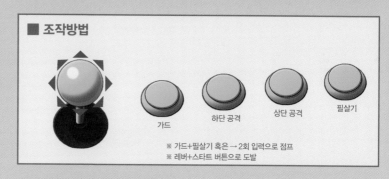

가드   하단 공격   상단 공격   필살기

※ 가드+필살기 혹은 → 2회 입력으로 점프
※ 레버+스타트 버튼으로 도발

▲ 말 그대로 필드를 자유 이동하므로, 카메라는 비스듬히 내려다보는 부감시점이다. 발판이 있어 점프가 필수인 스테이지도 있다.

▲ 이동의 자유도가 높은데다 가드도 풍부해, 확정적으로 들어가는 콤보는 거의 없다고 보면 된다. 결국 상대의 행동을 읽는 플레이가 기본이 된다.

▲ 「파이널 판타지 VII」의 주연 캐릭터인 클라우드·티파의 참전이 이 작품의 세일즈 포인트. 이들은 타임 릴리즈로 개방된다.

■ 캐릭터

미시마 켄
전직 레드 스콜피온 병사이자 야심가. 고대 유적의 정보를 확보한 후 퇴직해, 어느 재벌의 원조로 자신의 회사를 설립했다.

키시보진 요코
모험가 겸 격투가인 아버지와 키시보진류 무술 계승자인 어머니를 둔 소녀. 아버지의 편지와 ICPO의 지시로 격투 대회에 참가한다.

나짐
눈앞의 적은 무조건 쓰러뜨리고 보는 킥 복서. 에어가이츠나 고대유적의 비밀 따위엔 관심 없고, 격투대회는 실력을 측정하러 참가했다.

사스케
레드 스콜피온의 일원인 정체불명의 닌자. 잃어버린 기억을 되찾기 위해 에어가이츠를 획득하려 격투대회에 참가한다.

이서문
이씨 팔극권 창시자와 성명이 동일한 인물. 레드 스콜피온이 진시황릉에서 발견한 전설의 악당으로 소생시킨 본인으로 알려져 있다.

늑대소녀 죠
야생 늑대가 키워내, 일반인의 3배 이상의 신체능력을 지닌 소녀. 레드 스콜피온이 스카우트하면서 이름을 붙였다.

대셔 이노바
THE EHRGEIZ의 창시자 칼 슈나이더의 제자이자, 프로레슬링계 중진. 스승이 품은 의문과 자신의 충동에 따라 전설의 무기를 찾는다.

한대한
스턴트 대역 없이 연기하여 인기를 얻은 신진 액션 영화배우. 오른발은 의족이지만 아무도 그 사실을 모른다. 유적의 수수께끼에 이끌린다.

무기계 대전격투 게임의 최고 걸작으로도 호평받다
소울 칼리버

● 1998년 7월　　　● 남코(개발·발매)

3D 공간을 활용하는 고도의 심리전

남코가 제작한, 무기를 사용하는 3D 대전격투 게임의 제2탄. 전작 「소울 엣지」의 3년 후를 무대로, 사검 '소울 엣지'와 영검 '소울 칼리버'를 둘러싼 스토리가 전개된다. 등장 캐릭터는 타임 릴리즈 캐릭터 및 보스를 포함해 총 19명. 모든 캐릭터의 디자인이 훌륭하고, 보이스 캐스팅도 쟁쟁한 성우들 일색이다. 특징은 스테이지 전체를 8방향으로 자유 이동 가능한 '8WAY RUN' 시스템으로서, 공격 회피에 활용 가능함은 기본이고 이 자유이동과 조합해 사용하는 기술도 풍부하게 준비돼 있다. 3D 공간을 활용하는 심리전의 재미와 직감적인 조작으로, 격투 게임 팬들로부터 큰 호평을 받았다.

■ 조작방법 (캐릭터가 오른쪽을 향할 때)

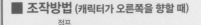

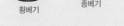

점프 / 후방 점프 / 전방 점프 / 후퇴 / 전진 / 앉기 / 가드 / 횡베기 / 종베기 / 킥

※ 전진·후퇴시 같은 방향을 2번 입력하면 대시한다.
※ 방향을 1회 입력시 스텝, 2회 입력 후 고정시 8WAY RUN

▲ 이 작품에서 가장 호평받은 시스템이 '8WAY RUN'. 기존의 횡이동 대신, 3D 공간을 8방향으로 자유롭게 이동한다.

▲ 등장 캐릭터는 총 17명으로서, 당시에도 많은 편에 속했다. 저마다 독특한 무기를 사용하며, 이에 상응하는 개성적인 능력을 지녔다.

▲ 기판은 「철권 3」와 동일한 SYSTEM 12로서, 모션 캡처를 도입해 자연스러운 동작을 구현했다.

■ 캐릭터

미츠루기 (역주 ※)

타네가시마에 대항할 무기를 찾아 여행하는 사무라이. 기술을 연마하면서 다시 '소울 엣지'를 쫓는다.

타키

요괴 사냥이 생업인 쿠노이치. '소울 엣지'를 파괴할 수 없음을 깨닫고는, 다시 싸움에 도전한다.

소피티아
신탁을 받은 여전사. '소울 엣지'의 파괴에는 성공했지만, 그 사검이 부활할 것임을 알고 다시 여행을 떠난다.

볼도

죽은 주인의 보물 창고를 지키는 맹인 파수꾼. 카타르를 사용하는 공격이 한층 더 기상천외해졌다.

나이트메어

'푸른 악몽'이라 불리며 공포의 대상이 된, '소울 엣지'의 새로운 소유자. 정체는 전작에 등장했던 지크프리트다.

아스타로스

사교(邪教) 집단이 만들어낸 거대한 개조인간. 전작의 록을 닮은 캐릭터로서, 마찬가지로 거대한 도끼를 휘두른다.

아이비

잉글랜드 몰락 귀족의 영애. 독자적인 구조의 사복검을 휘두르며, '소울 엣지'에 복수를 맹세한다.

킬릭
무술이 발달한 명나라 임승사에서 자란 봉술의 달인. '소울 엣지'의 영향으로 죽이고 또 누나의 원수를 갚기로 맹세했다.

샹화

명나라 왕조 친위대의 마스코트인 미소녀. '소울 엣지' 탐색 명령을 받고, 경극단원으로 위장하여 여행한다.

마키시

류큐의 해적단을 이끄는 남자. 쌍절곤을 사용하며, 단원의 원수를 갚기 위해 아스타로스와 괴물 군단을 쫓는다.

역주 ※: 한국 등의 일본 외 발매판은 모션과 무기가 동일하고 외모만 바뀐 '아더'(Arthur)로 교체되었다.

116

「스트리트 파이터 EX」의 연장선상에 있는 3D 격투 게임

파이팅 레이어

● 1998년 12월　　● 아리카(개발) / 남코(발매)

namco

뛰어난 밸런스의 숨겨진 명작

　「스트리트 파이터 EX」를 개발했던 아리카가 제작한 3D 대전격투 게임. 남코의 3D 기판 'SYSTEM 12'로 제작했으며, 독자적인 시스템을 도입했다. 캐릭터는 타임 릴리즈 및 보스를 포함해 총 21명이 등장하는데, 그중엔 상어·호랑이·매 등의 비인간 캐릭터들도 있다.

　조작은 8방향 레버 + 6버튼식이며, 「스트리트 파이터 EX」에는 없었던 대시·횡이동 개념을 도입했다. 특징이라면 대부분의 캐릭터가 저마다 성능 면에서 개성이 강한데도 게임 자체의 밸런스가 우수하다는 것으로서, 각자의 강·약점이 명확하면서도 연속기의 위력이 강하기에 어떤 캐릭터든 공평한 승부가 가능하다.

■ 조작방법 (캐릭터가 오른쪽을 향할 때)

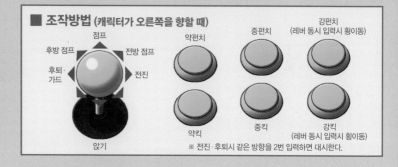

점프 / 전방 점프 / 후방 점프 / 후퇴·가드 / 전진 / 앉기

약펀치 / 중펀치 / 강펀치 (레버 동시 입력시 횡이동)

약킥 / 중킥 / 강킥 (레버 동시 입력시 횡이동)

※ 전진·후퇴시 같은 방향을 2번 입력하면 대시한다.

▲ 화면 하단의 '버리지 블로우 게이지'를 소비하여, 호쾌하고 화려한 초필살기 '버리지 블로우'를 발동할 수 있다.

▲ 특정한 일반기나 필살기로 결정타를 날리면 사용한 기술명이 화면에 큼지막하게 표시되는 '오토 네이밍 시스템'도 도입했다.

▲ 이 작품의 인기 캐릭터는 단연 블레어 데임. 자존심 강한 '아가씨' 계열 캐릭터로서, 가슴 사이즈는 일단 불명이지만 아무튼 크다.

■ 캐릭터

가토 테츠오

'가토류 공수한도'의 가라테 격투가. 강적을 찾아, 실력자들이 모이는 수수께끼의 섬을 방문한다.

엑소더스

절대적인 인기를 자랑하는 프로레슬러. 명실공히 프로레슬링계 최강을 목표로 삼는다.

죠지 젠센트

선글라스가 트레이드마크인 경찰관. 좌천되어 실태조사차 수수께끼의 섬을 찾아온다.

지그짓 바톨

몽골식 씨름을 토대로 삼은 격투기를 구사하는 남자 민족의 긍지를 걸고 싸운다.

홍길성

태권도를 사용하는 한국인 대학생. 도장에서 발견한 책을 통해 수수께끼의 섬을 알게 된다.

츠키카게 셋슈

'토가쿠시류 인법 개'를 사용하는 닌자. 닌자도·수리검·분동 등을 무기로 삼아 싸운다.

란잉화

중국권법을 사용하는 여고생. 수수께끼의 섬에서 자신의 선조가 활약했다는 이야기에 흥미를 느낀다.

카프리치오

'버섯식 전통 격투 예능'을 사용하는 격투가. 버섯을 무기나 약으로 활용하여 싸운다.

자니스 루치아니

암살격투술을 구사하는 여성. 경찰의 주요 감시대상으로서, 범죄자 취급받아 쫓기고 있다.

앨런 스나이더

자기류 가라테 격투가. 수수께끼의 섬을 방문하여, 우물 안 개구리 중 최강의 개구리가 되길 꿈꾼다.

산펑황

자기류 무술 구사자로서, 과거엔 좀도둑이었다. 점쟁이로부터 거래의 부를 얻는 방법을 듣게 된다.

블레어 데임

유럽의 대부호인 데임 가문의 외동딸. 충동적으로 수수께끼의 섬을 방문했다.

시간축도 적대관계도 없는, 이벤트성 타이틀

철권 태그 토너먼트

● 1999년 7월 ● 남코(개발·발매)

「철권」 1~3편의 캐릭터들이 총집합

　「철권」 시리즈의 캐릭터들 거의 대부분이 총집합해 격돌하는 스핀오프 타이틀. 2인 1조의 태그 팀 형태로 결투하는 것이 특징으로서, 팀 조합에 전혀 제한이 없으며 대전 도중 언제라도 '태그 체인지 버튼'을 눌러 교대할 수 있다. 등장 캐릭터는 총 33명. 팀의 두 캐릭터 중 하나라도 체력이 바닥나면 바로 해당 라운드가 패배 처리되므로, 상황에 맞춰 전략적으로 교대해야 한다. 교대는 캐릭터가 조작 가능한 상태라면 언제든 할 수 있어, 상대를 공중에 띄운 상태로 교대한 직후 곧바로 콤보를 연계하는 등 전반적으로 화려한 대전이 펼쳐진다.

■ **조작방법** (캐릭터가 오른쪽을 향할 때)

- 점프·안쪽 이동
- 후방 점프 / 전방 점프
- 후퇴·가드 / 전진
- 앉기·바깥쪽 이동
- 좌펀치　우펀치　체인지
- 좌킥　우킥

※ 전진·후퇴시 같은 방향을 2번 입력하면 대시한다.

▲ 등장 캐릭터는 「철권」 1~3편에 걸쳐 거의 전원을 망라한다. 덕분에 태그 조합도 수백 종류에 달한다.

▲ 신규 시스템으로서 '태그 체인지 버튼'을 도입했다. 캐릭터가 자유롭게 움직일 수 있는 상태라면 언제든 교대할 수 있다.

▲ '레이지 시스템'은 캐릭터의 체력 게이지가 빨갛게 점멸중인 상태일 때 일정 시간 공격력이 1.3배로 상승한다.

■ **캐릭터**

백두산	미셸	아머 킹	건 잭	안나	브라이언	헤이하치	간류	줄리아	준
샤오유	요시미츠	니나	로우	화랑	에디	폴	킹	레이	진

제 5 장

타이토

타이토는 2D·3D 격투 게임은 물론이고 권투를 소재로 삼은 「톱 랭킹 스타즈」와 공룡들이 대전하는 「다이노렉스」에 이르기까지, 기존 격투 게임들의 통념에 얽매이지 않고 다양한 시도와 시행착오를 모색했던 개발사다. 뛰어난 캐릭터성과 초보자도 손쉽게 접근할 수 있는 시스템으로 히트했던 「사이킥 포스」도, 그런 타이토다운 시행착오가 있었기에 탄생할 수 있었던 작품이라 하겠다.

불량배들을 무찔러, 돈과 명예를 얻어라!

바이올런스 파이트

● 1989년 4월   ● 타이토(개발·발매)

손에 잡히는 것은 뭐든지 써먹어라!

1989년 타이토가 출시했던 대전격투 게임. 1950년대 미국을 배경으로, No.1 파이터를 결정하는 대회 '바이올런스 파이트'가 개최된다. 플레이어는 상금과 명예를 얻기 위해 이 대회에 참가한다는 설정이다.

스테이지가 2차원 평면 형태로서 전후좌우로 자유롭게 이동할 수 있으며, 벨트스크롤 액션 게임처럼 바닥에 떨어져 있는 나무상자 등을 집어 올려 공격용으로 사용할 수 있는 것이 특징이다. 지금 시점에서 이 게임을 플레이하고 싶다면, PS2용 「타이토 메모리즈 하편」 혹은 '이그렛 II 미니'(역주 ※)를 입수하도록 하자.

■ 조작방법

펀치   점프   킥

▲ 큼지막한 캐릭터가 인상적인 대전 화면. 방향 레버를 잘 움직여 상대의 사각지대로 파고들자!

▲ 2스테이지 단위로, 호랑이와 싸우는 보너스 스테이지가 나온다. 이기면 펀치나 킥 중 하나를 골라 강화시킬 수 있다.

▲ 최종 보스는 생이별한 형제와의 대전이다. '형제를 쓰러뜨리고 상금을 받겠다는 거로군?'이라는 의미의 대사가 나오기도 한다.

■ 캐릭터

BAD BLUE

명예보다 돈을 원하는, 이 게임의 주인공. 게임 내에서 유일하게 스토리를 보여주는 캐릭터. 능력 자체는 평균치인 스트리트 파이터.

BEN SMITH

흑인 파이터. 권투 기반의 기술을 구사한다. 펀치와 점프를 동시에 누르면 펀치 연타를 날릴 수 있다.

LICK JOE

비만체형의 파워형 파이터. 4명 중 펀치와 킥의 공격력이 높은 편이다. 그 대신 스피드가 눈에 띄게 낮은 것이 특징.

LEE CHEN

쿵푸를 구사하는 중국계 미국인. 4명 중 가장 킥 공격력이 높다. 점프도 매우 우수해, 까다로운 캐릭터.

역주 ※: 타이토 사가 일본에서 2022년 3월 발매했던 미니 레트로 게임기. 타이토가 과거 출시했던 고전 아케이드 게임 40종을 수록했다. 한국에는 정규 발매되지 않았다.

모탈 컴뱃

● 1992년 9월　　　● 미드웨이(개발) / 타이토(일본 발매)

■ '페이탈리티'로 매니악한 인기를 얻다

　과격하고 잔혹한 묘사로 큰 화제가 되었던 인기 시리즈의 제1탄. 7명의 등장 캐릭터 중 하나를 골라, 고대로부터 이어져온 신성한 소림무도회를 제패하라. 실사영상을 디지털화해 제작한 캐릭터와, 상대를 잔혹하게 살해하는 '페이탈리티'(일본어판의 명칭은 '궁극신권')로 당대에 큰 파장을 낳았다.

　원래는 대히트한 저「스트리트 파이터 Ⅱ」의 붐에 편승해 제작된 느낌이 강한 작품이었지만, 실제 인물의 사진을 바탕으로 만든 리얼한 그래픽과 잔혹 묘사가 큰 인기를 낳아, 독자적인 입지를 구축했다. 본토인 북미에서 대히트했으나, 동시에 폭력적이고 과격한 내용으로 인해 사회문제로까지 비화함으로써 역사에 이름을 남기게 된다.

■ 조작방법 (캐릭터가 오른쪽을 향할 때)

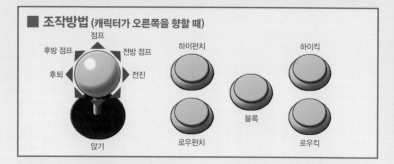

▲ 조작은 8방향 레버+5버튼식을 채택했다. 필살기 커맨드는 간단한 편으로서, 상하좌우 레버 조작과 버튼만으로 구성했다.

▲ 대전에 진 상대를 잔혹하게 죽인다는 특유의 '페이탈리티' 묘사는, 이후로도 이어지는 시리즈의 공통 아이덴티티로까지 발전한다.

▲ 잔혹 묘사뿐만 아니라 실사를 디지털화한 그래픽, 특정한 조건으로만 출현하는 숨겨진 보스 등의 참신한 요소도 있다.

■ 캐릭터

자니 케이지	케이노	라이덴	리우 캉	스콜피온	서브제로	소냐 블레이드

| 온갖 재능을 가졌고 쟁쟁한 권법가로부터 필살기를 배운 영화배우. 여러 위협으로부터 인류를 지키는 히어로다. | 범죄조직 '흑룡회'의 최고 간부. 안구를 개조한 것이 특징이다. 외계의 적 대세력과 손을 잡는 일이 많다. | 번개를 조종하는 인간계의 수호자. 인간계를 지킬 전사를 선발해 훈련시키며, 때로는 직접 참가하기도 한다. | 중국권법의 최고 비밀결사 '백련당'의 일원. 외계의 적대세력에 정복당한 인간계를 구하려 대회에 참가했다. | 저승에서 살아 돌아온 닌자. 본명은 하사시 한조. 자신·가족과 유파 '시라이 류'의 원수인 서브제로의 목숨을 노린다. | 중국의 닌자조직 '린 쿠에이' 소속의 전사로서, 얼음을 자유자재로 조종한다. 대회를 개최한 '생쑝'을 암살하려 참가했다. | 이 게임의 유일한 여성 캐릭터. 미군 특수부대의 중위로서, 케이노가 죄에 상응하는 벌을 받게 하기 위해 대회에 참가했다. |

다이노렉스

● 1992년 11월　　● 타이토(개발·발매)

미려하고도 대담한 유일무이의 세계관

　두 공룡이 일대일로 싸우는 이색적인 대전격투 게임. 「다라이어스 Ⅱ」 등을 제작했던 게임 디자이너, 센바 타카츠나의 연작인 '건 프론티어 프로젝트'의 제3탄에 해당한다. 인간과 공룡이 공존하는 지구를 무대로, 친숙한 공룡을 조작해 일대일 전투에서 승리하여 아마조네스 여왕을 차지할 만한 공룡의 왕 '다이노렉스'가 되어보자. 등장하는 공룡은 총 6종류. 조작은 8방향 레버+2버튼(물어뜯기와 꼬리 공격)식으로서, 우렁차게 포효하면 파워 게이지가 차올라 적을 날려버리거나 연속으로 공격할 수 있다. 대전격투 게임 여명기의 타이틀로서, 호쾌한 배틀을 즐길 수 있다.

■ 조작방법

물어뜯기　　꼬리

※ ↑↓로 점프

▲ 공룡이 일대일로 싸우는 게임인지라 캐릭터를 큼직하게 묘사했다. 캐릭터끼리 충돌하면 스테이지가 확장되는 연출도 있다.

▲ 무기로 쓸 수 있는 소형 공룡이나, 불을 뿜을 수 있는 알 등이 아이템으로 등장한다. 다만, 육식공룡은 그냥 통째로 삼켜버린다.

▲ 그래픽 묘사에 매우 공을 들여, 스테이지에 따라서는 벽이 파괴되면 관객들이 도망가는 연출이 나오기도 한다.

■ 캐릭터

알로사우루스

쥐라기에 서식했던 육식공룡. 공격력이 높고 스피드도 빠르다. 하지만 몸집이 작기에 리치가 짧아 상대가 쉽게 피한다.

파키케팔로사우루스

백악기에 서식했던 초식공룡. 공격력은 약하지만 필살기 성능이 좋아, 초보자에 적합한 공룡이다.

트리케라톱스

백악기에 서식했던 초식공룡. 돌진이 제법 강하지만, 전반적으로 필살기의 공격 판정이 느려 다루기 힘든 공룡이다.

케라토사우루스

쥐라기에 서식했던 육식공룡. 알로사우루스에 대공 필살기를 추가한 듯한 성능이다. 초보자가 다루기는 어려운 공룡.

스티기몰로크

백악기에 서식했던 초식공룡. 파키케팔로사우루스와 거의 동등한 성능을 자랑하지만, 필살기가 돌진 계열로 바뀌었다.

티라노사우루스

백악기에 서식했던 육식공룡. 최강의 이름에 걸맞은 공격력·방어력을 자랑하나, 스피드가 느려 공격이 까다롭다.

담백하기 이를 데 없는 권투형 대전격투 게임

톱 랭킹 스타즈

● 1993년　　　　● 타이토(개발·발매)

무차별급 대회에서 세계 정상을 노려라

자사의 아케이드 기판 'F3 시스템'으로 제작한 2D 대전격투 게임으로서, 새롭게 탄생한 '통일 세계 무차별급'이라는 체급에서 세계 제일의 복서를 노린다는 줄거리다.

등장 캐릭터는 6명으로서, 플레이어는 그 외의 5명과 싸운 후 5명 중 하나와 리턴매치를 벌인 다음에 CPU 전용 캐릭터 2명과 대결한다. 실제 권투처럼 상대의 주먹은 최대한 방어·회피하고 큰 공격은 차단하며, 빈틈이 보이면 놓치지 말고 제대로 카운터를 먹이는 것이 기본 전략이다. 필살기의 경우 특수한 모션이나 화려한 컷인을 넣는 등, 연출에도 신경을 썼다.

■ 조작방법 (캐릭터가 오른쪽을 향할 때)

 약펀치
 중펀치
 강펀치

※ 버튼을 누르고 있으면 방어

▲ 시스템은 8방향 레버＋3버튼식을 채택했다. 권투가 소재인 타이틀인지라 점프 개념은 없다.

▲ 실제 권투처럼, 대전 상태와의 접전 위주로 진행된다. 펀치도 잽·스트레이트·훅·어퍼컷으로 세분화돼 있다.

▲ 대전하기 전에는 실제 권투경기와 비슷한 링 어나운스 등, 경기장의 분위기를 재현하는 현장감 넘치는 연출이 펼쳐진다.

■ 캐릭터

카노 쇼이치
일본 국적의 인파이터로서, 72kg의 미들급 복서. 필살기는 빛을 내며 뻗는 어퍼컷과 스트레이트이며, 밸런스가 좋은 캐릭터다.

알데바란 니퍼
캐나다 국적의 아웃파이터로서, 58kg 슈퍼페더급 복서. 필살기의 리치가 긴 편이니, 상대의 바깥에서 펀치를 꽂아 넣는다.

스톰 바이퍼
브라질 국적의 풋워커. 체중은 58kg이며, 슈퍼페더급 복서. 빠른 풋워크로 간격을 조절하며 싸운다.

브루스 하시미코프
러시아 국적의 하드펀처. 90kg의 헤비급 복서다. 스피드는 느리지만, 한 방의 공격력이 강한데다 이기기 쉽다.

마이클 엘도라도
미국 국적의 불파이터. 99kg의 헤비급 복서. 필살기 커맨드가 쉬운 편이라, 조작하기 편한 캐릭터.

차나왕
장발과 현란한 트렁크스가 인상적인, 일본 국적의 가부키 복서. 헤비급이라 공격력이 강한데다. 장발을 휘둘러 기습하기도 한다.

탐싱 바오르타오
태국 국적의. 터프한 55kg 페더급 복서. 맷집이 좋아 좀처럼 쓰러지지 않는다. 스피드도 괜찮아, 다루기 쉽다.

리처드 하이머
영국 국적의 전 챔피언. 스트레이트와 바디 블로우를 필살기로 쓰지만, 발동 모션이 없다시피 해 판별이 어렵다.

사상 최강의 보스 캐릭터로 게이머들을 좌절시키다

카이저 너클

● 1994년 8월　　● 타이토(개발·발매)

■ 격투왕의 칭호는 내가 가져가겠다

　대전격투 게임 붐이 한창일 시기에 가동된, 「스트리트 파이터 II」의 편승작에 가까운 타이틀. 등장 캐릭터는 보스를 포함해 총 12명이다. 가라테부터 발도술에 닌자에다 폭주족까지, 다양한 스타일의 캐릭터들이 돈과 명성을 얻으려 싸운다는 스토리다.

　조작은 8방향 레버+6버튼식이라 당시로선 표준적이었으나, 일반공격은 위력이 5단계로 나뉘고 대전이 종료되면 의사가 상대의 상태를 진찰하는 등의 독특한 시스템도 도입했다. 또한 이 작품은 CPU 캐릭터의 반응속도가 빠른 것으로도 유명하며, 특히 최종 보스는 대전격투 게임의 역사를 통틀어 손꼽힐 만큼 강력했다.

■ 조작방법 (캐릭터가 오른쪽을 향할 때)

점프 · 후방 점프 · 전방 점프 · 후퇴·가드 · 전진 · 앉기

약펀치 · 중펀치 · 강펀치 · 약킥 · 중킥 · 강킥

▲ 이 작품은 일반 기술이 5단계로 나뉘어 있어, '약'·'중'·'강'공격에 더해 다른 버튼을 조합하는 형태로 '초'·'격'공격을 쓸 수도 있다.

▲ 화면 상단 좌우 끝에 '크래시 게이지'가 위치해 있다. 게이지가 꽉 찬 상태라면 다음에 맞히는 필살기의 위력이 강해진다.

▲ 최종 보스 '제너럴'은 격투 게임 역사상 최강·최악의 보스 캐릭터로까지 평가될 만큼 압도적으로 성능이 뛰어나고 강력하다.

■ 캐릭터

카즈야	리화	바츠	우룽

카즈야 — 대학생이자 가라테 파이터. 여름방학의 나른함을 참지 못하고, '격투대회' 개최 소식에 상금과 여성의 환심을 얻으려 참가를 결정했다.

리화 — 대만 발도술 도장주의 딸. 행방불명된 부친을 찾고, 파산 직전인 도장을 재건할 자금을 확보하려 '격투대회'에 참가했다.

바츠 — 폭주족의 리더. 사고로 의식불명이 된 애인의 수술비 금을 벌려, 막대한 상금이 걸렸다고 하는 '격투대회'에 참가했다.

우룽 — 암흑조직의 암살자. 죄책감을 품고서, 조직에서 손을 씻기 위한 자금을 벌고 자신보다 강한 존재를 찾기 위해 '격투대회'에 참가했다.

라이자	보기	겟코	J.맥코이

라이자 — 브라질 출신의 명랑소녀. 리우 카니발의 여왕을 목표로 삼아, 새 코스튬의 제작비 마련을 위해 '격투대회'에 참가했다.

보기 — 흑인 댄서. 연출과 인종차별에 가로막혀 오디션에서 번번이 탈락 중이다. 명예를 얻기 위해 '격투대회'에 참가했다.

겟코 — 무겐류 닌자의 후예이자 스턴트맨. 대회의 파격적인 상금에 눈이 먼 스승에게서 면허개전 전수를 약속받고 '격투대회'에 참가한다.

J.맥코이 — 권투선수. 챔피언과의 타이틀매치를 성사시킬 비용을 벌고 진정한 챔피언이 되기 위해 '격투대회'에 참가했다.

마르코 — 개조인간. 자신의 능력 과신을 경계해, 상금을 타낸 박사의 연구자금을 확보하여 인간이 되기 위해 '격투대회'에 참가한다.

사이킥 포스

● 1995년 10월　　● 타이토(개발·발매)

주요 공격수단은 타격과 장거리 공격

3D 공간을 360도로 종횡무진 이동하며 싸우는 신감각의 대전격투 게임. 캐릭터 전원이 초능력자라는 설정을 살려, 기존 게임에 없었던 입체적인 배틀을 펼친다. 특징은 멋지고 화려한 비주얼과 3D 공간을 제대로 활용하는 전투 시스템으로서, 이를 위해 상대가 어느 방향에 있든 직관적으로 입력할 수 있도록 기술 커맨드를 간략화했다. 1996년에는 히든 캐릭터를 사용할 수 있도록 한 「사이킥 포스 EX」도 출시되었다. 캐릭터 일러스트는 애니메이터 겸 만화가 오오누키 켄이치가 담당했다. 애니메이션풍의 멋진 캐릭터와 비극적 스토리가 화제를 낳아, 당시엔 일반적으로 오락실과는 인연이 없었던 여성과 애니메이션 팬 등을 끌어들이는 데 성공하여 새로운 고객층을 개척했다.

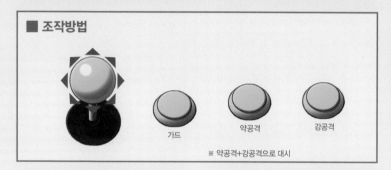

■ 조작방법

가드　　약공격　　강공격

※ 약공격+강공격으로 대시

▲ 필드는 사방이 결계(=벽)로 막혀 있는 정육면체 형태로서, 캐릭터는 이 내부를 360도로 자유롭게 이동하며 배틀한다.

▲ 화면 좌우에 있는 '사이코 게이지'는 초능력 기술이나 배리어 가드를 발동하면 소비되며, 세 버튼을 동시에 누르는 '사이코 차지'로 회복시킨다.

▲ 다른 격투 게임의 필살기에 해당하는 초능력 기술은 고유 커맨드로 발동한다. 배리어 가드를 전개하는 동안에는 반 무적상태가 된다.

■ 캐릭터

번 그리피스

불꽃을 다루는 사이킥커. 테러조직 '노아'의 총수가 둘도 없는 친구 키스임을 알고, 그의 야망을 저지해 제정신을 찾도록 하려고 싸움에 나선다.

웬디 라이언

호주인 여성으로서, 바람을 다룬다. 언니를 찾기 위해 당초에는 '노아'에 소속했었지만, 번과 만난 이후부터는 노아와 적대하는 입장이 된다.

에밀리오 미하일로프

빛을 다루는 사이킥커. 자기방어본능의 발동으로 도시를 파괴시킨 과거가 있다. '노아' 가입을 권유받았으나, 번과 함께 적대관계가 된다.

소니아

전기를 다루는 사이킥커. '노아'의 연구소에서 태어난 바이오로이드로서, 총수인 키스에게 충성과 사랑을 전력으로 드러내고 있다.

브래드 킬스턴

중력을 다루는 사이킥커. 온화함과 잔인함을 겸비한 다중인격자로서, 키스조차도 그의 살인 충동을 제대로 제어하지 못하고 있다.

리쿠도 겐마

'카게로야' 소속의 퇴마사로서, 밀교에서 유래한 주술을 쓴다. 사이킥커를 몬스터에 버금가는 위험물로 간주해, 인류를 위해 말살하려 한다.

게이츠 올트먼

미군의 사이킥커 대처용 사이보그 1호. 뇌를 제외한 모든 신체를 기계로 대체했다. 최우선 명령을 받고서 사이킥커를 공격한다.

리처드 웡

시간을 다루는 사이킥커. 홍콩의 어느 무역회사 사장의 사생아로서, 보유한 경제력과 영향력으로 노아를 이용해 세계를 장악하려 한다.

신카이다 테츠야로가 캐릭터 디자인을 맡은 작품
파이터즈 임팩트

● 1996년 9월　　● 폴리곤매직(개발) / 타이토(발매)

욕망이 휘몰아치는 격투기 대회, 개막

　타이토가 오랜 준비 끝에 출시했던 3D 대전격투 게임. 사용 가능 캐릭터는 8명으로서 비교적 적은 편이지만, 캐릭터별로 각각 3가지 무술 스타일을 제공하기에 이것까지 감안하면 다양성이 상당하다고도 볼 수 있다. '모션 슬라이드 콤보'라는 시스템을 도입한 것이 특징으로서, 한 콤보 내에서 같은 기술을 2번 쓰지만 않으면 무한으로 콤보를 연결할 수 있다. 반대로, 같은 기술을 2번 써버리면 '히트 상태'로 빠져 2초간 공격이 불가능해진다는 독특한 시스템이었다. 5개월 후 출시된 마이너 체인지판 「파이터즈 임팩트 A」에서는 히트 상태를 폐지하여 플레이하기 쉽도록 하였다.

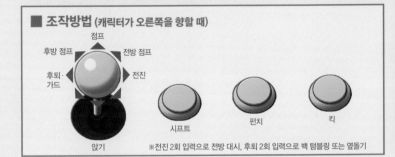

■ 조작방법 (캐릭터가 오른쪽을 향할 때)

점프 / 후방 점프 / 전방 점프 / 후퇴·가드 / 전진 / 앉기 / 시프트 / 펀치 / 킥

※전진 2회 입력으로 전방 대시, 후퇴 2회 입력으로 백 텀블링 또는 옆돌기

▲ 카에데의 메인 스타일인 타이토류 합기유술은 상대의 공격을 역이용할 수 있는 데다, 이른바 잡기 콤보까지 있다.

▲ 모션 슬라이드 콤보의 연결이 시작되면 캐릭터 이름 아래에 게이지가 나타난다. 히트 상태가 되면 게이지가 붉게 바뀐다.

▲ 이 게임의 세일즈 포인트는 모션 캡처로 제작한 리얼한 동작과, 이 모션들이 자유자재로 연결되는 시스템이다.

■ 캐릭터

카라스바 시로
메인 스타일은 벽괘권. 스승의 고뇌를 보다 못해, 동문인 바라조크를 쓰러뜨리려 여행을 떠난다.

카에데
세계 각지에서 무술가 참살 사건이 일어남과 동시에 아버지가 납치되었다. 아버지를 구하려 일어선다.

마크
파괴적인 성격의 중년 남자. 첫눈에 반한 여성이 의문의 격투가 집단에 납치된 것을 알고 구하러 나선다.

호넷
프로레슬링 챔피언. 동생을 인질로 잡고 승부조작에 가담했던 상대를 찾아내 명예를 되찾기 위해 일어섰다.

시레느
폴란드의 비밀 첩보원. 어느 조직을 조사하다 살해당한 동료의 뒤를 이어, 조직의 실태를 쫓는다.

베른하르트
유소년기 당시 바라조크의 눈을 멀게 만든 암살자. 의뢰를 받아. 이번엔 그의 목숨을 노리고 사건에 관여한다.

샌슨
자신이야말로 최강이라 믿는 자신감 강한 남자로서, 자신의 실력을 증명하려 참살 사건의 범인을 쫓는다.

유키오
바라조크 조직의 일원이었지만, 부하 라울에게 배신당했다. 원한을 품고서 라울을 쫓는다.

사이킥 포스 2012

● 1998년 6월   ● 타이토(개발·발매)

▌ 신규 시스템을 도입해, 룰이 복잡해졌다

　3D 공간에서의 360도 배틀로 화제를 모았던 「사이킥 포스」의 속편으로서, 이번엔 캐릭터 일러스트를 애니메이터 오사카 히로시가 담당했다. 전작의 2년 후를 무대로, 3대 세력으로 갈린 사이킥커들 간의 싸움이 시작된다.

　전작의 기본 시스템을 유지하면서도, '배리어 브레이크'·'슬라이드 대시'·'PSY 임펄스'라는 신규 시스템들을 도입해 새로운 공방전을 구현했다. 전작과 마찬가지로 여성과 애니메이션 팬들로부터 높은 지지를 받았으나 정작 그것이 게임 자체의 수익으로는 연결되지 못했기에, 아케이드를 통한 게임 시리즈 전개는 이 작품으로 끝나버렸다.

■ 조작방법

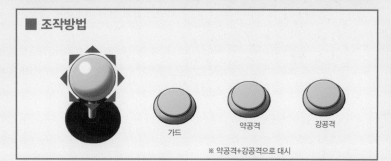

가드   약공격   강공격

※ 약공격+강공격으로 대시

▲ 전작에선 배리어 가드가 지나치게 강력했기에, 보완책으로서 배리어를 파괴하고 공격하는 특수 기술 '배리어 브레이크'를 새로 도입했다.

▲ '하이퍼 차지'라는 시스템을 추가했다. 사이코 차지 도중 레버를 한 바퀴 돌리면, 체력이 떨어지는 대신 사이코 게이지가 늘어난다.

▲ 신 기판으로 제작됐기에 그래픽이 한층 더 미려해져, 당시로서는 최고 퀄리티였던 애니메이션풍 폴리곤 모델링을 구현했다.

■ 캐릭터

레지나 벨프론드

카를로의 여동생으로서, 불꽃을 다루는 사이킥커. 감정적이라 쉽게 격분한다.

카를로 벨프론드

레지나의 오빠로서, 물을 다루는 사이킥커. 신생 '노아'를 지휘하고 있다.

마이트

전기를 다루는 사이킥커. 사이킥커라면 진영을 막론하고 무차별로 습격하고 있다.

패트리시아 마이어스

히로인이며, 소리를 다루는 사이킥커. 노래로 타인의 진영을 치유하는 능력이 있다.

세츠나

어둠을 다루는 사이킥커. 인공 사이킥커 중 하나로서, 군에 소속돼 있다.

가데스

중력을 다루는 사이킥커. 교활하고도 비정한 남자로서, 피와 폭력을 좋아한다.

게이츠 올트먼

사이킥커 처리용 사이보그. 기억이 조작되어 '노아' 측의 전력이 되었다.

웬디 라이언

바람을 다루는 사이킥커. 행방불명돼 버린 어느 동료를 찾는 중이다.

칸죠 겐신

'카게코아'의 퇴마사. 겐마의 사형으로서, 동일한 주술을 구사해 싸운다.

에밀리오 미하일로프

빛을 다루는 사이킥커. 세뇌당해 잔인한 성격으로 변모했다.

이 책에서 다루는 '대전격투 게임'의 정의에 대하여

'대전격투 게임'이란 과연 무엇인가?

한 번 한 번의 전투가 피 말리는 승부

이 책은 제목처럼 아케이드용 대전격투 게임에 특화시켜 집필한 책인데, 이 지면을 빌어 이 책에서 말하는 '대전격투 게임'의 정의가 과연 무엇인지를 설명해둘까 한다.

일반적으로 말하는 '대전격투 게임'이라면 대부분이 「스트리트 파이터 II」나 「더 킹 오브 파이터즈」, 「버추어 파이터」 시리즈처럼, 2D나 3D 그래픽으로 구성된 화면에서 서로 맞서 있는 두 캐릭터가 온갖 기술을 펼친 끝에 '상대의 체력을 모두 빼앗은 쪽이 승리'하는 게임을 떠올릴 것이다. 그런 이미지 자체도 기본적으로 틀린 것은 아니나, 이왕 책으로 정리하는 이상 구체적인 정의와 게재되는 타이틀의 선별기준을 명시해두었다. 다소 딱딱한 이야기일 수 있으나, 아무쪼록 끝까지 읽어주시기 바란다.

이 책에서 말하는 '대전격투 게임'이란?

이 책을 집필하며 설정한 '대전격투 게임'이란, 다음의 4가지 기준을 충족하는 게임이다.

1. 사람끼리 대전 플레이를 할 수 있다
CPU와만 싸울 수 있고 '대전'이란 시스템이 없으면, 대전격투 게임으로 치지 않는다.

2. 타격기·잡기 등의 격투기적 요소를 갖춘다
조건 1을 충족하는 게임이라도, 발사계 공격 위주인 「전뇌전기 버추얼 온」이나 「사이버 슬레드」처럼 '격투'라는 요소가 없는 작품은 대전격투 게임으로 치지 않는다.

3. 시간제한·체력 게이지 등, 쌍방에 공평한 규칙을 설정한다
축구의 스트라이커와 골키퍼처럼, 쌍방에게 부여되는 역할이 다른 게임은 조건 1·2를 충족하더라도 대전격투 게임으로 치지 않는다.

4. 반사 신경이 개입하는 액션 게임이다
카드 게임처럼 반사 신경을 요구하지 않는, 즉 '액션 요소가 없는 게임'은 설령 격투기가 소재이고 대전 시스템이 있어

도 대전격투 게임으로 치지 않는다.

얼핏 너무나 당연한 조건들 아닌가 싶겠지만, 이 점을 명확히 해두지 않으면 슈팅 게임, 카드 게임, 보드 게임마저도 대전격투 게임에 포함되어버리고 만다. 반대로 앞서의 4기지 조건만 충족된다면 대전하는 캐릭터가 인간이 아니더라도, 가령 「다이노렉스」나 「초강전기 키카이오」처럼 동물이나 로봇이 대전하는 게임도 OK다. 또한 그래픽 표현 수법이 2D냐 3D냐도 구분할 필요가 없으며, 「데스 브레이드」처럼 부감시점이거나 「드래곤볼 Z V.R.V.S.」처럼 아예 주관시점인 게임조차도 위의 4가지 요소가 충족된다면 이 책에서는 대전격투 게임으로 간주한다.

뒤집어 말하면, 대전격투 게임이라면 모두가 반사적으로 「스트리트 파이터 II」풍의 화면을 상상하기 일쑤이던 시절임에도 당시의 개발사들이 어떻든 기존 게임과의 차별화를 모색하고 궁리하여 새로운 게임을 만들겠다는 시행착오를 거듭한 결과, 이 책에서 다루는 수많은 대전격투 게임이 탄생할 수 있었던 것이다. 이렇게 당시 선구자들의 고된 노력 끝에 확립된 격투 게임의 장구한 역사가, 이 책을 통해 조금이라도 느껴지기를 바란다.

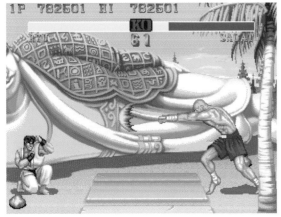
▲ 대전격투 게임의 기본적인 틀잡이가 된 「스트리트 파이터 II」.

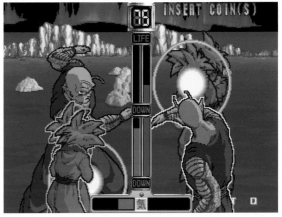
▲ 두 플레이어가 제각기 주관시점으로 대전 플레이하는 식인 「드래곤볼 Z V.R.V.S.」.

제 6 장

코나미

코나미는 액션·슈팅·스포츠·음악 게임 등 온갖 장르에 하나 이상의 대표작을 남긴 회사이건만, 대전격투 게임이라는 장르에서만큼은 대중적으로 유명한 메이저 히트작을 내놓지 못했다. 「마셜 챔피언」 등의 몇몇 작품을 제외하고는 가정용 게임기로의 이식작도 제대로 나오지 않은지라, 회사 규모에 비하면 '아는 사람이나 아는' 작품들 일색인 점이 아쉬울 따름이다.

게임 역사상 최초로 배우를 기용한 타이틀
피트 파이터

● 1990년 11월　　● 아타리 게임즈(개발) / 코나미(일본 발매)

리얼한 폭력에 흠뻑 빠져라!

Copyright © 1990 Atari Games

미국 아타리 사가 개발하고 일본에서는 1992년 코나미가 출시했던 대전격투 게임으로서, 전후좌우 이동이 가능한 부감 시점의 스테이지 내에서 싸운다는 점이 특징이다. 사용 가능한 캐릭터는 프로레슬러 BUZZ, 킥복서인 TY, 가라테 선수인 KATO로 총 3명이다. 한 번에 3명까지 동시 플레이할 수 있었다. 다인수 플레이일 경우, 유저들끼리 협력하거나 적대하면서 최종적으로 살아남는 자가 승리한다는 시스템이다.

격투 게임으로는 최초로 실제 배우를 기용해 실사영상을 촬영하여 디지털화하는 형태로 제작된 작품으로서, 모션도 모두 실제로 배우가 액션을 취하도록 하여 그대로 반영하였기에 비현실적인 기술이나 전개가 없는 리얼한 분위기의 게임이 되었다.

■ 조작방법

펀치　　킥　　점프

※ 좌우 이동시 2회 입력하면 옆돌기

▲ 이 게임의 유일한 여성 파이터. 본디지 코스튬으로 무장한 성인 취향의 모습에 방심하지 말도록.

▲ 바닥에 떨어져 있는 무기는 적도 집어 사용할 수 있다. 적보다 먼저 주워들어 유리한 상황으로 이끌자.

▲ 승리할 때마다 상금을 획득한다. 일본판은 'Brutality Bonus'를 '잔학행위 수당'으로 번역하는 등, 제법 센스가 독특했다.

■ 캐릭터

Buzz

잡기 기술 위주인 지하격투장의 프로레슬러. 특기는 헤드버트·파일 드라이버 등의 프로레슬링 기술들이다. 상대를 붙잡은 동안에 기술을 넣는 게 필수다.

Ty

흑인 킥복서. 스핀 킥과 플라잉 킥 등, 주로 킥 기술 위주다. 밸런스가 좋고 다루기 쉬운 초보자 취향의 캐릭터다.

Kato

유파 불명의 가라테 검은띠 3단 실력의 파이터. 스피드형이며 숙련자에게 적합한 캐릭터다. 콤보 펀치 후에 냅다 예를 표하기도 하는 등, 빈틈이 많다.

Masked Warrior

Executioner

Southside Jim

Angel

C. C. Rider

Chainman Eddie

Heavy Metal

Mad Miles

마셜 챔피언

● 1993년 2월　　● 코나미(개발·발매)

아메리칸 쿠노이치 '레이첼'이 마스코트

세계 각국의 강호 10명이 세계 최강의 칭호와 막대한 상금을 두고 싸우는 2D 대전격투 게임. 캐릭터의 크기가 당시 기준으로는 꽤 큼지막한 편이었다. CPU전은 토너먼트 방식으로 난입 캐릭터 포함 5명과 차례차례 싸운 후, 끝으로 이전 대회의 우승자 '샐러맨더'와 대결한다.

게임 자체가 마이너했던지라 딱히 인기 캐릭터는 없지만, 아메리칸 쿠노이치 '레이첼'만은 한 눈에 띌 만큼 매력적이었다. 육감적인 디자인에 노출이 많은 코스튬, 패배 장면의 쓰러져 있는 모습에다 엔딩 화면의 대화면 일러스트가 발하는 압도적인 요염함까지, 그야말로 많은 남성 플레이어들의 마음을 사로잡았던 멋진 캐릭터다.

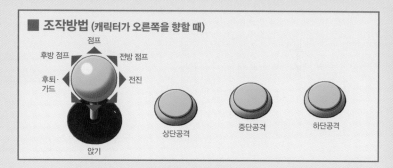

■ 조작방법 (캐릭터가 오른쪽을 향할 때)

점프 / 후방 점프 / 전방 점프 / 후퇴·가드 / 전진 / 앉기 / 상단공격 / 중단공격 / 하단공격

▲ 조작은 8방향 레버+3버튼식을 채택했다. CPU전은 리그 방식이 아니며, 난입전을 포함해 5명의 캐릭터와 대전한다.

▲ 11명의 등장 캐릭터 중 5명은 무기를 사용한다. 무기를 놓친 경우, 상대에게 빼앗기기도 한다.

▲ 이 작품의 인기 캐릭터 '레이첼'은 아메리칸 닌자. 엔딩의 대형 일러스트와 패배 후 다운된 모습의 그래픽으로 인기를 얻었다.

■ 캐릭터

진

비뚤어진 것을 극히 싫어하는 열혈남. 가라테·권법 등의 온갖 격투기를 마스터하려고 한다.

레이첼

아메리칸 쿠노이치. 미국 정부를 위해 일했지만, 싸움의 스릴에 매료되어 '도주 닌자'가 된다.

호이

중국 출신의 취권 마스터. 100세를 넘긴 신선이자 상당한 애주가이지만, 권법가로서의 실력은 진짜다.

티티

이집트의 여자 프로레슬러. 우승해서 보석을 수집하기 위해, 사퇴한 아버지 대신 참전한다.

바비

미국 출신의 용병. 빈곤층 출신으로서 돈을 위해서라면 뭐든지 하지만, 실은 정이 두터운 성격이다.

골도

삼절곤을 쓰는 프랑스 출신의 합기도 실력자. 겉모습은 험악하지만, 새를 애호하는 상냥한 남자다.

케이오스

의문투성이인 강시 모습의 남자. 양손에 장비한 쇠갈고리로 싸운다. 엔딩에서는 정원사로 전직했다.

아부
사우디아라비아 출신 검사. 삼일월도를 휘두르고 입으로는 불꽃을 뿜는다. 가족을 부양하려 대회에 참가했다.

마함바

케냐 출신의 젊은 전사. 부족의 명성을 떨치고 불법 어획을 막기 위해 창을 들고 대회에 참가했다.

젠

일본 출신의 가부키 배우. 모두가 아끼는 인기 배우지만, '가부키는 격투기'라고 선언하고는 격투대회에 참가했다.

드라군 마이트

● 1995년 8월 　　● 코나미(개발·발매)

캐릭터 대부분이 무기로 싸운다

　코나미가 「마셜 챔피언」에 이어 발매했던 3번째 대전격투 게임. 상대를 차례차례 쓰러뜨려, 어떤 소원이든 이루어 준다는 전설의 '용의 각인'을 모으는 것이 게임의 목적이다.

　등장 캐릭터는 보스를 포함해 총 13명. 대부분의 캐릭터가 무기로 싸우는 것이 특징인데, 1:1 싱글 배틀은 물론 3:3 팀 배틀도 가능하다. 조작은 8방향 레버+6버튼식이라는 표준형이며, 완전 무적의 회피동작인 '뛰어들기'와 다운된 상대를 공격하는 '다운 추가공격', 기상하면서 바로 이동하는 '기상이동' 시스템을 도입했다.

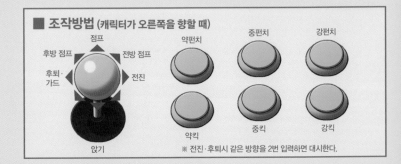

■ 조작방법 (캐릭터가 오른쪽을 향할 때)

점프 / 후방 점프 / 전방 점프 / 후퇴·가드 / 전진 / 앉기

약펀치 　중펀치 　강펀치
약킥 　중킥 　강킥

※ 전진·후퇴시 같은 방향을 2번 입력하면 대시한다.

▲ 전작 「마셜 챔피언」처럼, 무기를 사용하는 격투 게임이다. 전반적으로 만화 '돌격! 남자훈련소'를 연상시키는 요소가 많다.

▲ 등장 캐릭터 전원이 '용의 각인' 조각을 하나씩 갖고 있기에, 상대를 쓰러뜨려 모든 조각을 모아 완성하는 것이 게임의 목적이다.

▲ 펀치 버튼 3개를 동시에 눌러 발동하는 '봄버'는 자신의 체력을 희생하여 쓰는 강력한 기술이다. 더욱 상위인 '슈퍼 봄버'도 존재한다.

■ 캐릭터

야마토

일본도를 사용하는 검사. '임천진명류'의 후계자로서 '용의 각인'을 넘겨받는다.

츠구미

여주인공. 행방불명 처리된 채, 텐구의 보살핌 아래 숨겨진 마을에서 자랐다는 과거가 있다.

라이안

여주인공. 행방불명 처리된 채, 텐구의 보살핌 아래 숨겨진 마을에서 자랐다는 과거가 있다.

스이코

대대로 '용의 각인'을 감시해온 고야 산의 승려. '우라고야 석장술'로 싸운다.

사루마루

거대한 염주를 무기 삼아 싸우는 파계승. 스승의 지시로 '용의 각인'을 회수한다.

챠오우

원숭이의 움직임을 응용한 살인술의 능력자. 궤멸된 원숭이 산 부흥을 위해 싸운다.

암흑 격투계의 제왕. 언젠가 자신을 쓰러뜨릴 자가 나타나기를 바라고 있다.

드레이크

일본에서 체술과 창술을 배운 미국인. '용의 각인'을 지키고 있다.

잭

잉카 제국의 컴퓨터가 유괴해 전사로 육성시킨 소년.

코다마

사나다가문을 섬기는 닌자. 코다마의 힘에 의해 현대로 타임 슬립했다.

철가면

마스크를 쓴 닌자. 코다마가 역사를 바꾸는 짓을 저지하려 막부가 파견했다.

레이라

톤파를 다루는 여성 전사. 병에 걸린 어머니를 위해 '용의 각인'을 모은다.

레지

잭나이프를 다루는 악역 레슬러. 지하 프로레슬링계에서는 무패를 자랑한다.

AI를 탑재해, 싸울수록 강해지는 대전격투 게임

파이팅 우슈[武術]

● 1997년 8월　　● 코나미(개발·발매)

등장 캐릭터는 모두 동양무술의 달인

　CPU 캐릭터의 행동패턴에 AI를 탑재한 3D 대전격투 게임. 8명의 무술가 중 하나를 골라, 아시아 무술최강전에 도전하자. 세가의 「버추어 파이터」에 대항하기 위한 킬러 타이틀로서 개발된 작품인지라, 그래픽은 미려하다. 동작도 부드럽고, 무술 역시 (소림)나한권·오키나와 공수·형의권 등 매니악한 권법이 등장한다.

　조작은 8방향 레버+3버튼 방식. 대시와 횡이동을 액션 하나로 발동할 수 있는 '프리 워크 시스템'과, 방향 입력+원 버튼으로 다양한 액션을 구사하는 '오토 모드'를 탑재했다.

■ 조작방법 (캐릭터가 오른쪽을 향할 때)

가드　　펀치　　킥

※ ↓↑ 입력으로 점프
※ ←→ 입력으로 백대시

▲ 최신 3D 기판 'COBRA'로 제작하여, 캐릭터의 부드러운 모션부터 가랑눈이 흩날리는 사막까지 디테일하게 표현했다.

▲ 스테이지는 실제 세상처럼 시간이 경과하며 밤낮 개념이 존재하고, 맑은 날부터 비나 눈까지 내리는 등의 기후 변화도 존재한다.

▲ 체력 게이지 옆의 '우슈 게이지'는 대전의 우발성을 의도한 시스템으로, 가득 차면 각 무술의 비기 '절초기'를 발동할 수 있다.

■ 캐릭터

히비키 와타루
오키나와류 고무술 '수리수'를 비밀리에 보전해온 어느 일족의 후예. '히비키 와타루'라는 이름조차도 가명일 뿐이다.

윤성민
태권도가 경기로 확립되기 전부터 아버지에게서 태권도를 배운 한국인. 실전에 특히 강한 편이다.

화웨
대만의 명가 '화' 가문의 외동딸. 12살 때부터 날부터 모여든 무술가로부터 격투기를 배워왔다.

사오토메 츠바키
유생심안류 유파를 이어받은 유술 실력자 소녀. 할아버지의 안녕과 유파 확장을 위해 우승을 노린다.

싱쿠이 노사
태극권을 사용하는 노인. 원래 약재상인이지만, 무술을 배우다보니 결과적으로 달인의 경지까지 이르렀다.

콘고지 텟신
일본인이자 무술의 달인. 수행차 베이징으로 가 일본어 강사로 일하며, 10년간 의권의 명수로부터 가르침을 받는다.

오오토리 세츠나
골법 가라테 실력자인 고등학생. 무적을 자랑했으나 프리스타일 가라테 시합에서 히비키 와타루에 패하자 라이벌을 자칭한다.

쇼후
나한권을 사용하는 승려. 중국 대회 5연패의 실력자다. 마을 아이들에게 무술을 가르치고 있다.

133

파이팅 우슈 2nd!

● 1997년 12월   ● 코나미(개발·발매)

COBRA 기판 최후의 타이틀

전작 「파이팅 우슈」에 추가 요소를 넣은 업그레이드판. 캐릭터는 전작의 8명에, 신규 캐릭터 4명을 추가했다. 전작과 마찬가지로 아시아 무술최강전을 돌파한다는 스토리로서, '코브라' 외의 추가 캐릭터는 모두 기존 캐릭터들에서 외모만 바꾼 어나더 캐릭터. 특징은 캐릭터 전원에 3rd 코스튬을 추가했다는 점으로서, 키라메키 고교(역주※) 교복부터 곰 인형옷, 미토코몬 복장에 스포츠 선수까지 다양성 넘치는 코스튬을 제공했다. 참고로, 전작을 들여왔던 오락실에는 이 작품으로의 업그레이드용 기판을 무료로 제공했다고 한다.

■ 조작방법 (캐릭터가 오른쪽을 향할 때)

가드   펀치   킥

※ ↓↑ 입력으로 점프
※ ←← 입력으로 백대시

▲ 캐릭터는 전작의 8명에 새로 4명을 추가했다. 작품의 컨셉을 준수하여, 추가된 캐릭터들 역시 모두 동양인이다.

▲ 등장 캐릭터 전원에게 3rd 코스튬을 추가했는데, 키라메키 고교 교복에 미토코몬 복장 등 실로 다양성이 풍부했다.

▲ 다른 3D 대전격투 게임에도 있었던 '띄우기 기술'을 추가했다. 덕분에 콤보 연결이 쉬워지고 캐릭터간 파워 밸런스도 변화했다.

■ 캐릭터

쇼후

나한권을 사용하는 승려. 중국대회 5연패 경험자. 마을 아이들에게 무술을 가르친다.

히비키 와타루

오키나와류 고무술 '수리수'를 계승하는 일족의 후예. '히비키 와타루'란 이름도 가명.

오오토리 세츠나

골법 가라테의 달인인 고교생. 히비키 와타루에게 패배한 후부터 그를 라이벌로 여긴다.

화웨

대만의 명가 '화' 가문의 외동딸. 12세 때부터 집에 모인 무술가로부터 격투기를 배웠다.

헤이후

란팡

윤성민

태권도가 경기화되기 전부터 수련해온 한국인. 실전에 특히 강한 면모를 보인다.

사오토메 츠바키

유생심안류 유파를 계승한 무술 실력자 할아버지의 안녕과 유파 확장을 위해 참전했다.

콘고지 텟신

무술의 달인 수행을 위해 베이징으로 가 일본어 강사를 하며 의권의 명수에게 가르침을 받았다.

싱쿠이 노사

무술을 사용하는 노인. 원래 약재 상인이었지만, 무술을 배운 끝에 결국 달인이 되었다.

스콜피온

코브라

태극권을 사용하는 노인.

역주 ※: 당시 코나미의 간판 작품으로서 대히트중이었던 연애 시뮬레이션 게임 「도키메키 메모리얼」의 배경인 가상의 고등학교.

배틀 트라이스트

오시이 마모루가 애니메이션을 맡은 3D 대전격투 게임

● 1998년 2월　　● 코나미(개발·발매)

■ 당신이 얻을 것은 상금인가, 미래인가!?

코나미가 개발·발매한 3D 대전격투 게임으로서, 기판으로는 3DO M2(역주 ※) 기반의 '타란튤라'를 채택했다.

특징은 데모 화면에서 재생되는 애니메이션 동영상의 콘티를 오시이 마모루 감독이 담당했다는 점으로서, 출시 당시에도 이를 크게 강조해 홍보했다. 근미래에 TV에서 방영하고 있는 이종격투기 프로 '배틀 트라이스트'에서 다양한 격투가들이 상금을 놓고 싸운다는 스토리로서, 대 CPU전일 때는 스코어 대신 '상금액'이 표시되며, 최종 보스는 마지막 스테이지에 도달한 시점의 상금액 마지막 3번째 자리 숫자에 연동되어 바뀌는 구조다.

■ 조작방법 (캐릭터가 오른쪽을 향할 때)

가드와 동시 입력하면 안쪽 이동

후퇴　전진

가드와 동시 입력하면 바깥쪽 이동

가드　펀치　킥

※ ↑↓ 입력으로 점프
※ 전진·후퇴시 같은 방향을 2번 입력하면 스텝 이동

▲ 조작은 8방향 레버+3버튼식으로 심플한 편. 타임 릴리스 캐릭터를 포함해 총 12명의 캐릭터가 등장한다.

▲ 당시 코나미의 인기 캐릭터였던 「트윈비」의 '파스텔'과 「가이아폴리스」의 엘레인도 등장한다. 타임 릴리스 형태로 서서히 개방된다.

▲ CPU전에서는 스코어 대신 '상금액'이 표시된다. 상금액은 시간이 경과할수록 감소하며, 연속기 히트 수가 늘어날수록 증가한다.

■ 캐릭터

키카 그리폰

게임의 주인공이자 히로인. 붉은 본디지 의상을 착용한 금발 미녀. 잃어버린 과거를 찾아 대회에 출전했다.

야마토 타케루

하얀 쿵푸복을 입은 일본인. 류큐 가라테 실력자로서, 강자를 찾아 여행 중이다. 출전자 모집 공고를 보고 참가했다.

바이츠 매킨토시

팔 부상을 원인으로 은퇴했던 전직 권투선수. 지인의 공장에서 일하다 도산 직전에 놓여, 재건 자금을 마련하러 참가했다.

잔코쿠

붉은 복장을 입은 수수께끼의 닌자로서, 흑진류 인술의 실력자. '배틀 트라이스트'의 방송국이 섭외하여 나오게 되었다.

차이차이

차이나타운에서 일하는 중국계 미국인 소녀. 친구의 오디션에 동행했을 뿐인데 잘못해서 참가하고 말았다.

게리 윌리엄스

통나무 던지기 콘테스트의 우승자. 배틀 트라이스트에서 우승해 할리우드 배우가 되려고 한다.

나지드 시

요정의 유전자를 이용해 탄생한 인공생명체. 톤파를 다루긴 하나, 용모가 아름다워 평소엔 탤런트로 활약하고 있다.

역주 ※ : 일본 파나소닉이 '차세대 3DO'를 기치로 내부 개발 중이었던 3D 가정용 게임기. 하지만 97년 중순 개발 및 상품화가 백지화되었고, 하드웨어 기반만 남아 아케이드 기판 등 몇몇 다른 분야에 재활용되는 데 그쳤다.

꾸준히 축적되어 온 다양한 아이디어가, 대전격투 게임의 탄생으로 이어졌다

대전격투 게임의 원점을 찾아서

사실, '대전'이 없는 격투 게임은 많았다

이 책에서 다루는 '대전격투 게임'의 정의는 128쪽에서 자세히 서술한 바 있으나, 실은 인간끼리의 '대전'이란 시스템이 없는 단순한 '격투 게임'은 이미 오래전부터 많이 나와 있었다. 세계 최초의 격투 게임이 무엇인지는 명확하지 않으나, 개인용 컴퓨터인 APPLE Ⅱ용 게임 「카라테카」(1984년)를 비롯해, 아케이드 쪽만 따져도 「스파르탄 X」(1984년), 「익사이팅 아워」(1985년), 「이얼 쿵푸」(1985년), 「로보레스 2001」(1986년) 등등 수많은 작품이 출시된 바 있다.

특히 「이얼 쿵푸」는 레버와 버튼의 조합으로 다양한 기술을 구사할 수 있었고 체력 게이지까지도 갖추고 있는 등, 대인전 시스템이 없을 뿐이지 그것

외에는 대전격투 게임의 원형이라 해도 좋을 만한 완성도였다. 또한 「로보레스 2001」은 공중에서 기술을 거는 연출을 도입하는 등 연출 효과 면에서도 뛰어난 점이 있었으며, 사용 가능한 기술도 무려 40종류에 달했다(캐릭터가 발동하는 기술의 명칭이 뒤쪽의 전광판에 표시된다는 연출도 탁월했다). 이렇듯 수많은 선구자가 내놓았던 게임들이 있었기에 현대의 대전격투 게임이 존재할 수 있다고 해도 과언은 아닐 것이다.

'대전' 게임들의 보고였던 패미컴

한편, 가정용 게임기 쪽에서는 인간끼리 대전할 수 있도록 제작한 대전계 게임이 패미컴 초기 시절부터 이미 출시되고 있었다. 특히 패미컴은 본체와 직결된 기본 컨트롤러가 2개였는데,

이는 2명이 동시에 즐길 수 있는 게임의 등장을 설계 단계부터 의도적으로 노린 것이었다. 초창기의 킬러 타이틀이었던 「마리오브라더스」도, 2명이 동시에 플레이할 수 있다는 점이 주요 세일즈 포인트였다(함께 즐기는 두 사람의 관계성에 따라 협력 플레이도 적대 플레이도 가능하다는, 특유의 게임 디자인도 훌륭했다).

또한, 「어번 챔피언」(1984년)은 길거리에서 대전 상대를 때려 몰아붙여 배후의 맨홀로 빠뜨리면 이긴다는 규칙의 게임으로서, 「스트리트 파이터」보다도 훨씬 이전에 스트리트 파이트를 소재로 삼은 작품이었다. 「근육맨 머슬 태그매치」(1985년)도 각 초인별로 고유 기술이 있고 사용하는 캐릭터에 따라 전략과 공방이 달라지는 등 대전격투 게임의 원형이라 할 만한 아이디어가 이미 들어가 있었으니, 새삼 감탄하지 않을 수 없다.

◀ 현대의 대전격투 게임에까지 이어지는 기본 화면 포맷의 원형이라고 할만한 「이얼 쿵푸」. 대전 상대 캐릭터의 공격 방법도 다채로웠다.

◀ 프로레슬링 특유의 화려한 연출이 가득 담겨있던 로봇 프로레슬링 게임 「로보레스 2001」.

◀ 반다이의 패미컴 참여 제1탄 소프트로서, 당시엔 원작인 애니메이션도 인기가 최고조였던 「근육맨 머슬 태그매치」.

제 **7** 장
테크모

세가의 「버추어 파이터」가 개척해낸 3D 폴리곤 격투 게임의 신조류를 계승한 「데드 오어 얼라이브」 시리즈로 유명했던 개발사. 시리즈 첫 작품 출시 당시부터 바스트 모핑으로 화제를 창출한 것과, 비치발리볼·바캉스 등 기존 대전격투 게임에 없던 방향성의 스핀오프작을 전개했던 것도 큰 특징으로서, 특히 코스튬과 인체 모델링 등에 타의 추종을 불허하는 독특한 센스가 있었다.

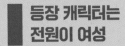

2D 캐릭터와 3D 캐릭터가 한 게임에서 싸우다

투희전승 ANGEL EYES

● 1996년 6월　　● 테크모(개발·발매)

등장 캐릭터는 전원이 여성

　8명의 천사들이 대천사 자리를 쟁탈하기 위해 인간에 빙의하여 싸우는 2D 대전격투 게임. 특징은 2D 캐릭터들 사이에 3D 프리렌더링 방식으로 제작한 몇몇 캐릭터가 섞여있다는 것으로서, 결과적으로는 한 게임 내에 2D 캐릭터와 3D 캐릭터가 공존하는 형태가 되었다. 얼핏 보면 뒤죽박죽인데다 미소녀 게임 같아 보이기도 하나, 격투게임으로서의 조작성은 상당히 좋아서 속도감 있는 배틀이 펼쳐진다.

　조작계는 8방향 레버+4버튼식을 적용했으며, 등장 캐릭터 전원이 여성이다. 호밍 점프나 최대 4회의 공중 점프도 가능해, 실로 천사의 공중전다운 대전을 즐길 수 있다.

■ 조작방법 (캐릭터가 오른쪽을 향할 때)

점프 / 후방 점프 / 전방 점프 / 후퇴·가드 / 전진 / 앉기

약펀치 / 강펀치 / 약킥 / 강킥

▲ 2D 캐릭터와 3D 캐릭터가 공존할 때 묘한 갭이 느껴지긴 하나, 게임 자체는 템포가 좋고 플레이 속도도 경쾌하다.

▲ 게임의 특징이기도 한 '호밍 점프'는 상대를 추격하는 기능이 있어, 기존의 점프 공격보다 복잡한 공격을 할 수 있다.

▲ '다단 점프'는 최대 4회까지 공중 점프 가능한 기능이다. 또한 전 캐릭터가 10단 콤보(즉사 콤보)를 갖고 있다.

■ 캐릭터

라이야
'성 테칸 학원'의 문제아. 밥 먹는 것보다 싸움을 좋아한다. 번개를 다루는 기술을 쓰며, 스피드를 살린 연속기가 특기.

레이카
'성 테칸 학원'의 학생회장이자 중화요리점의 마스코트 걸. 불꽃 공격이 특기로서, 가드 캔슬부터 이어지는 연속기가 화력이 높다.

치비코
'성 테칸 학원 중등부' 학생. 집이 가난해 매일 아르바이트중이다. 트리키한 모션으로 상대를 농락하다 점프로 파고드는 기술이 특기.

미스테리어스 파워
지하 카지노 '로얄 플래시'에서 일하는 여성. 육감적인 몸매와 패션으로 상대를 도발한다. 초보자용 캐릭터라 사용하기가 쉽다.

키리코
자연을 애호하고 동물과도 대화하는 쿠노이치. 평소엔 대부호 저택의 메이드로 일한다. 기술이 풍부해 상대의 가드 대처가 쉽다.

하이웨이 스타
'성 테칸 학원 중등부'이고 이과 교사인 미·일 혼혈 미녀. 공격·방어가 모두 안정적인 강력한 캐릭터지만, 일반 기술의 밸런스가 나쁘다.

리나
의문투성이인 스나이퍼. 실은 사이보그로서, 요인 암살의 전문가다. 잘 뻗은 팔다리를 활용한 긴 리치와 높은 공격력이 특징이다.

마리&킹
'성 테칸 학원 중등부' 학생이자 재벌의 영애. 풀 네임은 '아리스가와 마리'와 '킹 고르고니아 3세'이며, 모션이 트리키한 편이다.

데드 오어 얼라이브

● 1996년 11월 ● 테크모(개발·발매)

'바스트 모핑'으로 일세를 풍미하다

세가의 업무용 기판 'MODEL2'로 제작한, 테크모의 첫 3D 대전격투 게임. 등장하는 캐릭터 8명 중 하나를 골라 다른 캐릭터를 모두 격파한 후 최강의 적 '라이도'를 쓰러뜨리는 것이 목적이다.

특징은 기존 대전격투 게임의 '타격기'·'잡기'계 기술에 '홀드'(역주 ※)라는 신기술을 추가해, 세 기술에 서로 가위바위보식 상성관계를 만듦으로써 고도의 심리전을 구현한 것이다. 연출 측면에서는 여성 캐릭터가 움직일 때마다 가슴이 흔들리는 '바스트 모핑'이 화제를 낳았는데, 카스미·레이팡·티나 등 여성 캐릭터들의 인기도 한몫하여 코어 게이머들의 마음을 사로잡는데 성공했다.

■ 조작방법 (캐릭터가 오른쪽을 향할 때)

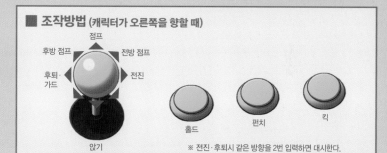

점프
후방 점프 / 전방 점프
후퇴·가드 / 전진
앉기

홀드 펀치 킥

※ 전진·후퇴시 같은 방향을 2번 입력하면 대시한다.

▲ 과거의 격투 게임과 차별화된 오리지널 시스템으로서, '잡기'·'타격기'에 '홀드'를 추가해 서로 물고 물리는 고도의 상성관계를 구현했다.

▲ 그래픽 퀄리티도 매우 뛰어나며, 캐릭터의 매력을 해치지 않기 위해 일부러 캐릭터에 음영을 넣지 않는 등 심혈을 기울였다.

▲ 이 작품에서 가장 눈길을 끄는 요소가 여성 캐릭터의 바스트 모핑. 제작진의 고집이 있어, 여성 캐릭터는 전원 가슴이 크다.

■ 캐릭터

류 하야부사
「닌자용검전」의 주인공. 강한 전투력과 수많은 일화 탓에 '슈퍼 닌자'로 불린다. 대회에서 암약하는 악과 싸운다.

베이먼
커맨드 삼보를 구사하는 용병. 빅토르 도노반의 의뢰를 받아, 페임 더글러스를 암살하기 위해 대회에 참가한다.

레이 팡
중국 출신의 태극권 천재 소녀. 과거에 잔리가 자신을 폭력배에게서 구해줬는데, 이후 그에게 반해 매번 도전해온다.

티나
미국의 여자 프로레슬러. 외모에 자신이 있는 데다 유명해지고 싶어 해. 대회 우승을 계기로 모델이 되려 한다.

잭
슬럼가에서 자라 독학으로 무에타이를 익힌 DJ. 유명해져 돈을 벌어 티나와 사귀겠다는 동기로 대회에 참가한다.

카스미
시리즈 전체의 주인공. 무환천신류 인술을 익힌 쿠노이치로서, 차기 당주였던 오빠의 누명을 풀려 도주닌자가 된다.

잔 리
싸움에 굶주린 절권도의 달인. 경호원으로 생활하지만, 세계의 실력자들이 모이는 대회에서 마음의 갈증을 풀려 한다.

겐 푸
심의육합권을 구사하는 중국 출신 권법가. 이미 격투계를 은퇴하고 고서점을 운영하다, 병에 걸린 손녀를 구하려 대회 참가를 결심한다.

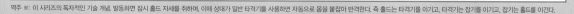
역주 ※ : 이 시리즈의 독자적인 기술 개념. 발동하면 잠시 홀드 자세를 취하며, 이때 상대가 일반 타격기를 사용하면 자동으로 몸을 붙잡아 반격한다. 즉 홀드는 타격기를 이기고, 타격기는 잡기를 이기고, 잡기는 홀드를 이긴다.

오락성을 중시한 '공중 대전형 주먹다짐 액션' 게임

아스트라 슈퍼스타즈

● 1998년 6월 ● 선 소프트(개발) / 테크모(발매)

철저히 초보자에 맞춘 초간단 조작

선 소프트가 개발하고 테크모가 발매한 2D 대전격투 게임. 스테이지는 상단·중단·하단 3라인 형태로 나뉘어 있어, 캐릭터가 이를 상하로 이동하며 대전한다. 조작은 8방향 레버+6버튼 식을 적용했다. 특징은 필살기 커맨드를 아예 없애버렸다는 것으로서, 그 대신 '스타 게이지'라는 파워 게이지를 소비해 발동하는 '스타 스페셜'(다른 작품의 초필살기 개념)을 각 캐릭터가 2종류씩 갖고 있다.

또한 플레이어의 대전 실력을 평가하는 '스타 랭크'가 5단계 기준으로 채점되며, 무승부일 때는 양쪽의 스타 랭크를 비교해 승패를 결정한다.

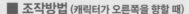

■ 조작방법 (캐릭터가 오른쪽을 향할 때)

후퇴·가드 / 전진

원거리 약공격　원거리 중공격　원거리 강공격

근거리 약공격　근거리 중공격　근거리 강공격

※ 전진·후퇴시 같은 방향을 2번 입력하면 대시한다.

▲ '공중 대전형 주먹다짐 액션'이라는 장르명처럼, 모든 캐릭터가 공중을 상하좌우로 이동하며 싸우는 것이 특징이다.

▲ 이 게임은 기존 격투 게임의 필살기 개념이 아예 없고, 스타 게이지를 소비해 발동하는 기술인 '스타 스페셜'을 사용한다.

▲ 대전 직전에는 대화 이벤트가 나오는데, 이때 선택지에 따라 상대를 격분시키거나 반대로 싸울 마음을 꺾을 수도 있다.

■ 캐릭터

레터스
주인공. 쿨한 외모의 열혈한으로서, 세계를 두루 돌아다니는 모험가. 평균적인 성능에 리치도 길어 콤보 연결이 쉽다.

마론
천사족의 아이돌 같은 존재. 천공신전에 사는 견습 천사이자, 사람들의 연애를 도와주는 큐피드. 스타 스페셜이 강력하다.

스텔라
숲의 정원에 사는 전설의 마녀. 일반기에 장거리 기술과 회오리가 많아 쓰기가 까다로우며 근접전에도 약하나, 스타 스페셜이 강하다.

사카모토
정의감 강한 경찰관으로서, 오니의 혈족이다. 쓰기 편한 일반기가 많으며, 특히 원거리 공격은 공격 판정과 리치가 뛰어난 편이다.

루즈
어리지만 똑 부러지는 성격의 산타클로스. 체격이 작아 피격판정이 작고 리치도 짧다. 공격력·방어력 공히 성능이 낮다.

코코
서쪽 나라를 통치하는 왕자로서, 국민적 아이돌. 몸집이 작아 피격 판정이 작고 일반기의 리치가 긴 대신, 일부 기술이 개성적이다.

큐프
남쪽 섬의 부족 소년. 어릴 적부터 천재적인 전사였고 현재는 부족 최강. 전체적인 공격력이 높지만, 몸집이 커 피격 판정도 크다.

풀리
검은 마을이 근거지인 갱단의 간부. 근거리·원거리 일반기를 잘 활용하면 상대와의 거리에 상관없이 싸움의 주도권을 잡기 쉽다.

140

데드 오어 얼라이브 ++

● 1998년 10월　　● 테크모(개발·발매)

차기작 「DOA2」의 실험작이기도 했다

플레이스테이션 「데드 오어 얼라이브」를 기반으로 제작하고 몇 가지 요소를 추가한 리메이크판. 전작의 '타격기'·'잡기'·'홀드' 간 가위바위보 상성을 '홀드 시스템'이란 이름으로 완성시켜, 타격기를 카운터 히트시키면 '크리티컬 히트'가 되어 상대에 큰 빈틈이 생기며, 상대의 기술(상·중·하단과 펀치·킥의 조합으로 총 6종류)을 미리 읽고 정확히 노려 홀드를 거는 '핀포인트 디펜시브 홀드'(핀포인트 DH)가 추가되는 등, 이후 시리즈로 이어지는 시스템이 이 작품부터 확립되었다.

캐릭터 면에서는 신규 캐릭터로 '아야네'·'배스' 2명이 등장하며, 이 둘은 「데드 오어 얼라이브 2」에도 참전한다.

■ 조작방법 (캐릭터가 오른쪽을 향할 때)

점프 / 후방 점프 / 전방 점프 / 후퇴·가드 / 전진 / 앉기 / 홀드 / 펀치 / 킥

※ 전진·후퇴시 같은 방향을 2번 입력하면 대시한다.

▲ 1편의 무질서했던 커맨드 규칙이 정리되어 각각 '잡기'와 '홀드'로 통일되었기에 초보자도 이해하기 쉬워졌다.

▲ '타격기는 잡기를 이긴다'. '잡기는 홀드를 이긴다', '홀드는 타격기를 이긴다'라는 가위바위보 상성이 '홀드 시스템'이란 이름으로 진화했다.

▲ '핀포인트 디펜시브 홀드'라고 하는, 상대의 '중단 펀치'나 '상단 킥' 등을 정확히 노려 걸어야 하는 일발 반격기도 탑재했다.

■ 캐릭터

카스미
무환천신류 인술을 사용하는 쿠노이치. 연모하던 오빠 하야테의 원한을 풀기 위해 도주 닌자가 된다.

잭
자기류 무예타이를 익힌 흑인 DJ. 큰돈을 벌어 티나를 애인으로 삼으려 노력한다.

하야부사
「닌자용검전」의 주인공. 닌자로서 대회 뒤에서 암약하는 악과 싸운다. 카스미를 지원해 주기도 한다.

베이먼
커맨드 삼보를 사용하는 러시아 용병. 같은 커맨드 삼보 구사자인 레온과는 과거 인연이 있었다.

레이 팡
중국 출신의 태극권 천재. 과거에 자신을 구해준 잔 리에게 반해, 그를 따라 대회에 출전한다.

겐 푸
중국 출신의 심의육합권 달인. 평소에는 고서점을 운영하지만, 병에 걸린 손녀를 구하려 대회에 참가한다.

티나
미국 출신의 여자 프로레슬러. 대회에 우승하고 이를 발판으로 모델로 데뷔하려 한다.

배스
티나의 아버지이자, 프로레슬링의 무패 악역 레슬러. 어떻게든 딸을 계속 프로레슬러로 만들려 한다.

잔 리
자신의 실력을 확인하기 위해 싸우는 절권도 달인. 세계의 강자들이 모이는 이 대회에서 자신을 시험하려 한다.

아야네
아버지가 다른 카스미의 동생이며, 무환천신류 인술 파계문의 쿠노이치. 도주 닌자가 된 카스미를 처리하려 한다.

데드 오어 얼라이브 2

● 1999년 11월　　● 테크모(개발·발매)

▌가위바위보 시스템이 한층 더 진화

드림캐스트 호환 기판 'NAOMI' 기반으로 개발한, 넘버링 타이틀 제2탄. 신 캐릭터로 '엘레나'·'아인'·'레온'이 추가되었고, 중간 보스로 '카스미 α', 최종 보스로 '텐구'가 등장한다.

시스템 면에서는 '타격기'·'잡기'·'홀드'의 가위바위보 상성 시스템이 실질적으로 완성되었고, 「데드 오어 얼라이브 ++」부터 도입했던 '핀포인트 디펜시브 홀드'도 더욱 간략하게 다듬어, 기존의 6종에서 상단·하단·중단(중단만은 펀치·킥을 구분)의 4종으로 조정했다. 또한 신규 탑재한 2:2 태그 배틀 모드에서는 특정 캐릭터를 조합한 태그에 한해 고유 기술을 사용할 수 있다.

■ 조작방법 (캐릭터가 오른쪽을 향할 때)

점프
후방 점프　전방 점프
후퇴·가드　전진
앉기
※ 전진·후퇴시 같은 방향을 2번 입력하면 대시한다.

홀드　펀치　킥

▲ 한층 더 3D에 특화된 'NAOMI' 기반으로 제작하여, 그래픽이 더욱 미려해져 당시의 플레이어들을 압도시켰다.

▲ 전작까지 있었던 데인저 존을 폐지한 대신, 스테이지 자체에 고저차 개념을 넣었다. 물웅덩이나 눈밭 등이 있는 스테이지도 추가했다.

▲ 시스템 측면에선 새로 '태그 배틀'과 '서바이벌' 모드를 넣었고, 대전하기 전에 캐릭터끼리의 대화로 스토리를 보여준다.

■ 캐릭터

카스미

행방이 묘연해진 오빠를 찾다. '아인'을 자칭하는 오빠와 재회한다.

겐 푸
심의육합권의 노권법가. 손녀의 목숨을 구하려 대회에 참가했다.

티나
미국 태생의 여자 프로레슬러. 더 유명해지려 대회에 참가했다.

잭

슬럼가 태생이며 카포에이라를 구사하는 쾌활한 DJ. 티나의 열광적인 팬.

잔 리

최강을 추구하는 격투가. 가끔 황당해 보일 만큼 지나치게 진지한 성격.

아야네

무환천신류 인술 파생문의 쿠노이치. 도주 닌자인 카스미를 쫓는 자객이다.

류 하야부사

「닌자용검전」의 주인공. 텐구를 쓰러뜨리기 위해 대회에 참가했다.

엘레나

프랑스 출신의 벽괘권 실력자. 어머니의 원수를 갚으려 대회에 출전했다.

배스

악역으로 활약했던 전직 프로레슬러. 티나의 희망을 전력으로 저지한다.

레온

실크로드에서 활약하는 용병. 자신이 최강임을 보여주려 우승을 노리고 있다.

레이 팡

천재적인 태극권 구사자. 힘을 동경해 수행을 거듭하여, 대회에 참가한다.

아인

기억상실 남자. 단기간에 가라테를 익혀, 자신의 신원을 알아내려 출전했다.

데드 오어 얼라이브 2 MILLENIUM

● 2000년 1월 ● 테크모(개발·발매)

■ 전작 「DOA2」의 문제점을 개선하다

앞서 소개한 「데드 오브 얼라이브 2」의 가동 직후에 밝혀진 태그 배틀 등에서의 문제점을 개선한 수정판. 출하량이 그리 많지 않았기에, 당시 대부분의 오락실에서는 이 타이틀이 출시된 후에도 교체하지 않고 전작을 그대로 가동하곤 했었다고 한다. 기본 시스템은 변경하지 않았기에, 가위바위보 상성에 의한 심리전 등 시리즈 공통으로 이어지는 장점도 그대로다. 기본적인 대전 시스템이 복잡했기에, 「데드 오어 얼라이브 2」의 경우 이 타이틀 외에도 플레이스테이션 2와 드림캐스트의 이식판, Xbox용으로 발매된 리메이크판인 「데드 오어 얼라이브 얼티메이트」등등 다양한 형태의 수정판이 등장했다.

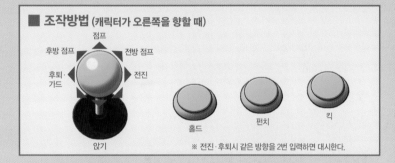

■ 조작방법 (캐릭터가 오른쪽을 향할 때)

점프
후방 점프 · 전방 점프
후퇴·가드 · 전진
앉기

홀드 · 펀치 · 킥

※ 전진·후퇴시 같은 방향을 2번 입력하면 대시한다.

▲ 1편부터 등장해 2편으로 숙성된 가위바위보식 상성 시스템을 유지하여, 상대의 기술을 간파해 반격하거나 역으로 속이는 등의 심리전도 여전하다.

▲ 크리티컬 히트의 발생률을 조정했고, 벽으로 상대를 날릴 경우 부딪치는 각도에 따라 벽에 막히지 않고 바운드되기도 하도록 변경했다.

▲ 태그 배틀에서 발견된 무한콤보가 수정되었고, 잡기 풀기도 「DOA++」 기준으로 변경되었다.

■ 캐릭터

카스미

KASUMI

겐 푸

GEN-FU

티나

TINA

잭

ZACK

잔 리

JANN-LEE

아야네

AYANE

류 하야부사

HAYABUSA

엘레나

HELENA

배스

BASS

레온

LEON

레이 팡

LEI-FANG

아인

EIN

대전격투 게임의 화면 레이아웃에 대한 고찰

왜, 3D 격투 게임에서도 시점은 항상 2D인가

대전하는 양쪽에 공평한 화면 구성을

대전격투 게임의 화면 레이아웃은 일부 예외를 제외하면 거의 대부분이 공통적으로서, 측면에서 본 시점 상에 두 캐릭터가 서로를 마주 보고 선 모습으로 일관하고 있다. 이는 입체공간을 자유로이 표현 가능한 3D 격투 게임들 역시 마찬가지로서, 마치 판에 박은 것처럼 애써 만든 입체감을 오히려 죽이는 듯한 측면 시점의 화면으로 일관한다. 어째서, 고집스럽게 이러한 시점을 계속 준수하는 것일까.

결론부터 말한다면, 사이드뷰(측면에서 보는 시점)는 '대전격투 게임'이라는 시스템 상에서 가장 합리적인 시점이기 때문이다. 한 화면 내에서 두 캐릭터의 위치 관계를 객관적으로 보여주며, 거리나 고저차 등 플레이어에게 필요한 정보가 왜곡 없이 제대로 표시되는데다, 캐릭터의 팔·다리 길이부터 이것이 상대에 닿을지 아닐지를 가늠하는 리치의 차이까지 직관적으로 바로

이해시켜준다. 상대의 공격이나 행동도 신속히 감지할 수 있으니, 대전에 적확한 판단을 하기 위해 가장 중요한 시각 정보들을 제대로 제공하는 시점이라 할 수 있다.

인간끼리의 대전 게임인 이상, 게임으로서 성립하려면 양쪽의 플레이어에게 주어지는 정보가 공평해야 함이 기본적인 대전제다. 대전격투 게임은 '게임'이라는 세계에서 두 플레이어가 경기를 벌이기에 양쪽이 완전히 동일한 조건이어야 경기 자체가 성립되므로, 쌍방에 공평한 화면 레이아웃을 도출하기 위해 시행착오를 거듭한 결과, 결국 장르 초창기부터 일반적으로 사용되어온 사이드뷰 시점이 심플하면서도 경기성(競技性)까지 겸비한 최적의 구도로 낙착된 것이다.

물론, 대전격투 게임이 처음부터 경기성을 전제로 삼고 디자인되었던 것은 아니다. 「대전 공수도」부터 시작되는 장르 극초기 타이틀의 경우, 하드웨어 성능 자체가 빈약하여 평면적으로 기호화된 게임 화면만이 가능했기에 필연적으로 사이드뷰 화면 구성을 취할 수밖

에 없었을 것이다. 이것이 공교롭게도 '대전격투'라는 게임 시스템에 제대로 들어맞았다. 어쩌면 반대로, 오히려 빈약한 성능 탓에 극한까지 단순화시킨 대전 플레이를 구현하는 과정에서 우발적으로 사이드뷰라는 최적의 해답이 도출된 것일지도 모르는 일이다.

현실성이나 박력보다, 경기성이 우선이다

지금까지 필자 나름의 사이드뷰 채택설을 서술해 보았으나, 이것이 유일한 정답이라고 주장하는 것은 아니다. 평면적인 화면 내에서도 「아랑전설」처럼 라인 이동 개념을 추가해 배틀에 깊이감을 구현한 사례도 물론 있고, 3D 격투 게임 쪽에서는 옆구르기나 프리 러닝 등을 도입해 자유 이동과 경기성을 양립시킨 사례도 많이 존재한다. 기존 작품들과 차별화하려면 신개념의 도입이 필요한지라, 대놓고 깊이감을 강조하는 연출과 현실성을 중시하는 이색적인 디자인을 선보인 「다크 엣지」나, 플레이어에게 개별적으로 주관시점 영상을 제공하는 「드래곤볼 Z V.R.V.S.」처럼, 비교적 변칙적인 시스템을 채택한 대전격투 게임이 존재하는 것도 사실이다.

오히려 이러한 반례가 있음에도 불구하고, 왜 사이드뷰가 지금도 여전히 대다수의 게임에서 사용되는가? 결국, 앞서 언급한 '대전격투를 표현하려면 이것이 가장 합리적이기 때문'인 것이다. 현실성이나 박력을 추구하기 위해 시점을 과감히 바꾼다는 발상도 있었겠으나, 어디까지나 '대전격투'라는 점을 대전제로 놓는다면 '플레이어 양쪽에 공평할 것'이 현실성 등보다 우선이다. 지금 현재도 대전격투 게임은 여전히 사이드뷰가 사실상 표준을 이루고 있는데, 과연 미래에는 이를 뛰어넘는 시점이나 시스템이 나올 수 있을까.

▲ 「버추어 파이터 2」의 화면. 3D 대전격투 게임이지만, 화면 구성은 어디까지나 2D 대전격투 게임의 연장선.

제 8 장

ADK

ADK는 네오지오에 하드웨어 개발 단계부터 깊이 관여했던 탓에, 자연스럽게 네오지오용 소프트 개발에 오랫동안 주력해온 개발사다. 라스푸틴·잔 다르크 등의 실존 위인들을 소재로 삼은 「월드 히어로즈」 시리즈처럼 강렬한 개성을 가진 작품을 다수 내놓은 회사로도 유명하여, 그 독특한 존재감 덕분에 팬도 많다.

월드 히어로즈

● 1992년 7월　　● 알파 전자(개발·발매)

■ '알파 전자'의 마지막 타이틀

'사상 최강의 영웅은 누구인가?'를 결정하려, 타임머신을 통해 한자리에 모인 영웅들이 싸우는 대전격투 게임. 등장 캐릭터 대부분은 잔 다르크, 핫토리 한조, 라스푸틴 등 역사적으로 실존했던 인물이 모델이고, 브로켄의 경우 만화에서 힌트를 얻은 캐릭터이며, 최종 보스는 아예 완전 오리지널 캐릭터다.

시스템은 8방향 레버+3버튼식을 채용했으며, 네오지오용 대전격투 게임으로는 최초로 콤보를 도입한 작품이다. ADK의 회사명이 '알파 전자'일 때 출시한 마지막 타이틀이기도 하여, 속편인 「월드 히어로즈 2」부터는 'ADK' 명의로 출시되었다.

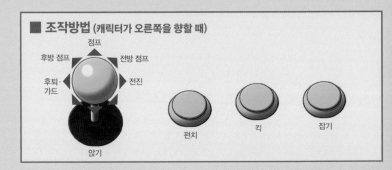

■ 조작방법 (캐릭터가 오른쪽을 향할 때)

점프
후방 점프　전방 점프
후퇴·가드　　전진
앉기

펀치　　킥　　잡기

▲ 네오지오의 대전격투 게임으로는 최초로 연속기 개념을 도입한 작품이다. 2단 점프와 공중 장풍계 기술도 이 작품이 처음이다.

▲ 일반적인 대전 외에, 지뢰·가시장벽·오일 바닥 등의 함정이 설치된 데스매치 대전도 등장한다.

▲ 데스매치 중엔 '스킨헤드 매치'도 있는데, 여기서 패배하면 여성 캐릭터라도 가차 없이 머리칼을 빡빡 밀어버린다.

■ 캐릭터

한조
이가 닌자군의 두목. 최강이라는 말을 동경해 항상 엄격하게 수행에 매진한다. 단련한 몸을 무기 삼아, 더욱 힘을 추구한다.

후마
후마 닌자군단의 두목. 19세 때 한조에게 진 후, '타도 한조'를 목표로 수행에 몰두한다. 「통쾌 GANGAN 행진곡」에도 등장.

드래곤
중국 4천 년 역사의 최강 격투가로 불리는 스타 영화배우. 자신의 실력을 확인하려, 박사의 계획에 응해 배틀에 참가했다.

잔
성검을 휘둘러 싸우는 여전사. 성검이 자유자재로 신축하여 리치가 길다. 결혼상대로 자신보다 강한 남자를 찾기 위해, 박사의 권유에 응했다.

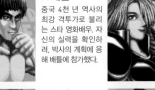

J.칸
몽골 기마민족의 우두머리, 무시무시한 완력의 소유자. 팔에 기를 모아 지면을 내리치거나, 스파이크가 달린 어깨로 태클을 건다.

머슬 파워
위력이 센 기술을 구사하는 최강 레슬러. 강한 자와 싸우기 위해서라면 어디든 간다는 신념으로 박사의 회유에 응했다.

브로켄
강해지기 위해 자신의 신체를 개조해 사이보그 전사가 된 군인. 컴퓨터와도 같은 냉철한 두뇌로 싸움을 유리하게 이끈다.

라스푸틴
'신이 보낸 자'라고도 불렸던 러시아의 괴승. 마력으로 손발을 거대화시켜 공격하는 등, 외모뿐만 아니라 공격법도 특이한 캐릭터다.

월드 히어로즈 2

● 1993년 4월　　●ADK(개발·발매)

CPU전의 난이도가 매우 높아지다

　네오지오 절정기에 등장했던 '100메가 쇼크' 시리즈의 제4탄. 신 캐릭터 6명이 추가되어, 총 14명의 캐릭터를 사용할 수 있다.

　신규 시스템으로서 '되던지기'와 '튕기기'를 추가해 다른 대전격투 게임과의 전략적인 차별화를 실현했지만, 플레이어가 쓰기엔 타이밍이 상당히 까다로웠기에 오히려 CPU전의 난이도가 비약적으로 높아졌다. 그럼에도 워낙 인상적인 등장 캐릭터들과 다양성이 한층 높아진 데스매치 모드 등 이 작품에만 있는 독특하고 개성적인 매력이 확고해, 같은 시기에 출시된 SNK의 「아랑전설」과 더불어 대히트작이 되었다.

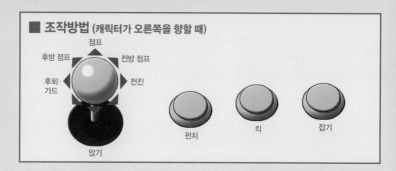

조작방법 (캐릭터가 오른쪽을 향할 때)

점프 / 후방 점프 / 전방 점프 / 후퇴·가드 / 전진 / 앉기 / 펀치 / 킥 / 잡기

▲ 신 캐릭터 중 '이즈모 료코'는, 당시 일본의 유도 여왕 '야와라짱' 타무라 료코의 붐이 한창일 때 시의적절하게 따온 캐릭터다.

▲ 신 시스템으로서 상대가 잡기를 걸 때 역으로 잡아 반격하는 '되던지기'와, 장풍을 저스트 가드하여 반사시키는 '튕기기'를 추가했다.

▲ 전작보다 연속기 사용이 쉽고 박력도 강화됐다. 초보자용으로, 공격 버튼을 연타하면 자동으로 발생하는 '콤비네이션'도 추가했다.

■ 캐릭터

한조
이가 닌자군단의 젊은 두목. 사상 최강을 목표로 싸운다.

드래곤
자신의 격투기 정신을 다 잡기 위해 대회에 참가한다.

라스푸틴
사람들에게 싸움의 허무함을 전하기 위해 대회에 참가했다.

브로켄
몸의 온갖 부분에 무기를 내장시킨 필살 로봇.

캡틴 키드
일곱 대양을 제패한 대해적. 아류 권법으로 싸운다.

료코
진정한 격투가가 되려, 대회 소식을 듣고 참가한다.

머드맨
파괴신을 물리쳐 신의 세계에 가려고 대회에 참가했다.

후마
한조와 결판을 내기 위해 대회에 출전한다.

J.칸
패왕의 긍지를 걸고 승부에 도전한다.

잔
이번에도 운명의 상대를 찾아 대회에 참가했다.

머슬 파워
온갖 시대의 강호들과 싸워보려고 대회에 참가했다.

에릭
자신의 힘을 증명하우두머리가 되려 대회에 참가했다.

슈라
무예타이가 강하다는 것을 증명하려 대회에 참가했다.

조니 맥시멈
'살인 머신'이란 별명으로 유명한 미식축구 선수.

시스템을 대폭적으로 바꾼 시리즈 제3탄

월드 히어로즈 2 JET

● 1994년 4월　　　● ADK(개발·발매)

시리즈 중 가장 이색적인 시스템

「월드 히어로즈 2」의 속편. 등장 캐릭터는 전작의 14명에, 신규 캐릭터 2명을 추가했다.

전작까지 있었던 데스매치를 없애고, CPU전에 대회출장 모드와 무사수행 모드를 도입했다. 또한 대인전 시에는 캐릭터의 특징을 '노멀'·'공격 중시'·'방어 중시'·'스피드 중시' 중에서 선택할 수 있다. 이 작품만의 오리지널 시스템으로서 다단 히트 기술을 히트시켜 승리하면 히트 수만큼 패배 보이스가 출력되기도 하고, 승부가 난 상황에서 패배한 상대에게 계속 기술을 걸면 배틀 포인트가 벌리도록 하여 이른바 '티배깅' 행위에 의미를 부여하는 등, 독특한 개성이 여전하다.

■ 조작방법 (캐릭터가 오른쪽을 향할 때)

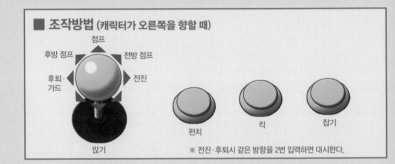

점프 / 후방 점프 / 전방 점프 / 후퇴·가드 / 전진 / 앉기 / 펀치 / 킥 / 집기

※ 전진·후퇴시 같은 방향을 2번 입력하면 대시한다.

▲ 이 작품은 체력 게이지 아래에 캐릭터의 심정이 텍스트로 나온다(역주 ※). 게임 중에 볼 여유는 없지만, 관람자에겐 재미있는 기능임에 틀림없다.

▲ CPU전에서 '대회출장' 모드를 선택하면, 대회 4일째까지는 1:3 팀전으로 싸운다. 2승 이상을 거두면 다음날로 넘어간다.

▲ '무사수행' 모드에서는 자신이 정한 상대를 골라 연습할 수 있다. 기본값은 3전 2승제이며, 타입 선택 기능은 없다.

■ 캐릭터

한조
뜨거운 남자의 혼을 품고 더욱 자신을 단련한다.

드래곤
최강의 권법가이자 스타 영화배우.

라스푸틴
싸움으로 사랑을 설파하는 기인 변태 마법사.

브로켄
걸어 다니는 기계인가 싶은, 무적의 사이보그 전사.

캡틴 키드
불굴의 혼을 가진 괴짜 이자, 일곱 대양을 제패한 대해적.

료코
진정한 격투가를 목표로 수행에 나선 유도 소녀.

죠니 맥시멈
'살인 머신'이란 별명을 지닌 프로 미식축구 선수.

잭
19세기에 런던을 떠들썩하게 했던 연쇄 살인마.

후마
한조를 일생의 라이벌로 여기는 후마 닌자의 부두목.

J.칸
싸우는 것이 취미인, 대륙을 호령한 패왕.

잔
백년전쟁 시 대천사의 목소리를 들었다고 전해지는 여검사.

머슬 파워
힘이 최고라 생각하는, 경이로운 파괴력의 레슬러.

에릭
바이킹 족장이 된, 높은 긍지 높은 전사.

슈라
신기술 '더블 니 킥'을 익혀 참전했다.

머드맨
신의 계시로, 신의 적을 물리치려 싸우는 전사.

여포
자신의 힘을 절대적으로 자신하는 삼국시대 최강의 난동꾼.

역주 ※: 일본판 설정에만 있는 시스템으로서, 한국 등에서 가동된 해외판에는 없다.

막무가내 열혈한 8명의 종횡무진 대난투

통쾌 GANGAN 행진곡 [역주 ※]

● 1994년 7월　　● ADK(개발·발매)

게임 전체가 오로지 공격 일변도

네오지오로 발매된 학원물 열혈 대전격투 게임으로서, 동서양의 불량 학생들이 치고받는 싸움을 테마로 삼고 여기에 프로레슬러·여고생·농구 소년·닌자 등이 얽히는 스토리다.

등장 캐릭터는 총 8명이며, 최대 특징은 스테이지가 2차원 형태라는 것으로서 벨트스크롤 액션 게임처럼 상하좌우로 자유롭게 이동할 수 있다. 계속 공격하지 않으면 오히려 감소해버리는 '열혈 게이지'가 잘 보여주듯 게임 디자인이 전반적으로 공격 일변도이며, 게이지를 꽉 채우면 발동 가능한 'GANGAN 필살기'는 일격필살의 위력을 자랑하고, 어떤 캐릭터로 싸우든 꽤나 공을 들인 연출이 펼쳐진다.

■ 조작방법 (캐릭터가 오른쪽을 향할 때)

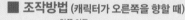

안쪽 이동
후퇴·가드 ─ 전진
바깥쪽 이동

 펀치(무기공격)
 킥
점프·배후이동

※ 점프+↓로 도발

▲ 이 작품은 특이하게 필드가 2차원이다. 「아랑전설」식의 2라인제가 아니라, 제약 없이 안쪽·바깥쪽으로 자유롭게 이동할 수 있다.

▲ 화면 아래쪽에 표시된 '열혈 게이지'는 공격을 계속 히트시키거나 시간 경과로 차오르며, 가드에만 집중하면 오히려 감소한다.

▲ 플레이어 캐릭터로 「월드 히어로즈」의 후마도 등장한다. 성능은 이 작품에 맞춰 수정되어 있다.

■ 캐릭터

「혼모쿠의 붉은 표범」
죠
본명은 쿠사나기 죠, 17세. 주먹질로 간토의 No.1이 된 후, 간사이를 제패한 고의 소문을 듣고 흥미를 품는다.

「나니와의 초 근성남」
고
본명은 키도코로 고, 18세. 오사카 태생이며, 뼛속까지 의리파다. 전국 제패를 위해 죠를 쓰러뜨리러 떠난다.

「날으는 사자」
쉰
본명은 쉰 지너스, 26세. 전직 프로레슬러로서, 물의를 일으켜 해고된 후부터는 지하 프로레슬러로 활약한다.

「천진난만 말괄량이」
키사라
본명은 키사라 웨스트필드, 16세. 남녀에 관계없이 인기가 많은 하이스쿨 아이돌.

「갈색의 탄환」
바비
본명은 바비 넬슨, 13세. 프로 농구선수가 되는 게 꿈이다. 몸집이 작은 것치고는 악력이 무려 62kg이나 된다.

「질풍노도의 난동꾼」
후마
본명은 후마 코타로, 26세. 월드 히어로즈에 참가할 셈이었는데 타임머신이 고장나는 바람에 현대로 와버렸다.

「섬광의 하얀 송곳니」
이해권
한국인 캐릭터이며, 21세. 자신을 파문시킨 도장을 레온할트가 부쉈다는 것을 알고, 타도 레온할트를 결심한다.

「난폭한 흑우」
레온할트
본명은 레온할트 도마토르, 32세. 그저 최강이 되기 위해 여행 중인 고독한 남자다. 이해권과 동문이지만 그의 숙적이 된다.

역주 ※: 한국에서는 해외판 타이틀명인 「Aggressors of Dark Kombat」로 가동되었다. 약자가 개발사 이름인 ADK와 동일하다.

월드 히어로즈 퍼펙트

● 1995년 5월 　　● ADK(개발·발매)

공격자에 유리하나 밸런스는 안정적

「월드 히어로즈 퍼펙트」는 시리즈의 제4탄이자 마지막 작품이다. 「월드 히어로즈 2 JET」까지 등장했던 플레이어 캐릭터는 전원 재등장하며, 히든 캐릭터로 '손오공', 최종 보스로 'NEO-DIO'를 추가했다. 조작계는 8방향 레버+4 버튼식이며, A+B 버튼 또는 C+D 버튼을 동시에 누르면 강공격이 나간다. 모드 선택을 폐지한 대신, 지구의 창세기부터 현대까지 다양한 시대 배경을 스테이지로 추가했다. 여기에 'HERO 게이지', 특수 기술인 '엑스트라 어택', 타사 게임의 초필살기에 해당하는 '궁극오의' 등등 여러 신규 시스템을 추가했다.

■ 조작방법 (캐릭터가 오른쪽을 향할 때)

점프
후방 점프　　전방 점프
후퇴·가드　　　전진
앉기

약펀치　　중펀치　　약킥　　중킥

※ 전진·후퇴시 같은 방향을 2번 입력하면 대시한다.
※ 약펀치+중펀치로 강펀치, 약킥+중킥으로 강킥

▲ 모든 캐릭터가 고유의 엑스트라 어택을 갖고 있다. 약펀치+중펀치+약킥을 동시에 눌러 발동한다.

▲ 궁극오의는 체력이 절반 이하로 떨어지면 사용할 수 있다. 게다가 HERO 게이지가 꽉 찬 상태라면 강화판으로 발동된다.

▲ 게임 자체의 난이도는 높지만, 강력한 히든 캐릭터 NEO-DIO와 손오공을 간단한 커맨드로 개방해 사용할 수 있다.

■ 캐릭터

한조	후마	잔	드래곤	라스푸틴	브로켄	머슬 파워	J.칸	손오공

캡틴 키드	에릭	머드맨	료코	조니 맥시멈	슈라	잭	여포	NEO-DIO

NINJA MASTER'S 패왕인법첩

● 1996년 5월   ● ADK(개발·발매)

NINJA 콤보로 결정타를 날려라

과거에 닌자가 소재인 게임을 다수 내놓은 바 있는 ADK가 만든, 본격 닌자 대전격투 게임. 다만 ADK의 다른 닌자계 게임과는 달리, 어둡고 살벌하며 하드코어한 세계관으로 전개되는 이색작이 되었다.

조작은 다른 네오지오계 게임처럼 8방향 레버+4버튼식을 적용했다. 등장 캐릭터는 보스를 포함해 총 12명이 등장한다. 무기를 언제든 꺼내거나 집어넣을 수 있는 것이 최대 특징으로서, 필살기와 콤보도 맨손·무기로 2종류가 존재한다. 연속 입력기부터 그 상위판에, 루트 콤보의 선구자라 할만한 필살 콤보(NINJA 콤보)에 암흑 콤보까지, 콤보가 꽤나 다양하게 제공되는 점도 특징이다.

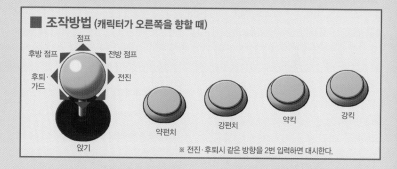

■ 조작방법 (캐릭터가 오른쪽을 향할 때)

점프 / 후방 점프 / 전방 점프 / 후퇴·가드 / 전진 / 앉기

약펀치 강펀치 약킥 강킥

※ 전진·후퇴시 같은 방향을 2번 입력하면 대시한다.

▲ 기본적으로는 무기를 사용하는 대전격투 게임이지만, 이 작품은 맨손 격투도 가능하며 무기 유무에 따라 공격 성능이 변화한다.

▲ 무기를 사용하는 강력한 공격이 중요하긴 하나, 콤보 자체는 무기·맨손 양쪽에 모두 있으며 필살기도 2가지로 계통이 나뉘어 있다.

▲ 다양한 콤보가 제공되며, 버튼 연속 입력식인 필살 콤보(=NINJA 콤보)와 그 파생기인 암흑 콤보도 존재한다.

■ 캐릭터

사스케

황금성의 봉인을 지키는 일족의 후예로서, '성전진도류'의 후계자. 아버지의 원한을 풀기 위해 도주 닌자가 된다.

카라스

간소한 옷차림의 깡마른 낭인. 요도에 사로잡힌 남자, 광기가 숨어있는 남자 등으로 알려져 있다.

운젠

탁발승으로서 기골 장대한 승려. 사소한 일에도 폭력이 앞서는 스스로에 의문을 품고 수행을 떠난다.

나츠메

요염한 외모와 뛰어난 몸매의 류큐 여전사. 악행의 원흉을 물리치기 위해 일본으로 건너왔다.

카무이

사스케의 옛 친구이자 라이벌. 도주 닌자가 된 사스케를 자원해 쫓고 있지만, 내심 망설이는 중이다.

라이가

사슬갑옷을 입은 장신의 무인. 진영류 인술을 전수해준 노인에게 은혜를 갚으려 상금벌이를 시작한다.

카스미

천진난만한 쿠노이치. 어린 겐슌 닌자로서, 수행을 싫어한다. 고향을 탈출해, 패왕을 물리치러 싸운다.

고에몽

천하무쌍의 대도적이자 의적으로서, 가난한 자들을 돕기 위해 황금성을 노린다. 라이가에 쫓기고 있다.

호오

젊은 퇴마사. 신앙심이 얕고 경박한 파계승으로서, 자기에게 왜 이런 힘이 있는지 이유를 알려 한다.

텐호

음양술을 쓰는 노인. 홍콩에서 도사로 활약 중이었다. 현재는 아들에게 가업을 물려주고 은둔 중이다.

게임 컨트롤러는 어떤 과정을 거쳐 버튼이 늘어나게 되었을까

6버튼식을 정착시킨 캡콤의 격투 게임들

최초의 6버튼식은 「스트리트 파이터」 1편

대전격투 게임이 정착시킨 여러 관례 중 하나로 꼽히는 것이, 바로 6버튼식 조작계다. 이 방식은 「스트리트 파이터 II」로 단숨에 보편화되었지만, 처음 적용된 게임은 테이블 캐비닛판 「스트리트 파이터」였다. 앞서 8p에서 소개한 대로, 원래 「스트리트 파이터」는 공기압 검출식으로 제작된 펀치·킥 버튼을 강하게, 또는 약하게 때리는 식의 업라이트 캐비닛판으로 처음 출시되었다. 이후 당시 일본의 오락실 실정에 맞춰 테이블 캐비닛판이 추가 발매되었고, 이때 3단계 강도에 각각 독립된 버튼을 배정하면서 비로소 6버튼식이 탄생한다. 펀치와 킥에 각각 약·중·강 3종의 버튼을 배치하면 플레이어가 그때그때 강도를 판단하여 누를 수 있었기에 「스트리트 파이터 II」는 처음부터 6버튼식을 적용했고, 이것이 캡콤은 물론이고 타사까지도 모두 따라 하

는 사실상 표준으로서 정착된 것이다.

참고로, SNK 쪽의 경우 네오지오의 발매가 1990년이라 「스트리트 파이터 II」 출시보다 앞서 나왔으므로 후일 대전격투 게임에 널리 쓰일 것을 아예 상정하지 않았기에, 4버튼식은 범용성을 고려해 결정한 우연의 산물이었다. 그 외의 조작계로는 양손·양발을 각각 4개의 버튼에 할당한 「철권」 방식과, 가드·펀치·킥을 3개 버튼에 할당한 「버추어 파이터」 방식 등이 꼽히는데, 타이틀에 따라서는 보조 기능을 추가하기 위해 버튼을 늘리는 경우도 있었다.

격투 게임 붐이 컨트롤러까지도 바꾸다

「스트리트 파이터 II」를 시작으로 휘몰아치게 된 대전격투 게임 붐은 당연히 가정용 게임기의 세계에도 커다란 영향을 미쳤을 터이다. 그런데, 당시의 가정용 게임기에서는 어떻게 여러 개의 버튼이라는 갑작스런 수요에 대처했을까?

일단, 가장 먼저 「스트리트 파이터 II」가 이식되었던 슈퍼 패미컴의 경우 우연히도 표준 컨트롤러가 기본적으로 'A'·'B'·'X'·'Y'·'L'·'R'이라는 6버튼식이었기에, 표준 컨트롤러만으로도 버튼 부족 없이 조작할 수 있었다. 다만 'L'과 'R' 버튼은 검지가 닿는 부분에 있기에, 버튼 설정 옵션에서 플레이어의 취향에 맞춰 할당을 변경할 수 있도록 대처했다.

같은 시기의 다른 게임기 쪽의 경우, PC엔진은 2버튼식, 메가 드라이브는 3버튼식 컨트롤 패드가 표준이었다. 물론 이 표준 패드로도 「스트리트 파이터 II」를 플레이할 수 있도록 개발사가 나름대로 배려하긴 했지만, 본래의 조작감 재현이라는 의미에서 적은 버튼 수는 아무래도 그냥 넘어갈 수 없는 단점이기도 했다. 그래서 PC엔진용 「스트리트 파이터 II 대시」와 메가 드라이브용 「스트리트 파이터 II 대시 플러스」의 경우, 발매와 동시에 이를 공식 지원하는 6버튼 패드를 별도 발매했다. PC엔진·메가 드라이브 공히 이후의 후계 모델에서 아예 6버튼 패드를 표준 패드로 제공하기도 했다. 두 기종의 신형 컨트롤 패드는 왼쪽 사진에서 알 수 있듯 전면에 아케이드판 「스트리트 파이터 II」의 컨트롤 패널처럼 6개의 버튼을 2열로 배치했으니, 아예 대전격투 게임 플레이 용도를 노리고 디자인한 것이 명백하다.

두 게임기의 차세대기로서 발매된 PC-FX와 세가새턴 역시 대전격투 게임에서의 활용을 염두에 둔 6버튼식 패드를 채택했는데, PC-FX의 경우 그리 활용되지 못했으나 세가새턴에서는 캡콤·SNK를 비롯한 여러 회사의 인기 격투 게임이 연이어 이식되어 크게 활약했다.

▲ 「스트리트 파이터 II 대시 플러스」와 동시 발매된 메가 드라이브용 '파이팅 패드 6B'.

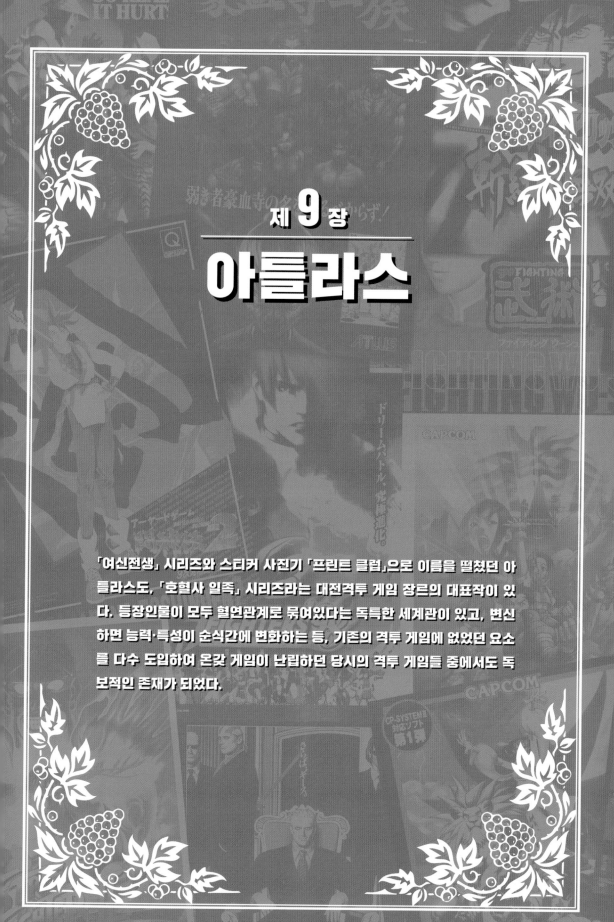

제 **9** 장
아틀라스

「여신전생」 시리즈와 스티커 사진기 「프린트 클럽」으로 이름을 떨쳤던 아틀라스도, 「호혈사 일족」 시리즈라는 대전격투 게임 장르의 대표작이 있다. 등장인물이 모두 혈연관계로 묶여있다는 독특한 세계관이 있고, 변신하면 능력·특성이 순식간에 변화하는 등, 기존의 격투 게임에 없었던 요소를 다수 도입하여 온갖 게임이 난립하던 당시의 격투 게임들 중에서도 독보적인 존재가 되었다.

타의 추종을 불허하는 설정과, 기발한 캐릭터가 빛난다

호혈사 일족 [역주 ※]

● 1993년 11월   ● 아틀라스(개발·발매)

겉보기도 필살기도, 독특하기 그지없다

인기 개발사인 아틀라스의 이름을 다시금 널리 떨친 이색 2D 대전격투 게임이다. 등장 캐릭터 모두가 혈연관계로 엮여있는데다, 거의 전원이 지위·돈·명예 등을 위해 고케츠지 가문의 당주 자리를 노린다는, 타의 추종을 불허하는 황당무계한 설정이 특징이다. 캐릭터 역시 박력 만점의 할머니, 대인공포증인 닌자, 번뇌를 온몸으로 표출하는 땡중 등등, 괴상한 필살기와 특이한 설정마저도 압도할 만큼 개성 만발인 인물들로 가득하다.

시스템은 8방향 레버+4버튼식을 적용했고, 2단 점프·대시 공격 등 후일 수많은 타이틀에 채용되는 시스템도 타사보다 선구적으로 도입했다.

■ 조작방법 (캐릭터가 오른쪽을 향할 때)

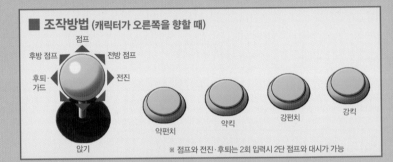

점프 / 후방 점프 / 전방 점프 / 후퇴 가드 / 전진 / 앉기 / 약펀치 / 약킥 / 강펀치 / 강킥

※ 점프와 전진·후퇴는 2회 입력시 2단 점프와 대시가 가능

▲ 대전격투 게임 사상 최초로 2단 점프를 정규 도입한 타이틀. 입력 타이밍을 일부러 늦춰 더 멀리 뛰는 응용도 가능하다.

▲ 대시 공격도. 대전격투 게임으로는 이 작품이 최초다. 일반 공격과는 모션이 다르며 2배의 대미지를 준다.

▲ '변신'하는 캐릭터도 있어. 가령 고케츠지 오타네는 할머니인데 미소녀로 변신한다. 캐릭터 성능 면에서도 할머니 때와는 크게 달라진다.

■ 캐릭터

애니 해밀턴

영국 출신이며 대부호의 영애. 가련한 분위기를 풍기는 처녀로서, 더욱 매력을 갈고닦아 키스의 관심을 끌기 위해 노력 중이다.

오오야마 레이지

성실하고 남자다운 가라테 파이터. 고케츠지 혈족이지만 악이나 번뇌와 무관한, 일족의 몇 안 되는 상식인이다.

키스 웨인

여자의 눈물에 약한 미국 출신의 불량소년. 일족의 몇 안 되는 상식인 중 하나라. 욕심쟁이 일족들을 내심 꺼린다.

화이트 버팔로

아메리카 원주민의 집에서 태어난 청년. 2m급의 거구이며 과묵해 말수가 적다. 괴상한 것을 수집하는 취미가 있다.

고케츠지 오타네

당주 오우메의 쌍둥이 동생. 유년기에 바다에 휩쓸려, 가난한 농가에서 고케츠지를 원망하며 수행하다 복수하러 귀환했다.

핫토리 사이조

투구로 안면을 가린 닌자. 실은 대인공포증이다. 당주 결정전 참전은 대인공포증 극복의 일환이고, 당주 자리엔 사실 흥미가 없다.

안젤라 벨티

맹수를 다루는 근육질 이탈리안 여성. 정열적이며 남자에 잘 빠지는 성격. 여성답지 않은 괴력과 채찍으로 호쾌하게 싸운다.

친넨

승려이자 권법가인 중년 남성. 욕망의 화신으로서 식욕·물욕이 강하고 신앙심은 거의 바닥이다. 번뇌를 파워로 변환한 괴기술을 쓴다.

역주 ※: 한국에서는 해외판 타이틀명인 「Power Instinct」로도 가동되었다. 또한, 원작 타이틀명은 '호혈사'가 일족의 성씨이니 정확히는 '고케츠지 일족」이 맞으나, 한국에선 '호혈사 일족」으로 널리 통했기에 부득이하게 이름을 따랐다.

154

신 캐릭터로 노인과 유치원생이 참전하다

호혈사 일족 2

● 1994년 10월　　● 아틀라스(개발·발매)

새로운 시스템, '인내 미터'

　전작의 1년 후를 무대로 삼은 제2탄. 지난 대회 우승자인 오타네가 실종된 탓에, 새로운 당주를 정하는 격투대회의 막이 다시 열린다는 스토리다.

　신규 캐릭터로 마법소녀와 유치원생, 근육빵빵 할아범이 등장하는 등 한층 더 이상한 쪽으로 치달아, 전작 이상으로 개성이 폭발하는 캐릭터들 일색이 되었다. 기본 시스템은 전작을 계승했고, 스테이지별 BGM에 보컬곡이 늘어나는 등 대놓고 웃음을 주는 연출이 만발한다. 특징은 '인내 미터'의 도입으로서, 일발오의도 사용할 수 있게 되었다. 2단 점프와 대시 공격 시스템 역시 그대로 유지되었기에, 독자적인 스타일의 심리전을 맛볼 수 있다.

■ 조작방법 (캐릭터가 오른쪽을 향할 때)

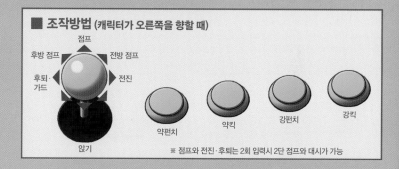

점프 / 후방 점프 / 전방 점프 / 후퇴·가드 / 전진 / 후퇴·가드 / 앉기
약펀치 / 약킥 / 강펀치 / 강킥

※ 점프와 전진·후퇴는 2회 입력시 2단 점프와 대시가 가능

▲ 신규 캐릭터로 유치원생 코쿠인 킨타로와, 훗일 인기 캐릭터가 되는 하나노코지 쿠라라가 등장한다. 둘 다 변신능력을 갖고 있다.

▲ 신규 시스템 '인내 미터'는 대미지를 남올수록 증가한다. 최대치가 되면 초필살기에 해당하는 일발오의를 쓸 수 있다.

▲ 일발오의는 저장된 게이지를 소비해 발동된다. 게이지가 다 차오르면 자동으로 상대를 말려든다. 오래가 발생하기도 한다.

■ 캐릭터

고케츠지 오우메

전작의 최종 보스였지만, 오타네에게 당주 자리를 빼앗겼다.

오오야마 레이지

성실한 가라테 격투가. 일족 중 드문 상식인이기도 하다.

키스 웨인

불량 배 청년. 욕망 덩어리인 친족들을 좋게 여기지 않는다.

애니 해밀턴

대부호의 영애. 일족 중 몇 안 되는 상식인에 속한다.

친넨
번뇌투성이인 파계승. 번뇌를 파워로 변환할 수 있었다.

화이트 버팔로
과묵한 인디언. 괴상한 물건을 모으는 습성이 있었다.

핫토리 사이조
대인공포증 닌자. 오오야마 레이지를 라이벌로 여긴다.

안젤라 벨티

맹수를 다루는 이탈리아인 여성. 정열적이고 남자를 밝힌다.

하나노코지 쿠라라
마법소녀. 성인 형태인 '슈퍼 쿠라라'로 변신한다.

사하드 아스란 류트

아랍 출신의 마술사. 이상형인 여성은 안젤라.

코쿠인 칸지

훈도시를 무기로 쓰는 깡마른 노인. 오우메의 전남편.

코쿠인 킨타로

전래 동화의 '킨타로'를 닮은 유아. 상대의 정기를 흡수해 변신.

고케츠지 오시마

오우메와 오타네의 친어머니로서, 101세의 할머니다.

고케츠지 오타네

우승자가 결정되면 갑자기 난입하는 최종 보스.

호혈사 외전 최강전설

● 1995년 9월　　● 아틀라스(개발·발매)

시리즈 최초로 태그 배틀을 도입

「호혈사 일족 2」에서 우승한 코쿠인 킨타로가 태그 매치 형식으로 새로운 대회를 개최한다는 외전격 스토리의 작품. 신규 캐릭터로, 코쿠인 킨타로와 하나노코지 쿠라라의 변신 후 모습인 '명견 포치'와 '슈퍼 쿠라라'가 독립 캐릭터로서 참전했다. 또한 '쿠로코'와, 고케츠지 혈족이 아닌 최초의 캐릭터인 지상 최강의 남자 '척'이 등장한다.

조작계는 전작과 동일하나, 메인 모드인 태그 배틀에 독자적인 시스템을 도입했다. 고케츠지 가문의 계보와 무관한 신 캐릭터의 등장과 태그 배틀제의 도입 등, 시리즈의 흐름에 새로운 전환점을 만드는 계기가 된 작품이다.

■ 조작방법 (캐릭터가 오른쪽을 향할 때)

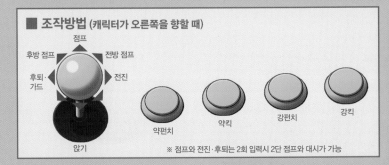

점프　전방 점프　후방 점프
후퇴·가드　전진
앉기
약펀치　약킥　강펀치　강킥

※ 점프와 전진·후퇴는 2회 입력시 2단 점프와 대시가 가능

▲ 처음엔 파트너가 싸우게 되고, 쓰러지면 다음에 리더가 등장하는 식인 독특한 태그 배틀제다. 순서 교체나 도중 교대는 불가능하다.

▲ 새로 추가된 '조 강공격'은 강공격보다도 강력한 타격기로서, 상대를 멀리 날려버리는데다 다운시킬 수도 있다.

▲ 요격 방어는 일반전의 가드와는 다른 자세의 가드를 말한다. 상단·중단 공격을 방어하며, 카운터로 노릴 수도 있다.

■ 캐릭터

고케츠지 오우메	고케츠지 오타네	오오야마 레이지	키스 웨인	애니 해밀턴	친넨	화이트 버팔로	핫토리 사이조	안젤라 벨티

하나노코지 쿠라라	사하드 아스란 류트	코쿠인 칸지	코쿠인 킨타로	고케츠지 오시마	슈퍼 쿠라라	명견 포치	쿠로코	척

헤븐즈 게이트

● 1997년 1월　　● 라쿠진(개발) / 아틀라스(발매)

사방이 폐쇄된 스테이지가 인상적

아틀라스가 발매한 3D 대전격투 게임. 그래픽은 3D이고 조작법은 2D로서, 양쪽을 융합한 시스템을 채택했다. 캐릭터는 히든 캐릭터와 보스를 포함해 총 9명이 등장하며, 제각기 악마계·천계·인간계의 존망을 걸고 싸운다는 스토리다.

이 작품의 특징은 체력 게이지 아래에 표시되는 '솔 게이지'로서, MAX까지 차오른 SOL=POWER를 개방하면 일격필살의 초필살기를 사용할 수 있다. 또한 SOL=POWER가 개방된 동안에는 공격력·방어력이 모두 상승하며, 다양한 연속기가 조합되는 스페셜 콤보도 발동할 수 있다.

■ 조작방법 (캐릭터가 오른쪽을 향할 때)

점프
후방 점프　　전방 점프
후퇴　　　　전진
앉기

가드　　펀치　　킥

▲ 일부 스테이지는 천장이 다소 낮은 편이라, 띄우기 계통의 기술을 걸면 상대가 바로 천장에 부딪히고 만다.

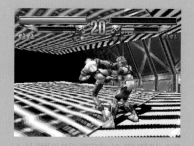

▲ 이 작품의 파워 게이지는 '솔 게이지'라는 이름으로서, 상대를 공격하거나 상대의 기술을 받거나 하면 조금씩 쌓인다.

▲ 솔 게이지를 사용하면 SOL=POWER가 개방되어, 공격력과 방어력이 상승하며 스페셜 콤보를 사용할 수 있다.

■ 캐릭터

신도 진
주인공. 천부적인 싸움꾼으로서, 강한 상대와 싸우는 것을 좋아한다. 표준적인 성능이라 밸런스가 잡힌 캐릭터.

사이카와 나나세
여주인공. 신도 진과는 소꿉친구로서, 본가의 도장 재건을 위해 싸운다. 민첩성이 좋아 초보자도 쓰기 쉽다.

난부 쿄스케
일은 싫지만 가족은 잘 돌보는, 툰파를 쓰는 청년. 신의 힘으로 세계를 올바르게 이끌려 한다. 무기를 쓰지만 리치는 짧다.

버니
자신보다 강한 남자를 찾고 있는 여성. 모델과 댄스 퀸의 두 얼굴을 가졌다. 발차기 기술은 리치가 길고 공격력이 높다.

덜퍼
풀페이스 헬멧으로 얼굴을 가린 남자. 나이프로 사람을 난도질하는 것을 좋아한다. 공격력이 낮지만 리치·민첩성은 좋다.

아하우
동성애 기질이 있는 콩고 출신의 강한 전사. 허리춤의 도롱이와 스킨헤드, 전신 페인팅이 특징. 잡기 기술의 위력이 강하다.

엔게츠
중국의 산속에 사는, 100살이 넘은 큰 원숭이. 인간에게서 고향을 지키려 싸운다. 큼직하고 민첩성이 낮지만, 잡기가 강력하다.

사사
미국에서 태어난 식물생명체. 머리에 핀 꽃이 시들 때까지 계속 싸운다. 겉모습과는 달리 민첩성도 공격력도 뛰어나다.

GROOVE ON FIGHT 호혈사 일족 3

● 1997년 5월　　● 아틀라스(개발·발매)

오우메·오타네 외엔 전부 신규 캐릭터

　전작에서 대략 20년 후인 2015년을 무대로 삼은, 시리즈 통산 4번째 작품. 오랫동안 서로를 적대해오던 오우메와 오타네가 결탁하여, 태그 매치를 개최한다는 스토리다.

　세대교체를 목표로 삼아서인지, 오우메·오타네 이외의 모든 캐릭터를 교체했고 캐릭터 디자인도 전부 리뉴얼했다. 시스템은 전작과 마찬가지로 태그 배틀제를 채택했고, 타사의 태그 배틀계 게임들처럼 리더가 선봉으로 등장하도록 바꿨다. 같은 팀원과의 협력 공격인 '듀얼 어택', 쓰러진 팀원을 무기처럼 상대에게 냅다 던져버리는 '아군 던지기' 등의 무자비한 오리지널 시스템도 도입했다.

■ 조작방법 (캐릭터가 오른쪽을 향할 때)

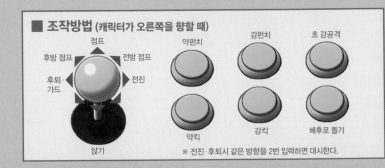

점프 / 후방 점프 / 전방 점프 / 후퇴·가드 / 전진 / 앉기
약펀치 / 강펀치 / 초 강공격 / 약킥 / 강킥 / 배후로 돌기

※ 전진·후퇴시 같은 방향을 2번 입력하면 대시한다.

▲ 전작 '최강전설'처럼 태그 배틀제를 채택했다. 단, 전작과 달리 대전 도중에도 교대할 수 있게 되었다.

▲ 신규 시스템으로서, 태그 팀원과의 협력 공격인 '듀얼 어택'과 쓰러진 팀원을 상대에 던져버리는 '아군 던지기'를 도입했다.

▲ 최종 보스 '브리스톨'은 데빌 서머너(역주 ※)라는 설정으로서, 필살기로 '여신전생' 시리즈의 악마들을 소환해 공격한다.

■ 캐릭터

래리 라이트
전세계를 바이크로 여행하는 무술가 겸 고고학자. 돈과 명예보다 지식을 갈구한다.

크리스 웨인
키스와 애니의 아들. 과거에 래리를 습격했지만 오히려 역습당했었다.

하나노코지 포푸라
하나노코지 쿠라라의 딸. 어머니를 닮은 성격에다, 어머니가 물려준 마법봉을 사용한다.

오토기리 레미
마녀의 피를 이은 양갓집 규수이자 음악가. 음표 모양의 마생물을 사역하고 있다.

솔리스=R8000
100년 후의 미래에서 온 여성 경찰관. 고케츠지와 인류의 미래를 지키기 위해 찾아왔다.

M.A.D
정체불명의 매드 사이언티스트. 과학의 존재 자체를 신격화하고 있다.

텐진바시 스지로쿠
야쿠자 집단 '텐진바시구미' 두목의 장남. 상당한 축제 애호가라 전국을 떠돌고 있다.

유키노우에 히즈미
닌자 마니아 겸 인술의 달인. 텐진바시 스지로쿠와는 서로가 인정하는 표리일체 관계다.

고케츠지 오우메&오타네
고령의 두 사람이, 화해를 이유로 서로의 등을 맞대고 참전한 모습이다.

팔코
온갖 도박에 정통한 남자. 오우메와 오타네에게 실력을 인정 받고 있다.

루돌프 겔트하이머
복면을 쓰고 코트를 걸친 거한. 오우메·오타네에게 복수하고, 당주 자리를 빼앗으려 한다.

역주 ※: 아틀라스 사가 비슷한 시기에 발매했던 인기 RPG '진 여신전생 : 데빌 서머너'에 등장하는 '악마 소환사'를 일컫는 명칭.

제 10 장

반프레스토

반프레스토는 반다이 그룹의 계열사였던 만큼, 건담·드래곤볼 등의 판권작을 주로 내놓은 점이 최대의 특징이다. 회사 내부에 개발팀이 없기에 타이틀 전부가 다른 회사의 외주 개발작이라는 점도 특징으로서, 개발사가 동일한 작품끼리는 시스템 쪽도 공통점이 많은 편이다. 또한 게임의 실제 개발사가 어디냐에 따라 완성도의 기복이 심하므로, 게임의 개발사에도 주목해 보도록.

드래곤볼 Z

● 1993년 7월　　　● 코브라 팀(개발) / 반프레스토(발매)

아케이드로는 최초의 '드래곤볼' 게임

같은 제목 인기 만화의 '나메크 성' 편을 소재로 삼은 타이틀. 캐릭터가 무공술(하늘을 나는 기술)을 쓴다는 설정인지라 점프 기능이 없으며, 대신 레버를 위 방향으로 조작하면 무공술로 캐릭터가 공중에 떠오르도록 했다. 에네르기파 등의 원거리계 필살기도 사용할 수 있긴 하나 궤도가 한정적인 등 빈틈도 많아, 기본 전술은 상대에 접근하여 직접 싸우는 격투전 중심이다. 플레이어블 캐릭터는 8명이 제공되며, 2라운드를 먼저 따내면 주인공 진영의 캐릭터를 사용할 때에 한해 결정타 연출이 삽입된다. 결정타를 당하는 상대에 딱히 제한은 없기에, 스토리상으로는 아군인 경우라도 결정타를 맞을 수 있다.

■ 조작방법

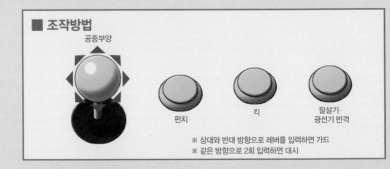

공중부양

펀치　　　킥　　　필살기・광선기 반격

※ 상대와 반대 방향으로 레버를 입력하면 가드
※ 같은 방향으로 2회 입력하면 대시

▲ 모든 캐릭터에 고유 스테이지 배경이 있으며, 거북선인의 집처럼 전투 중 일부가 파괴되는 경우도 있다.

▲ 사용 캐릭터가 누구든, 최종 전투에서 프리저를 물리치면 게임 클리어다.

▲ 플레이어블 캐릭터는 8명뿐이지만, 스테이지 배경에만 등장하는 원작 캐릭터도 있다.

■ 캐릭터

손오공
주인공. 노 컨티뉴로 바타 전까지 승리할 경우 초사이어인 모습으로 바뀐다. 화면 내를 고속 이동할 수 있는 계왕권이 강력하다.

베지터
행성 베지터의 왕자. 이 작품에서는 초사이어인이 되지 않는다. 원거리 기술로는 루콜라포와 갤릭포를 사용한다.

손오반
오공의 장남. 본문에서 서술한 결정타 연출 탓에, 아버지에 결정타를 가하거나 반대로 당하기도 한다. 원거리 기술은 마섬광과 격룡산탄.

피콜로
오공의 적이었던 피콜로 대마왕의 환생이며 오반의 스승. 원거리 기술로는 마광포와 마관광살포를 사용한다.

리쿰
기뉴 특전대의 일원. ROM 용량 문제로 등장 캐릭터가 제한되던 시대에는 나올 기회가 적었던 캐릭터라, 당시엔 귀중한 출연작이었다.

바타
기뉴 특전대의 일원. 스피드가 장기이며 좋아하는 것은 초콜릿 파르페. 이 게임에서는 기술 수가 적고 원거리 기술이 아예 없다.

기뉴
프리저의 신뢰가 두터운, 기뉴 특전대의 대장. 원작에선 타인과 몸을 바꾸는 '바디 체인지'가 쓰이지만, 이 게임에선 사용하지 않는다.

프리저
행성 베지터를 멸망시킨 우주의 제왕. 이 작품에서도 최종 보스다. 원작에서는 여러 형태가 있었지만, 이 작품에선 처음부터 완전체로 등장한다.

기동전사 건담

● 1993년 8월　　●알뤼메(개발) / 반프레스토(발매)

모빌슈트는 총 11종류가 등장

　인기 애니메이션 '기동전사 건담'을 원작으로 삼은 2D 대전격투 게임. 11종의 모빌슈트(및 파일럿) 중에서 하나를 골라 다른 10종과 싸우자. 기본 설정은 원작 기준으로서, 오프닝에서도 TV 시리즈의 특징적인 연출을 일부 재현했다. 조작은 간단한 편이며 잡기 기술과 기절 개념이 없고, 양쪽의 타격기가 동시에 부딪칠 경우 요란한 금속음과 함께 상쇄돼 버린다는 특징이 있다. 양산기 '자쿠' 대 '자쿠'처럼 동일한 모빌슈츠끼리는 대전이 기본적으로 불가능하나, '샤아 전용 자쿠' 대 '샤아 전용 즈고크'는 예외적으로 가능하다.

■ 조작방법 (캐릭터가 오른쪽을 향할 때)

점프

후방 점프　　전방 점프

후퇴·가드　　전진

앉기

약공격　　강공격

※ 전진 2회 입력시 대시 가능

▲ 조작계는 8방향 레버+2버튼(강·약공격)으로서 매우 간단한 편. 타격기(일반 공격)와 발사계 공격(필살기)으로 승부한다.

▲ 스테이지는 지상·우주 2종류가 있긴 하나, 딱히 기체 성능이 변화하진 않으며 수륙양용 등과도 무관해 평범하게 전투한다.

▲ 과거 'SD건담'에서 등장한 바 있는 가슴 부위가 붉은 프로토타입 건담이, '세일러 전용 건담'이란 이름으로 등장한다.

■ 캐릭터

건담 (아무로)

아무로가 조종하는 건담. 장거리계 기술은 발칸과 빔 라이플. 근접 공격시 빔 사벨을 쓸 수 있다.

자쿠

일반병용 자쿠. 장거리 기술은 발에 장착한 미사일과 크래커. 근접 공격은 히트 호크를 휘두른다.

구프

란이 탑승하는 MS. 장거리 기술은 손가락에서 발사하는 발칸. 단, 사정거리가 짧으니 주의하자.

돔

검은 삼연성의 가이아가 탄 MS. 자이언트 바주카로 견제하고, 대시 어택으로 큰 대미지를 노리자.

즈고크

일반병이 탑승하는 수륙양용 MS. 메가입자포와 미사일 등, 장거리계 기술이 풍부한 기체다.

겔구그

일반병이 탑승하는 겔구그. 나기나타를 휘두르는 대공기가 있지만, 수직 범위라 써먹기가 어렵다.

건담 (세일러)

세일러 마스가 탑승하는 건담. 아무로의 건담과는 색상이 다를 뿐 동일한 성능의 기체다.

샤아 전용 자쿠

샤아 전용의 자쿠. 일반병 전용 자쿠에 대시를 추가하여, 속도감 있는 전투가 가능하다.

샤아 전용 즈고크

샤아 전용의 즈고크. 자쿠와 동일하게, 대시가 추가된 것 외에는 딱히 성능 차이가 없다.

샤아 전용 겔구그

샤아가 탑승하는 겔구그. 일반병용 겔구그와는 색상이 다를 뿐, 딱히 성능 차이가 없다.

드래곤볼 Z V.R.V.S.

● 1993년 8월   ● 세가 엔터프라이지스(개발) / 반프레스토(발매)

빙글빙글 돌려 기술을 발동한다

레버를 빙글빙글 돌린다는 독특한 조작 방식이 특징인 체감형 게임. 기술 중에는 버튼을 길게 눌러 사용하는 것도 있지만, 가령 '에네르기파'라면 레버를 오른쪽으로 8회전+펀치로 발동하는 등 다른 게임과는 완전히 차별화된 커맨드도 적지 않다. 당시의 홍보 전단지로는 레버를 마구 돌리는 간단 조작이 특징이라 라이트 유저도 마니아도 즐길 수 있는 게임이라고 선전했으나, 실제로는 공격과 방어가 치열한지라 난이도가 결코 낮지 않다.

이 작품은 원래 주간 '소년 점프' 25주년 이벤트 행사에 출전되었던 '드래곤볼' 기반의 4인용 VR 배틀 게임인데, 원작자인 토리야마 아키라가 이 VR 게임용으로 신규 디자인한 캐릭터인 '마인 오조토'가 최종 보스로 등장한다.

■ 조작방법

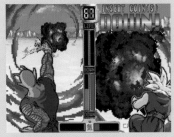

▲ 모든 대전 상대를 물리쳐 드래곤볼이 전부 모이면, 신룡이 소원을 이루어준다.

▲ 배틀은 일단 시간제한이 있지만, 방어와 회피를 아무리 잘 해도 기본적으로 진행이 빠른 편이라 CPU전에서 타임 오버가 되는 경우는 매우 드물다.

▲ 최종전에서 오리지널 보스 '오조토'를 이기면, BGM에 기술 효과음을 리믹스한 독특한 느낌의 스탭 롤 영상이 나온다.

■ 캐릭터

| 손오공 | 손오반 | 피콜로 | 트랭크스 | 베지터 | 오조토 |

필살기는 에네르기파와 원기옥. 둘 다 레버를 오른쪽으로 마구 돌리는 식의 커맨드로 발동한다.

아케이드 게임에서는 처음부터 초사이어인 형태로 등장한다. 오른쪽 2회전+펀치인 마섬광은 발동 속도가 빠르다.

캐릭터 그래픽이 크직해, 이마의 촉각이 움직이는 묘사까지 표현됐다. 커맨드는 펀치와 회전이 섞여 살짝 복잡한 편.

회전이 아니라 특정 방향으로 커맨드를 입력하는 '포톤 붐'은 이 게임에선 드문 커맨드 패턴이라 독특한 느낌이다.

펀치를 오래 눌러 발동하는 빅뱅 어택은, 커맨드 자체는 쉽지만 충전 타이밍이 까다롭다.

변신 능력이 있는 마신. 패배하면 "설마… 이 몸이!!"라며 격노하지만, 이 게임 외에는 나온 적이 없어 실력은 미지수.

드래곤볼 Z2 Super Battle

● 1993년 12월　　● 코브라 팀[개발] / 반프레스토[발매]

지구의 운명이 걸린 셀 게임에 도전하자

　시리즈 2번째 작품. 전작은 레버를 위로 입력하면 캐릭터가 공중에 뜨는 시스템이었지만, 이 작품은 아예 스테이지를 지상과 공중의 둘로 분할해 공중전을 묘사하고, 점프 기능을 추가했다. 캐릭터를 띄워 올리면 공중에서 싸우게 되지만, 착지 동작이 밋밋한 것 외에는 지상과 동일한 느낌이다. 전작의 경우 적과 고도를 맞춰 공격해야 했기에, 이 문제를 개선함으로써 조작이 간편해졌고 속도감도 크게 향상되었지만 상대적으로 개성은 약해졌다. 기절이 걸리면 드래곤볼이 머리 위를 빙글빙글 도는 묘사나, 라운드 시작 시 삽입되는 초사이어인 변신 장면 등, 연출을 디테일하게 개선하기도 했다.

■ 조작방법 (캐릭터가 오른쪽을 향할 때)

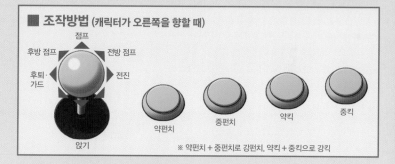

점프 / 후방 점프 / 전방 점프 / 후퇴·가드 / 전진 / 앉기

약펀치　중펀치　약킥　중킥

※ 약펀치 + 중펀치로 강펀치, 약킥 + 중킥으로 강킥

▲ 지상과 공중은 배틀 도중에 자유 왕복할 수 있지만, 라운드 1은 지상에서, 라운드 2는 공중에서 시작한다.

▲ 1라운드 시작 시의 연출. 손오공이 평소 모습에서 초사이어인으로 변신하고, 그 충격으로 상반신의 도복이 찢겨 사라진다.

▲ 지근거리에서 일반 공격이 부딪치면 오토 배틀이 전개된다. 양쪽이 맹렬히 연타하여, 더 많이 버튼을 누른 쪽이 유리해지게 된다.

■ 캐릭터

손오공

주인공. 체력 게이지 밑에 GOKOU(역주 ※)로 표시되는데, 딱히 이유가 있어서라기보다 그저 오표기로 보인다.

손오반
오리지널에서 셀을 이겼던 캐릭터. 오공보다 몸집이 작고 리치도 짧지만, 움직임이 재빠른 편이다.

베지터

트랭크스의 아버지. 게임을 클리어하면, 유원지를 조건으로 트랭크스를 열심히 수련시키는 모습을 볼 수 있다.

트랭크스

등에 멘 검은 공격에 사용할 수 있다. 이 게임에서 소지한 무기를 사용하는 캐릭터는 트랭크스뿐이다.

미스터 사탄

유명세와 실제 실력 간에 괴리가 있는 캐릭터이지만, 이 게임에선 제법 잘 싸운다. 등에 멘 추진기로 비행 능력을 보충한다.

피콜로

피콜로끼리 대전하여 승리하면, 또 다른 자신의 안부를 염려해 주는 대사가 나오기도 한다.

인조인간 20호

닥터 게로가 자신의 몸을 직접 개조한 인조인간. 19호가 전투를 도와주는데, 20호가 피격당하면 깜짝 놀라기도.

인조인간 18호

쌍둥이 남동생과 함께 인조인간으로 개조된 여성. 공중에서 에너지탄을 쏘면 맞추기 쉬워서 편리하다.

인조인간 16호

원작에서는 마음씨 착한 청년으로 그려지는 인물이지만, 너무 과묵해 전투에 승리해도 대사가 없는 경우가 많다.

셀

셀을 조작해 게임을 클리어하면, 「메탈 블랙」의 엔딩처럼 지구가 반으로 쪼개지며 끝난다.

역주 ※: '오공'의 일본어 영문 표기는 보통 'GOKU'나 'GOKUH' 등이기 때문.

오리지널 MS도 등장하는 시리즈 제2탄

기동전사 건담 EX-REVUE

● 1994년 8월　　● 알뤼메(개발) / 반프레스토(발매)

격투 게임으로서의 퀄리티도 진화하다

전년에 가동됐던 「기동전사 건담」의 속편. 전작처럼 기본적인 설정은 원작을 따르며, 대전격투 게임으로서의 퀄리티가 향상됐다. 시스템은 8방향 레버+4버튼제로 변경했고, 잡기 기술을 도입했다. 연속기와 다단 히트 시에 히트 수도 표시되도록 한 대신, 타격기의 상쇄 시스템은 삭제했다. 추가 MS로는 '건캐논'과 '앗가이', '갸'이 등장한다. 최종 보스로서 오리지널 MS '돌멜'이 추가되었다. 그래픽 퀄리티도 향상되었고, 기존 MS 역시 신규 모션을 추가했으며 디테일한 묘사를 리뉴얼했다.

■ 조작방법 (캐릭터가 오른쪽을 향할 때)

- 점프
- 후방 점프 / 전방 점프
- 후퇴·가드 / 전진
- 앉기

약공격 / 중공격 / 강공격 / 잡기

※ 전진·후퇴시 같은 방향을 2번 입력하면 대시한다.

▲ 격투 게임으로서의 퀄리티는 몰라볼 만큼 향상됐다. 같은 MS끼리의 대전도 가능해졌고, 잡기 공격도 추가되었다.

▲ CPU전일 때는 각 스테이지별로 TV 애니메이션판의 부제가 나온다. 그중에는 최근 별도로 영화화된 '쿠쿠루스 도안의 섬'도 있다.

▲ 최종 보스로 등장하는 오리지널 MS '돌멜'. 오리지널 여성 캐릭터 '라무이코 슈타인'이 탑승한다.

■ 캐릭터

건담
빔 사벨을 사용하는 일반 기술의 위력이 강하다.

자쿠
서서 강공격하는 히트호크가 빈틈이 적고 고성능이다.

구프
히트 로드의 리치가 길어 원거리전에 강하다.

즈고크
장거리 기술과 돌진기가 있지만 공중 공격에 취약한 편.

겔구그
일반 기의 리치가 길고 공격 판정이 뛰어난 고성능 캐릭터.

갸
빔 사벨도 있고, 방패에 장거리 공격무기도 내장했다.

건캐논
캐논을 상하로 구분해 쏠 수 있고, 대공기도 보유했다.

샤아 전용 자쿠
자쿠와 성능이 같지만, 대시를 추가해 차별화했다.

돔
장거리 공격에 대공기와 돌진기까지 갖춘 밸런스형

샤아 전용 즈고크
일반용 즈고크에 클로 공격과 메가입자포를 추가했다.

샤아 전용 겔구그
일반용 겔구그에 나기나타의 대공 필살기를 추가했다.

앗가이
몸을 굴리는 회전공격과 천장에 붙는 기술이 있다.

지옹
팔이 늘어나는 일반 기가 많고, 필살기는 거의 장거리다.

돌멜
이 작품의 오리지널 기체. 장거리 기술 무기를 팔에 내장했다.

제 11 장

데이터
이스트

데이터 이스트는 첫 대전격투 게임 「대전 공수도」를 비롯해 「파이터즈 히스토리」 시리즈와 「수호연무」 등, 개성이 뚜렷한 작품을 배출하는 데 정평이 났던 개발사다. 「대전 공수도」의 2레버 시스템, 「파이팅 판타지」와 「데스 브레이드」의 수인(獸人) 배틀 등, 타사와는 색다른 시점으로 제작한 게임이 많은 것도 이 회사의 매력이라 할 수 있다.

시합에서 승리하여 여자를 얻자!

대전 공수도 청춘 미소녀 편

● 1984년 5월 ● 테크노스 재팬(개발) / 데이터 이스트(발매)

실은 꽤나 본격적인 가라테 게임

아케이드 최초의 1:1 대전식 격투 게임이었던 「공수도」에 플레이어 간 대전 기능을 추가한 타이틀로서, 즉 이 작품이 기념비적인 세계 최초의 대전 격투 게임이다. 히로인을 걸고 두 선수가 대전하는 게임이며, 히로인 역할로는 기모노를 입은 여자부터 수영복 여자까지 총 10명이 등장해 플레이어를 두근거리게 했다. 조작 방법은 전작과 마찬가지로 캐릭터 이동에 레버 하나, 공격에 별도의 레버 하나를 사용하며, 이 두 레버의 조작을 조합함으로써 기술을 발동한다는 독자적인 시스템이었다. 그 덕분에, 이 작품이 오락실에 설치되면 캐비닛의 조작부에 레버 4개가 가로로 나란히 늘어선 특수한 컨트롤 패널만으로도 시선을 사로잡았다.

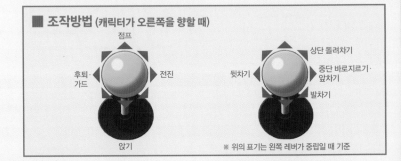

■ 조작방법 (캐릭터가 오른쪽을 향할 때)

점프 / 후퇴·가드 / 전진 / 앉기

상단 돌려차기 / 뒷차기 / 중단 바로지르기·앞차기 / 발차기

※ 위의 표기는 왼쪽 레버가 중립일 때 기준

▲ 주인공들이 싸우는 장소로는 부두·성·강변 등의 평범한 장소뿐만 아니라, 통나무 위나 사막 등 '왜 여기서 굳이?' 싶은 곳도 있다.

▲ 팸플릿의 설명에는 "(여성으로는) '유미'가 있다. '마리'도 있단 말이다!!"라고 적혀있는데, 어쨌든 모두 승자가 차지한다.

▲ 이 작품부터 이미 보너스 스테이지가 존재했다. 이것 외에도, 날아오는 물건을 격파하는 스테이지와 달려오는 소를 타격해 세우는 스테이지가 있다.

■ 캐릭터

백색

홍색

◀ 치열한 가라테 시합을 펼치는 2명의 젊은 가라테 선수. 시합의 동기는 여자를 얻겠다는 뻔하디 뻔한 이유다. 시합을 이겨 '유미'도 '마리'도 쟁취하자.

여자들

◀ 등장하는 여자 캐릭터는 모두 10명. 기모노·아이돌·스튜어디스·테니스복·인디언·치파오·세일러복 등등, 스테이지에 맞춰 다른 복장을 입고 있다. 저마다 잘 어울리고 귀엽게 그려졌다.

검과 마법의 판타지 대전격투 게임

파이팅 판타지 [역주 ※]

● 1989년 3월　　● 데이터 이스트(개발·발매)

■ 새로운 투혼 신화의 주인공이 되자

　검과 마법의 세계가 무대인 2D 격투 게임. 판타지 세계를 멋지게 그려냈으며, 그래픽 퀄리티도 높아 특유의 괴이한 분위기를 제대로 표현했다.

　행성 최강의 전사가 목표인 주인공이 1년에 한 번 열리는 경기에서 라미아·가고일 등의 챔피언들 8명과 싸워 우승을 노린다는 내용의 게임이다. 적으로 라미아·가고일·드래곤 등의 몬스터도 등장해, 종족 특성에 어울리는 무기로 공격한다. 이 작품은 RPG적 요소가 있어, 시합을 승리하면 받는 상금으로 상점에서 무기·아이템 등을 구입해 자신을 강화시킬 수 있다는 점이 특징이다.

■ 조작방법 (캐릭터가 오른쪽을 향할 때)

약한 기술

강한 기술

※ 2버튼 동시+레버 입력으로, 레버 방향에서 오는 공격을 방어

▲ 대전 상대는 다른 종족의 챔피언들이다. 제각기 특징이 강한 공격을 해온다.

▲ 최종 보스인 거인족 '폰', 숄더 태클을 거는 모습은 아무리 봐도 만화 '북두의 권'의 위글 옥장을 꼭 빼닮았다.

▲ 시합이 끝날 때마다 상금이 지급되며, 상점에서 쇼핑할 수 있다. 무기 구입은 물론, 포션으로 HP를 늘리는 것도 가능하다.

■ 캐릭터

코너스
종족은 라미아 노블. 쇼트 소드가 무기이며, 긴 꼬리로 플레이어를 휘감아 죄는 공격도 한다. 참고로 꼬리는 공격하여 잘라낼 수 있다.

그란
종족은 가고일. 날카로운 손톱과 마법으로 싸운다. 몸이 돌로 이루어졌지만, 날개로 날아 공중에서 공격하기도 한다.

노포크
종족은 리저드맨. 무기는 시미타르. 라운드 쉴드를 장비해 방어가 탄탄한 것이 특징. 다만 방패는 내구가 있어 파괴 가능하다.

샤론
종족은 아머 드래곤. 브레스와 꼬리를 무기로 쓴다. 몸이 커서 등 뒤로 돌아가 공격할 수 없다는 점도 특징 중 하나다.

덜드노아
종족은 길가메서 서사시에 등장하는 원갈 인간. 삼지창과 꼬리를 무기로 삼아 싸운다. 코너스처럼 꼬리를 잘라낼 수 있다.

솔로몬
종족은 인간. 마법사로서 강력한 원거리 공격을 쓴다. 그 대신 방어력이 낮아, 근거리전일 때는 일방적으로 몰아붙일 수도 있다.

차리&스티브
종족은 인간. 쌍둥이 암살자로서, 정확한 타이밍으로 합동 공격을 한다. 아무리 봐도 '북두의 권'의 수라를 닮았다.

폰
종족은 자이언트. 이 작품의 최종 보스로서, 태클과 칼날 달린 쉴드를 날리는 공격을 쓴다. 속편 「데스 브레이드」에도 등장.

역주 ※: 수출판의 타이틀명은 「Hippodrome」으로 다르다.

데스 브레이드 [역주 ※]

● 1991년 7월 ● 데이터 이스트(개발·발매)

판타지 세계에서 데스매치를 벌인다

「파이팅 판타지」(167p)의 속편으로서 등장한 작품. 전작에서 시스템을 대폭 변경하여, 비스듬히 내려다보는 시점에서 넓은 필드를 무대 삼아 싸우는 프로레슬링 형식이 되었다.

이 작품은 국왕 자리를 걸고 싸운다는 스토리 하에, 전작과 마찬가지로 상대의 목숨을 가차 없이 빼앗는 데스매치 단판 승부식 게임이다. 적을 맞잡은 상태에서 일정 시간 동안의 입력횟수가 많은 쪽이 기술을 먼저 발동하는 시스템이라, 버튼을 마구 연타하고 레버를 격렬하게 돌리는 게 기본이 될 수밖에 없어, 플레이어의 체력을 꽤나 가혹하게 소모시켰던 게임이었다.

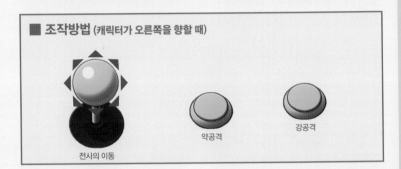

■ 조작방법 (캐릭터가 오른쪽을 향할 때)

전사의 이동

약공격

강공격

▲ 전작에 이어 재등장하는 골렘. 어떤 캐릭터와 싸우든 절대 방심할 수 없는 싸움이 펼쳐진다.

▲ 최종 보스 직전에 등장하는 악마 '파주주'. 스테이지 시작 전에 알려주는 '원포인트 어드바이스'가 아무 도움이 안 된다.

▲ 최종 보스인 아크메이지 '크로노스'. 근접조차 불가능할 만큼 강렬한 마법을 연속으로 뿜어낸다.

■ 캐릭터

파이터	아마조네스	헤라클레스	웨어울프	미노타우로스	골렘	비스트	드래곤

파이터 이름은 마이클. 세계 제일의 전사를 목표로 여행하고 있다. 공격력·방어력·스피드는 모두 평균적이다. 필살기는 '파워풀 버스터'.

아마조네스 이름은 신디. 은밀히 암살자로 활약하는 전투의 프로. 파이터보다 스피드가 빠르다. 필살기는 머슬 스파크와 비슷한 '치킨 록 크래시'.

헤라클레스 이름은 폰. 전작의 최종 보스였다. 외모는 아무리 봐도 '북두의 권'의 비글 옥정. 필살기는 근육 드라이버를 쏙 빼닮은 '파워풀 드라이버'다.

웨어울프 이름은 보기. 스피드 특화형으로서, 신속하게 적에게 접근하여 공격한다. 다만 공격력이 낮다. 필살기는 '토네이도 크래시'.

미노타우로스 이름은 샤카르. 머리는 나쁘지만 파워가 절대적인 데다. 스피드도 제법이다. 필살기는 뿔로 적을 찔러 위로 날리는 '믹서 허리케인'.

골렘 이름은 보드카. 골렘다운 강한 파워와 높은 방어력을 지녔다. 대신 스피드는 느리다. 필살기는 중량을 활용한 '스카이 하이 바디프레스'.

비스트 이름은 플레아. 숲에 사는 몬스터로, 뇌를 먹으면 똑똑해진다고 믿고 있다. 필살기는 적을 띄우고 위에 올라타는 '다이빙 페이스 크래시'.

드래곤 이름은 조셉. 체력 제한이 있는 대회 규정상, 드래곤 중 작은 종족에 속하는 그가 선정되었다. 필살기는 상대를 붙잡고 불을 뿜는 '세인트 브레스'.

역주 ※: 한국에서는 해외판 타이틀명인 「Mutant Fighter」로 가동되었다.

여러모로 범상치 않은, 'DECO'다운 대전격투 게임

파이터즈 히스토리

● 1993년 3월　　● 데이터 이스트(개발·발매)

■ 캡콤에 고소당한 바로 그 게임

지금은 사라진 데이터 이스트 사가 제작한 2D 대전격투 게임. 세계 이종 격투기 선수권 대회 '그레이트 그래플'을 무대로, 11명의 캐릭터가 격돌한다. 모든 캐릭터가 저마다 개성적이며, 특히 27세 고등학생 '미조구치 마코토'는 상당한 인기를 자랑했다. 최대 특징인 '약점 시스템'은 캐릭터마다 하나씩 있는 특정한 약점을 3회 공격하면 상대가 반드시 기절한다는 시스템이며, 그 외에도 '일반기를 캔슬하고 연속기에 커맨드 잡기를 끼워 넣을' 수 있었기에 '잡기계 캐릭터는 약하다'라는 당시의 통념을 멋지게 부수기도 했다. 이 작품은 캡콤과의 소송전에 휘말린 계기로도 유명하지만, 최종적으로는 양사가 화해하는 것으로 끝났다.

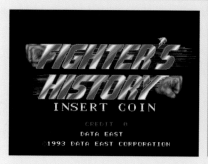

■ 조작방법 (캐릭터가 오른쪽을 향할 때)

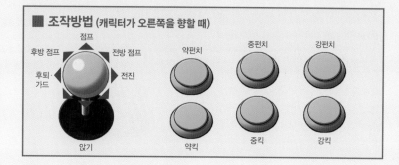

점프 / 후방 점프 / 전방 점프 / 후퇴·가드 / 전진 / 앉기

약펀치 / 중펀치 / 강펀치 / 약킥 / 중킥 / 강킥

▲ 각 캐릭터마다 약점이 존재한다. 약점은 머리띠나 암 밴드와 같이 알기 쉬운 부위로 설정했다.

▲ 등장 캐릭터는 타사 타이틀의 추종을 허락하지 않을 정도로 인상이 강한 편으로서, 어디서 따왔는지 딱 보이는 캐릭터가 많다.

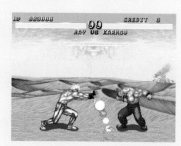

▲ 최종 보스인 카르노브는 데이터 이스트의 다른 작품의 주인공. 자기 몸을 부풀려 공격하거나 입에서 불꽃을 뿜어낸다.

■ 캐릭터

레이	페이링	료코	매틀록	삼차이	리	미조구치	장	마스토리우스

레이 풀 네임은 레이 맥도걸. LA시 경찰의 형사로서, 자신의 실력을 확인하기 위해 그레이트 그래플에 참가한다.

페이링 풀 네임은 류페이링[劉飛鈴]. 주로 경극에 출연해온 중국 여고생. 주목받아 유명해지기 위해 대회에 참가했다.

료코 풀 네임은 카노 료코. 미조구치를 싫어하는 유도선수 여고생. 행방불명된 할아버지를 넘어서려 대회에 참가했다.

매틀록 풀 네임은 매틀록 제이드. 펑크락 밴드 멤버로서, 전설의 기타 '골드 액스'를 입수하려고 그 레이트 그래플에 참가했다.

삼차이 풀 네임은 삼차이 똠양꿍. 어린 형제들을 위해 가난에서 벗어나기 위해 그레이트 그래플에 참가했다.

리 풀 네임은 리덴더[李典德]. 아버지의 원수인 카르노브에게 복수하기 위해 그레이트 그래플에 참가했다.

미조구치 풀 네임은 미조구치 마코토. 27세의 고등학생으로서, 자칭 '싸움 100단'. 자신이 세계 최강의 '짱'임을 증명하려 참가했다.

장 풀 네임은 장 피에르. 부자에다 느끼한 성격의 제조 선수. 그레이트 그래플에는 제조 기술을 선보이고자 참가했다.

마스토리우스 프로레슬러로서. 프로레슬링만이 최강임을 증명하려 그레이트 그래플에 참가. 프로레슬링을 비웃는 자에겐 가차 없다.

파이터즈 히스토리 다이너마이트

● 1994년 3월 17일 ● 데이터 이스트(개발·발매)

유럽판의 타이틀명은 「KARNOV'S REVENGE」

플랫폼을 네오지오로 옮겨 제작한, 시리즈 제2탄. 다시 개최된 '그레이트 그래플'에서 격투가들이 우승을 노린다는 스토리. 등장하는 캐릭터는 신규 캐릭터를 포함해 총 13명. 전작의 특징이었던 약점 시스템은 유지했으며, '원투 공격'과 '공중 공격에서 필살기로의 연계'라는 새로운 시스템을 추가했다. 또한 인스트럭션 카드에 일부러 기재하지 않은 '숨겨진 필살기'도 다수 넣었다. 네오지오로 발매한 까닭에 SNK 황금기의 타이틀들과 비교당해야만 했던 안타까운 작품이었으나, 그럼에도 개성이 강한 캐릭터들과 담백하고 묵직한 게임성으로 플레이어들의 마음을 사로잡아 독보적인 포지션을 구축했다.

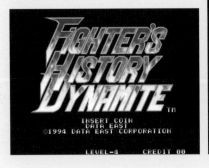

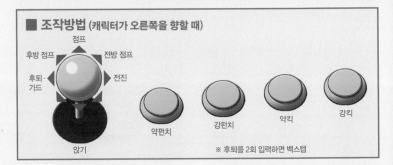

■ 조작방법 (캐릭터가 오른쪽을 향할 때)

점프
후방 점프 / 전방 점프
후퇴·가드 / 전진
앉기

약펀치 강펀치 약킥 강킥

※ 후퇴를 2회 입력하면 백스텝

▲ 신규 캐릭터로 '류영미'와 '자지 무하비'가 추가되었고, '카르노브'와 '클라운'이 플레이어블 캐릭터로 바뀌었다.

▲ 전작의 특징인 약점 시스템은 이 작품에도 있다. 약점에 공격이 명중하면 번쩍이므로 알아내기가 쉬워졌다.

▲ 기본적으로는 심리전 중심의 꽤 담백한 격투 게임이다. 신규 시스템인 원투 공격은 콤보 개념의 선구자로도 꼽힌다.

■ 캐릭터

레이

LA 경찰의 형사이자 마셜 아츠의 달인.

페이링

경극 여배우인 중국인. 콧대 높은 나르시시스트.

료코

천재 유도소녀. 올림픽 출전이 확실한 유망주.

매틀록

영국의 뮤지션. 자칭 '싸우는 기타리스트'.

삼차이

전 무에타이 챔피언. 가족 부양차 이종 격투기로 전향.

리

팔극권 실력자 중국인. 부친의 원수 카르노브를 노린다.

미조구치

시리즈의 최고 인기 캐릭터. 자칭 '싸움 100단의 쾌남'야.

장

대부호의 아들 이자 체육 조선수. 신기술 습득 차 특훈중.

마스토리우스

장발과 긴 수염이 특징인 프로레슬러. 괴악한 성격.

영미

한국의 여행 가이드이자 태권도계의 여왕.

자지
케냐 출신의 가라테 선수. 북동진관 공수도의 달인이다.

클라운

가면과 후드를 쓴, 국적도 이름도 불명인 피에로.

카르노브

러시아 출신인 신의 자료서로, 체르노브의 사촌.

옥스

과거작 '공수도'의 보너스 스테이지에 등장했던 소.

무기 없는 캐릭터와 무기 있는 캐릭터가 뒤섞여 싸운다

수호연무

● 1995년 3월 　　● 데이터 이스트(개발·발매)

見よ！ 他を寄せ付けない本場の武術！ これが水滸伝だ！

고대 중국의 호걸들이 'DECO'화되어 등장

중국의 4대 기서 중 하나, '수호지'가 원작인 2D 대전격투 게임. 원작을 그대로 게임화한 것은 아니고, 양산박이 개최한 무투회에서 호걸들이 실력을 겨룬다는 설정이다. 등장하는 호걸들은 보스를 포함해 총 12명. 저마다 데이터 이스트 특유의 재해석을 가해, 중후하고 독특한 세계관을 연출했다. 게임 자체는 칼이나 창 등의 무기로 싸우는 것이 특징으로서, 각 무기별로 게이지 형태의 내구도가 설정돼 있다. 무기의 내구도가 바닥나면 파괴되며, 동시에 기절 상태가 된다. 또한 연속기를 잇기 쉬운 편이며, 체력이 줄면 초필살기도 사용할 수 있다.

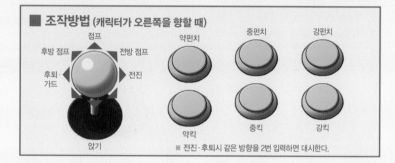

■ 조작방법 (캐릭터가 오른쪽을 향할 때)

점프 / 후방 점프 / 전방 점프 / 후퇴 가드 / 전진 / 앉기

약펀치　중펀치　강펀치
약킥　중킥　강킥

※ 전진·후퇴시 같은 방향을 2번 입력하면 대시한다.

▲ 무기를 사용하는 대전격투 게임. 등장하는 호걸('수호지'에 등장하는 영웅)은 모두 DECO 스타일로 재해석되었다.

▲ 무기에는 내구도 개념이 있어, 가드를 지속하면 부서져 버린다. 무기가 일단 부서지면 해당 라운드 동안에는 복구되지 않는다.

▲ 상대를 지면으로 던지고, 바운드될 때 바로 추격타를 먹이는 식으로 콤보를 짤 수도 있다.

■ 캐릭터

구문룡 사진
주인공. 등에 용 문신이 있으며, 18반 무예 전반에 정통하다.

표자두 임충
전직 80만 금군의 봉술사범. 장팔사모로 정교한 기술을 구사한다.

일장청 호삼랑
박도 2자루로 싸우는 여전사. 뛰어난 칼솜씨는 하늘마저 베어낸다.

신행태보 대종
고속 이동하는 '신행법' 능력이 있으며, 손에서 기를 분사한다.

흑선풍 이규
도끼 2자루를 쓰는 호색남. 거대 도끼의 파괴력이 실로 강대하다.

화화상 노지심
꽃 문신이 있는 괴력의 소유자. 중량 62근짜리 선장을 휘두른다.

입운룡 공손승
신령 '나타쿠'를 불러내 싸우는 도사. 친화력이 높은 성격이다.

행자 무송
거대 호랑이를 맨손으로 때려죽인 호걸. 전투 시엔 톤파를 쓴다.

입지태세 완소이
완씨 3형제의 장남. 물을 자유롭게 조종하여 원격 공격·방어에 쓴다.

단명이랑 완소오
무척 자기중심적인 사내. 물고기와 개구리를 총알마냥 발사한다.

활염라 완소칠
완씨 3형제 중 막내. 쌍절곤을 휘둘러 연속기를 사용한다.

탁탑천왕 조개
인덕으로 양산박을 성장시킨 2대 두목. 소생한 이유는 불명.

171

어벤져스 인 갤럭틱 스톰

● 1996년 1월   ● 데이터 이스트(개발·발매)

데이터 이스트 최후의 격투 게임

마블 코믹스의 히어로 팀 '어벤져스'를 테마로 삼은 2D 대전격투 게임. 캡틴 아메리카를 중심으로 결성된 '어벤져스'와 크리 제국 간의 전쟁을 테마로 삼았다.

캐릭터로는 어벤져스 4명과 빌런(악역) 4명으로 총 8명이 등장한다. 게임을 시작하면 '스토리 모드'와 'VS 모드' 중 하나를 선택하며, 모드를 고른 후엔 조작할 캐릭터와 서포트 캐릭터를 하나씩 선택하고, 서포트 캐릭터는 전투 도중에 파워 미터를 소비하여 불러들일 수 있다. 스토리 모드일 때는 2인 협력 플레이도 가능하며, 합체 필살기도 쓸 수 있다.

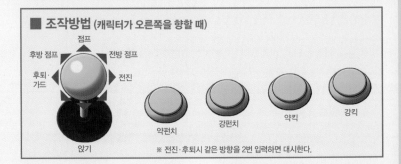

■ 조작방법 (캐릭터가 오른쪽을 향할 때)

점프 / 후방 점프 / 전방 점프 / 후퇴·가드 / 전진 / 앉기

약펀치 / 강펀치 / 약킥 / 강킥

※ 전진·후퇴시 같은 방향을 2번 입력하면 대시한다.

▲ 일단 '스토리 모드'와 'VS 모드' 중 하나를 고른다. VS 모드는 등장 캐릭터 8명 중에서 1명을 골라 플레이한다.

▲ 메인 캐릭터와 함께 도우미 격인 '서포트 캐릭터'를 선택하며, 서포트 캐릭터는 커맨드 입력으로 호출할 수 있다.

▲ 체력 게이지 아래의 '파워 미터'는, 상대의 기술을 맞거나 필살기를 쓰거나 가드하면 조금씩 차오른다.

■ 캐릭터

캡틴 아메리카
주인공. 어벤져스의 리더로서, 인간의 신체능력을 극한까지 끌어올렸다. 일반기는 평이하고 쓰기 쉬운 성능이다.

썬더스트라이크
한때 토르의 대역이었던 인간 '에릭 매스터슨'이 독립된 히어로가 된 형태. 움직임은 느린 반면, 기술이 강력하다.

크리스탈
아틀란티스 출신의 여성으로서, 자연현상을 조작하는 능력이 있다. 일반기의 스피드·리치가 우수해 초보자에 좋다.

블랙 나이트
마술사 멀린이 제작한 '에보니 블레이드'를 계승한 전사. 일반기·필살기 모두 리치가 길며, 힘으로 밀어붙이는 타입.

셔터랙스
크리 족의 테크노 워리어. 신종 사이보그로서, 아이언맨과도 싸웠다. 대공 공격이 있고, 장거리 공격도 꽤 강력하다.

코라스
크리 족의 첩보원. 소수정예 부대 '스타포스'의 부사령관이었다. 양손의 스틱으로 근접전을 하며, 필살기도 빈틈없다.

Dr.미네르바
크리 족의 과학자로서, 더 강력한 크리 인간을 만들려 캡틴 마블을 노린다. 근접전이 특기이며 킥의 리치가 길다.

서프리모
크리 족의 지배자가 피폭된 동족을 소재로 삼아 만든 전투용 안드로이드. 등의 촉수 공격은 고속에 리치가 길고 공격력도 높다.

제 12 장

카네코
제작소

카네코 제작소(이하 카네코)는 「갈즈 패닉」과 탈의마작 게임 등이 대표작이긴 했으나, 실은 양질의 슈팅 게임을 개발해 타사 브랜드로 발매하는 등 나름의 기술력이 있는 회사였다. 그런 카네코가 발매했던 대전격투 게임은 이번 장에서 소개하는 타이틀 3종으로서, 다들 강렬한 개성을 지닌 범상치 않은 작품이다. 모두 가정용 게임기로는 전혀 이식되지 않은 레어 타이틀이니, 기회가 있다면 꼭 플레이해 보자.

후지야마 버스터

● 1992년 2월 ● 카네코 제작소(개발·발매)

괴상하게 묘사된 일본문화가 재미있다

서양인이 상상하는 이상야릇한 일본을 구현해낸 듯한 2D 대전격투 게임. 등장 캐릭터 8명 중 하나를 골라, 다른 7명과 싸우자. 시스템은 8방향 레버+4버튼식으로서, 초보자를 의식했는지 커맨드 입력이 매우 간단한 편이다. 당시의 격투 게임으로는 드물게도 잡기 기술 중심으로 싸우는 게임으로서, 잡기 발동 시 버튼을 연타하면 성공률이 올라가고, 반대로 상대편은 레버를 흔들어 잡기를 풀 수도 있었다. 필살기는 '닌자'를 제외하면 기본적으로 캐릭터당 2종류뿐이라 적은 편이며, 모두 중단공격으로 판정한다. BGM에 서양 아티스트를 기용했고 캐릭터 보이스도 아예 영어로 나오는 등, 여러 면에서 서양을 꽤나 의식한 느낌의 작품이다.

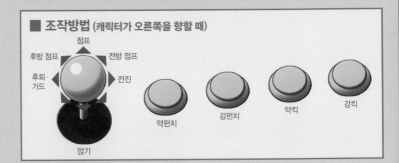

■ 조작방법 (캐릭터가 오른쪽을 향할 때)

점프 / 후방 점프 / 전방 점프 / 후퇴·가드 / 전진 / 앉기
약펀치 / 강펀치 / 약킥 / 강킥

▲ 격투 게임 초기작으로는 드물게, 잡기 공방을 도입했다. 잡기 발동 시 서로 버튼 연타와 레버 조작으로 대결해 성패를 판정한다.

▲ 그래픽도 상당히 공들여 그린 작품으로서, 캐릭터의 특징적인 부분을 부각하여 큼직하게 강조해 묘사했다.

▲ 엔딩에선 푸른 하늘과 태양을 배경으로, '寿'가 그려진 후지산 정상에서 게이샤가 춤을 추며 축하해준다. 상품으로는 자동차와 쌀을 받는다.

■ 캐릭터

사무라이
시마즈 가의 사무라이. 문신을 보이며 뽐내는 모습과 대사·행동 등이, 당시 일본의 인기 드라마 '토야마의 킨상'을 연상시키는 캐릭터.

가부키
렌지시(역주 ※1)풍의 머리가 특징이며, 펀치 기술이 모두 머리카락을 사용한다. 덕분에 펀치의 리치·공격 판정이 우수하다.

캇파
이 작품의 유일한 요괴. 손발이 길어 공격이 까다롭다. 유일하게 앉은 상태로 잡기가 가능하며, 무한 콤보까지 있는 최강 캐릭터.

스모
잡기 기술이 다채로운 스모 선수. 상투가 없고 케쇼마와시(역주 ※2)에 '솥'을 넣는 등, 일본 설화의 킨타로를 소재로 삼은 듯.

사부
어째선지 직업인 '소방수'가 아니라 '사부'란 이름으로 불린다. 바가지를 매단 봉을 창처럼 휘둘러 싸운다. 리치가 가장 긴 캐릭터.

게이샤
이 작품의 홍일점. 대놓고 미니스커트처럼 개조한 기모노를 입고, 가라테의 '학의 자세'처럼 포즈를 취한다.

닌자
등에 커다란 수리검을 멘 복면 닌자. 어째선지 캐릭터 선택 아이콘은 복면을 벗었다. 등장 캐릭터 중에선 필살기가 가장 많다.

쇼군
양손에 도를 잡고, 전신을 갑주로 둘렀다. 에코가 걸린 목소리와 사용하는 기술 등을 보면, 로봇 느낌이 물씬하다.

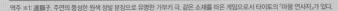

역주 ※1: 連獅子. 주연의 풍성한 원색 장발 분장으로 유명한 가부키 극. 같은 소재를 따온 게임으로서 타이토의 『마왕 연사자』가 있다.

역주 ※2: 化粧回し. 스모선수가 의식 등에서 착용하는 화려한 개인용 샅바(마와시).

치명타 시스템을 도입한, 카네코의 2번째 작품

오오에도 파이트

● 1994년 7월　　● 카네코 제작소(개발·발매)

■ 실사영상을 옮겨놓은 독특한 그래픽

전작의 세계관을 계승한, 시리즈 제2탄. 그래픽을 2D 픽셀 그림에서 서양인 취향의 실사 디지털화 이미지로 대폭 변경한 것이 특징으로서, 분위기도 '약에 취한 서양인이 망상할 법한, 착각 레벨이 아니라 아예 처음부터 끝까지 괴상한 에도 시대'로 업그레이드시켰다.

신규 캐릭터로 쿠노이치 '카스미'와 지장보살 '잇큐'가 추가되었고, 전작에선 보스 캐릭터였던 '벤케이'와 '고에몬'도 사용할 수 있게 했다. 서양에서는 「Blood Warrior」라는 타이틀명으로 발매되었고, 기판 내부의 설정을 바꾸면 유혈이 난무함은 물론 내장까지 쏟아지는 등의 잔혹한 치명타를 상대에게 먹일 수 있다.

■ 조작방법 (캐릭터가 오른쪽을 향할 때)

점프 / 후방 점프 / 전방 점프 / 후퇴·가드 / 전진 / 앉기 / 약펀치 / 강펀치 / 약킥 / 강킥

▲ 캐릭터는 JAC(역주 ※1) 소속 배우들을 기용해 촬영한 실사 영상으로 제작했다. 게임 스테이지는 닛코의 에도무라에서 촬영해왔다고 한다.

▲ 전작의 중간 보스와 최종 보스였던 '벤케이'와 '고에몬'이 플레이어 캐릭터로 승격된 탓에 특별한 보스 캐릭터가 없는 작품이 되었다.

▲ '모탈 컴뱃'의 영향을 받은 작품이라, 유혈이 난무하고 내장이 쏟아지는 페이탈리티식 묘사가 나오는 버전도 있다.

■ 캐릭터

아라시

전작의 닌자가 재등장. 전작에서 쇼군이 달았던 안테나 뿔이 붙어있다. 이름의 유래는 특촬 드라마 '변신닌자 아라시'.

잇큐

센소지의 미소 짓는 지장보살 석불. 사뿐사뿐 뛰면서 코믹하게 이동하는 기모노라는, 대놓신 무늬가 그려진 기모노라는, 대놓고 섹시함을 노린 복장으로 하이킥을 날려온다.

카스미

이 작품의 홍일점인 쿠노이치. 미니 스커트에 미소매인 모습이 기괴하면서도 묘하게 귀엽기까지 하다.

킨시로

토야마 킨시로(역주 ※2)가 모델인 듯한 사무라이. 문신 무늬가 그려진 티셔츠를 입고 있다는 것이 공식 설정이다.

산페이

스미다 강에서 사는 요괴 '캇파'. 전작처럼 앉은 상태로 잡기가 가능하고, 리치도 여전히 초인적으로 긴 강한 캐릭터다.

슈게츠

전작의 쇼군에 해당. 갑옷에 빙의된 유령이지만, 어째선지 패배하면 내장이 쏟아진다. 무기인 쌍도는 시퍼렇게 빛난다.

시시마루

전작에도 등장했던 가부키 배우. 두드러지게 '미국화'되어, 아예 승리 대사조차 "Oh! Kabuki!"인 괴한 캐릭터가 되었다.

벤케이

전설의 그 무사시보 벤케이. 수많은 무기를 지녔다. 고죠바시에서 에도의 니혼바시로 장소를 옮겨 칼을 빼앗고 있는 듯.

고에몬

전작에서는 최종 보스였던 대도적. 톤파가 주무기이며, 치명타로 대포를 쏜다. 승리 대사도 황당해, 일견의 가치가 있다.

역주 ※1: 재팬 액션 클럽(현 재팬 액션 엔터프라이즈). 일본의 쟁쟁한 액션 배우·스턴트맨들을 양성해온 전문 연예기획사로서, 특촬영화 등에 깊이 관여해왔다.

역주 ※2: 일본의 인기 사극 '토야마의 킨상' 시리즈의 주인공. 어깨의 문신을 드러내고 악인을 차별하는 암행어사형 캐릭터로 유명하다.

성룡이 주연한 영화를 게임화하다

재키 찬 THE KUNG-FU MASTER

● 1995년 5월 　　● 카네코 제작소(개발·발매)

정작 성룡은 최종 보스로만 등장

실사 영상을 디지털화해 그래픽으로 사용한, 「모탈 컴뱃」의 모방작. 인기 액션배우인 성룡(재키 찬)이 직접 프로듀서로 참여한 타이틀로도 유명하다. 플레이어블 캐릭터 6명 중 하나를 골라 싸우자. 승리한 직후 기절 상태의 상대를 공격하면 잔혹한 묘사(페이탈리티)가 발동된다. 단 재키가 상대일 때는 발동하지 않고, 대신 엄지손가락만 올리는 묘사가 나온다. 1995년에는 일본 미발매작인 속편 「성룡전설」도 출시되었는데, 이 작품에선 성룡도 플레이어 캐릭터로 사용할 수 있다.

■ 조작방법 (캐릭터가 오른쪽을 향할 때)

점프 / 후방 점프 / 전방 점프 / 후퇴·가드 / 전진 / 앉기

약펀치 / 강펀치 / 약킥 / 강킥

※ 전진·후퇴시 같은 방향을 2번 입력하면 대시한다.

▲ 등장하는 캐릭터 전원을, 실사를 스캔한 그래픽으로 묘사했다. 「모탈 컴뱃」의 모방작인지라 잔혹한 연출도 나온다.

▲ 가장 위력이 강한 콤보는 체공 시간이 긴 점프로 통일되어 있다. 이 탓에 상대 입장에서 대처하기 쉬워, 노리고 쓰기는 어려운 편이다.

▲ 성룡 자신은 CPU전의 최종 보스로 등장한다. 권법과 의상의 색이 다른 3종류의 성룡이 나온다.

■ 캐릭터

LAU

Vincent Lau Tak이 연기한 '라우'는 가라테 실력자다. 홍금보 감독의 영화 '오복성 3 : 운재오복성'에도 출연했다.

YEUNG

Ching-Ching Yeung이 연기한 '융'은 봉술을 쓴다. 손발의 연장이라 할만한 화려한 봉술 액션이 볼거리 중 하나다.

SAM

Sam Wong이 연기한 샘은 중국권법 구사자로서, 성룡의 전속 스턴트팀 '성가반'의 리더로도 활약했었다.

JACKIE CHAN (오형권)

성룡 초기의 영화인 '권정'에 나오는 복장으로 참전하는 첫 번째 보스 캐릭터.

JACKIE CHAN (취권)

영화 '취권' 및 '취권 2'에 나오는 복장으로 참전하는 두 번째 보스. 움직임이 트리키하니 주의.

THORSTEN

Thorsten Nickel이 연기한, 군대 격투술 구사자. 성룡이 주연한 영화 '성룡의 썬더볼트'에도 출연했다.

KIM-MAREE

Kim-Maree Penn이 연기한 프로레슬러. 성룡 주연의 '폴리스 스토리 3'에도 출연했다.

Mysterious LION

이 게임에만 등장하는 오리지널 캐릭터로서, 마법을 사용한다. 연기는 Sam Wong이 맡았다.

JACKIE CHAN (팔괘장)

세 번째 보스 캐릭터로서, 착용한 복장은 '프로젝트 A'의 의식용 제복이다.

제 13 장

기타 제작사

이번 장에서는, 출시한 타이틀 수가 적어 단독 제작사 형태로 소개하지 못했던 타이틀만을 하나로 모아 다루었다. 후속작이 나오지 못해 역사에 파묻혀버린 작품이 있는가 하면 「길티기어 젝스」처럼 21세기 들어서부터 인기 시리즈로 성장해간 작품도 있는 등, 문명이 그야말로 제각각이다. 접할 기회가 있다면, 여기 소개된 이 개성 풍부한 작품들도 꼭 즐겨보길 바란다.

액션 게임 「황금의 성」의 정규 속편

블랜디아

● 1992년   ● 알뤼메(개발·발매)

■ 전투를 이기려면, 적의 갑옷을 부숴라!

타이토의 액션 게임 「황금의 성」의 실제 개발사였던 알뤼메 사가 직접 출시한, 「황금의 성」의 정규 속편에 해당하는 대전격투 게임. 유라시아 대륙을 무대로, 신전이 위치한 도시의 용사들이 부활한 광왕 '길더스'를 물리치기 위해 황금성으로 향한다는 스토리다. 조작 방법은 8방향 레버와 상단·중단·하단의 3가지 공격 버튼으로 구성되어 있다. 「황금의 성」과 마찬가지로 갑옷이 장착된 부위는 공격받아도 대미지가 없으며, 같은 부위에 공격을 2번 맞으면 갑옷이 벗겨져 그다음부터 대미지가 먹힌다는 것이 이 작품의 특징이다. 일단은 갑옷부터 벗겨낸 후 공격하자.

■ 조작방법 (캐릭터가 오른쪽을 향할 때)

점프 / 후방 점프 / 전방 점프 / 후퇴·가드 / 전진 / 앉기

상단공격   중단공격   하단공격

▲ 「황금의 성」에서 화제였던 여성 캐릭터의 누드 KO 비기는, 아쉽지만 이 작품에는 없다.

▲ 성에 진입하면 왕을 지키는 존재가 기다리고 있다. 처음 만나는 캐릭터는 어린 외모의 '로나', 민첩한 움직임으로 플레이어를 농락한다.

▲ 최종 보스인 '길더스', 첫 배틀에서는 슬라이딩 공격을 노려 잡기만 반복하면 이긴다. 진정한 최종전은 길더스의 제2형태다.

■ 캐릭터

갈리아노스

양날검과 방패를 지닌 정의감 강한 전사. 평균적인 성능의 캐릭터라 특별히 두드러지는 결점은 없다.

디오클레스

양날검과 방패를 무기 삼아 냉혹하게 싸우는 남자. 「스트리트 파이터」의 켄과 같은 포지션의 캐릭터.

이리아나

단검과 라운드 실드를 지닌 기품파 여전사. 스피드가 뛰어나고 높은 점프력을 자랑한다.

맥길

바스터드 소드를 지닌 자신만만한 남자. 힘이 강하고 공격력이 높다. 검 공격보다 육탄전 쪽이 더 강하다.

레츠 젠

검 2자루를 휘두르는 이도류 무사. 오니 가면 뒤에 숨겨진 얼굴엔 레슬러처럼 페이스페인팅했고, 독무도 뿜는다.

쥬레인

창을 사용하는. 기품 있지만 쌀쌀맞은 아인종 공주님. 마법을 쓸 수 있으며 리치도 가장 길다.

로나

양손의 토시에 검을 붙여 무기로 사용하는 스피드형 캐릭터. 왕에 대한 충성심이 강하다.

셀더스

대검을 사용하는 기사. 길더스에 세뇌당해 부하가 되어 있다. 진짜 정체는 행방불명된 이리아나의 아버지.

이마지오

쥬레인과 종족이 같은 여성. 지팡이로 마법 위주의 전투를 펼친다. 자신의 마법이 강력함을 의심치 않는 자신가.

길더스

황금 갑옷으로 몸을 두르고 대검을 휘두르는 미친 왕. 「황금의 성」에 이어 이번에도 최종 보스가 되었다.

178

챠탄야라 쿠샹쿠

● 1992년 12월　　● 미첼(개발·발매)

9가지 자세를 전환하며 싸우자

가라테 경기를 테마로 삼은 2D 대전격투 게임. 얼핏 밋밋한 게임처럼 보이나, 알고 보면 시스템이 독특해 심오한 공방이 펼쳐지는 작품이다. CPU전의 난이도는 '흰띠'·'갈색띠'·'검은띠'의 3단계 중에서 선택하며, '검은띠'의 난이도가 가장 높다. 공격은 레버 위치에 맞춰 총 9종의 자세를 취한 상태에서 '상단'·'중단'·'하단'으로 자세에 대응되는 기술을 발동하는 식이다. 판정은 '절반', '경고', '한판' 등이 나온다. 상대의 게이지가 모두 소진되면 승리한다. 타이틀명은 류큐 가라테의 연무(카타) 중 최고 난이도의 하나로 꼽히는 것에서 이름만 따왔으며, 한자로는 '北谷屋良公相君'으로 표기한다.

■ 조작방법

공격

점프

※ 버튼을 누르지 않은 상태로 레버를 입력하면, 방향에 따라 방어 자세를 취한다.

▲ 조작계는 8방향 레버+2버튼식으로서 지극히 간단하다. 중립을 포함해, 레버를 어느 방향으로 입력하느냐로 캐릭터가 취하는 '자세'가 달라진다.

▲ 캐릭터가 취하는 '자세'에 따라, 버튼으로 발동되는 기술이 달라진다. 기술은 각각 '상단'·'중단'·'하단'으로 속성이 나뉜다.

▲ 체력 게이지는 6칸으로 나뉘며, 심판의 판정으로 감소한다. '절반'은 1칸, '한판'은 2칸의 상대 체력 게이지를 줄인다.

■ 캐릭터

흰띠
우선은 몸풀이 레벨의 흰띠. 그렇다해도 간단하지는 않으니 방심은 금물.

갈색띠
이 레벨로 싸울 수 있다면 이미 베테랑. 카운터를 성공시켜 다음 단계로.

검은띠
여기까지 왔다면 완전히 프로다. 최강을 노려 상대의 기술 간파에 매진하자.

■ 9가지 자세

■ 개성적인 배경들

현재의 대전격투 게임 시스템을 대표하는 시스템의 원조

슈마이저 로보

● 1993년　　　● HOT·B(개발·발매)

세세한 설정을 잡아 세계관에 공을 들이다

지금은 없는 개발사인 HOT·B가 제작한 2D 대전격투 게임. 로봇끼리 대전하는 게임으로서, 각 로봇마다 개별적으로 소속 팀·파일럿·엔진에 OS까지도 디테일하게 설정했다. 지금은 어느 대전 게임이든 당연히 존재하는 콤비네이션, 약점프, 공중 가드 시스템을 처음 도입한 게임이며, 공격을 맞기 직전에 가드 버튼을 누르면 경직 시간이 대폭 단축되는 '카운터'까지도 사용할 수 있다. 로봇은 플레이어블인 8대와 최종 보스 1대까지 총 9대가 등장한다. 그중에는 물구나무 자세가 특징인 '달리달리'처럼 대놓고 개그 디자인인 로봇도 있다.

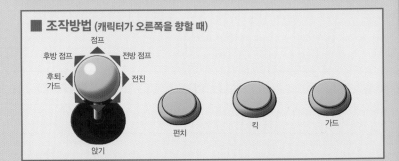

■ 조작방법 (캐릭터가 오른쪽을 향할 때)

점프
후방 점프　전방 점프
후퇴·가드　　전진
앉기
펀치　　킥　　가드

▲ 지금의 대전격투 게임에선 상식인 콤비네이션·공중 가드·약점프를 최초로 도입한 타이틀이다.

▲ 조작계는 '버추어 파이터'와 동일한 8방향 레버+3버튼식을 채택했다. 버튼 기능까지도 펀치·킥·가드로 나뉘어 있다.

▲ 스토리도 당시로서는 상당히 공을 들인 편. 도중에 나오는 스토리 데모도 1승을 거둘 때마다 삽입될 정도로 정성이 들어가 있다.

■ 캐릭터

슈마이저 / 히로
주인공. 탑승기인 '슈마이저'는 죽은 히로의 아버지가 타던 기체. 히로는 강한 상대와 싸우고픈 일념으로 대회에 참가했다.

왈큐리아 / 라나
이 작품의 여주인공 격 캐릭터. 누구나 로봇을 조종 가능한 신형 인터페이스의 실험기로서, 실전 테스트 차 대회에 참가했다.

지멘스 / 제이
기업 홍보 목적으로 제작된 로봇의 성능을 시험하려 대회에 참가했다. 대회 도중에도 계속 개조하는 등, 꽤나 아슬아슬하다.

가우디 / 루왕
군의 명령으로, '후우가'란 남자를 찾으려 대회에 참가했다. 가우디는 슈마이저를 강화시킨 듯한 기체.

그림 / 버추얼
이 작품의 가장 어린 소녀가 타는 로봇. 일반 기술은 리치가 길고 강력하지만, 필살기 커맨드가 특수해 다루기 힘들다.

도토마루 / 더그
건방진 소년이 조종하는 닌자풍 외견의 로봇. 유일하게 대시가 가능하며, 연속기가 뛰어난 등 제법 강력한 기체.

CW4-AXE / 와이어트
과거 '여섯 다리를 가진 악마'로 불렸던 로봇. 파일럿인 와이어트는 가족의 응원을 받고 대회에 참가했다.

달리달리 / 달리달리
어째선지 물구나무서고 있는 기체. 아마도 딱히 이유는 없는 듯하고, 파일럿인 달리달리까지도 거꾸로 탑승해 있다.

타오 타이도

● 1993년 4월　　　　● 비디오 시스템(개발·발매)

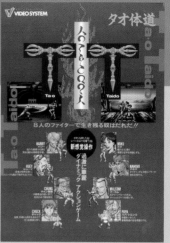

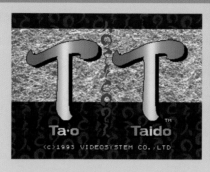

초차원적인 세계관과 초개성적인 그래픽

당시 대량으로 범람했던 「스트리트 파이터 Ⅱ」의 모방작들 중 하나. 최강·최대의 무술이라는 '타오 타이도'의 비기를 터득하여 라이벌들을 무찌르자. 8명의 등장 캐릭터들은 하나같이 개성적인 인물뿐이다. 이 작품은 로케 테스트판(역주 ※)과 제품판에 큰 차이가 있는 것으로 유명해, 로케 테스트판은 레버+2버튼식으로서 '기'를 모으는 버튼이 따로 있는 게 특징이었으나, 실제 제품판은 「스트리트 파이터 Ⅱ」와 같은 레버+6버튼식으로 바뀌었다. 대인전은 「아랑전설」과 비슷한 형식으로서, 타인이 난입하면 일단 난입자와 협력해 CPU를 쓰러뜨리고 그 이후 대전이 벌어지는 시스템이다.

■ 조작방법 (캐릭터가 오른쪽을 향할 때)

점프 / 후방 점프 / 전방 점프 / 후퇴·가드 / 전진 / 앉기

약펀치 / 중펀치 / 강펀치 / 약킥 / 중킥 / 강킥

▲ 캐릭터 디자인과 일러스트부터가 아무튼 초개성적인 것이 특징. 유일한 여성 캐릭터 '미쿠'마저도 얼굴이 귀여움과는 거리가 멀다.

▲ 특징적인 시스템인 '빠져나오기'는 근거리에서 공격받는 도중에 상대측으로 레버를 2회 입력하면 발동한다. 상대의 등 뒤로 빠져나올 수 있다.

▲ 체력 게이지는 '임팩트 대미지 게이지 시스템'을 적용했다. 파랑→노랑→빨강으로 게이지 색이 바뀔 때마다 반드시 기절이 걸리는 시스템이다.

■ 캐릭터

해리
전직 탐정에 기공과 가라테를 쓰는 모험가라는 설정과 다급 캐릭터, 타격 특화형이라 잡기 기술이 없다는 게 특징이다.

청 노사
너무나 강하기에 스스로 양팔을 봉인한 권법가. 그래서 펀치를 눌러도 킥이 나간다. 최종 보스는 청의 쌍둥이 형.

미쿠
여주인공. 말괄량이 성격으로서, 합기체술을 사용한다. 쓰기 쉽고 강력한 필살기가 많아, 꽤 우수한 축에 드는 캐릭터.

맬컴
마셜 아츠를 사용하는 군인. 마셜 아츠라기보다 발레를 본뜬 듯한 기술이 많은데, '미라쥬 스텝'이 특히 더 강력하다.

휴이
'기류인술'이라는 수상한 기술을 쓰는 닌자. 트리키하다고 할까, 꽤나 괴상한 캐릭터라 쓰기 힘들다. 추천하기 힘든 편.

척
청 노사의 제자로서, 기공술 구사자. 염력체 기술을 쓰며, 마구 웃으면서 화면을 뛰어다니는 묘한 필살기를 사용한다.

파파 도밍고
멕시코에 전해 내려온다는 권법을 수련한 남성 캐릭터. 대미지를 줄이기 위해서인지, 공기로 몸을 풍선처럼 부풀린다.

나호바
'쿠'라는 격투기를 사용하는 인디언. 해리처럼 타격에 특화돼 있어, 잡기 기술이 없다. 약한 편이라 추천하지 않는다.

역주 ※ : '로케 테스트'란 '로케이션 테스트'의 일본식 준말로서, 게임 출시 전에 현장에서 유저의 반응을 관찰해 완성판에 보완·반영하기 위하여, 개발 도중의 버전을 시범적으로 특정 오락실에서 한정 공개 가동하는 테스트를 말한다.

실사 그래픽과 잔혹묘사를 조합시킨 2D 격투 게임

서바이벌 아츠

● 1993년 10월　　● 스카라베(개발) / 사미(발매)

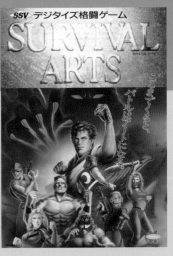

히트작들의 장점만 뽑아 재조합하다

　미국에서 대히트했던 「모탈 컴뱃」의 모방작. 타이틀명인 '서바이벌 아츠'란, '육체 공격뿐만 아니라 다양한 무기에 통달하는 종합격투기'라는 설정이다. 이 작품에서는 일자전승의 무술로 묘사되며, 게임에서 끝까지 살아남은 승리자가 오의를 전수받는다는 스토리다. 게임의 특징은 실사 영상을 디지털화한 그래픽으로서, 조작은 「스트리트 파이터 II」와 동일한 8방향 레버+6버튼식이다. 앞서 서술한 대로 이 게임은 무기 사용이 가능해, 스테이지 상에 보이는 검, 금속 배트, 권총 등의 다양한 무기를 주워 사용할 수 있다.

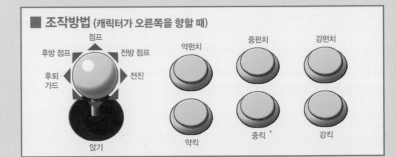

■ 조작방법 (캐릭터가 오른쪽을 향할 때)

점프 / 후방 점프 / 전방 점프 / 후퇴·가드 / 전진 / 앉기
약펀치 / 중펀치 / 강펀치 / 약킥 / 중킥 / 강킥

▲ 스테이지별로 검, 권총, 금속 배트, 가시 박힌 해머 등의 무기가 떨어져 있어, 이것을 주워 사용 가능하다.

▲ 대전격투 게임으로는 최초로 '낙법' 개념을 도입한 작품. 성공하면 대미지를 받지 않으며, 착지 후의 경직 시간도 없어진다.

▲ 잔혹 묘사 쪽은 폭탄이 터지면 몸이 박살나고 검으로 베이면 내장이 쏟아지는 등, 스플래터물에 가까운 연출이 많다.

■ 캐릭터

바이퍼
상금을 노려 서바이벌 아츠에 입문한 청년. 엔딩에서는 서바이벌 아츠 도장을 열고 성공해 큰 부자가 된다.

거너
대회 창시자가 인간이 아님을 알고 잠입수사차 입문한 경찰관. 기술은 자신의 권총으로 사격하며, 떨어진 권총을 줍지 않는다.

한나
사막 민족의 전사. 가족을 죽인 서바이벌 아츠 일당에 복수하려 입문했지만, 복수에 성공해도 사막에서 고독하게 지낼 뿐이다.

히류
타이거 당의 닌자. 코브라 당을 타도하려 입문하지만, 엔딩에선 타샤와 함께 사는 길을 택한다. 5단 점프와 장풍계 기술이 편리하다.

타샤
코브라 당의 쿠노이치. 타이거 당을 타도하려 입문했다. 엔딩에선 코브라 당에서 탈주하지만, 공허하고 허무한 나날을 보내게 된다.

망고
싸움에서 삶의 보람을 찾는 군인. 더욱 효율적으로 전투하기 위해 입문했다. 소지한 머신건·수류탄·화염방사기·나이프로 싸운다.

케인
돈을 벌러 지구에 온 은색 우주인. 생활고를 타파하려 입문했다. 최종 보스를 이기면 아이들이 아빠를 칭찬해 준다.

산타나
악역 레슬러. 현재 상태에 한계를 느껴, 신기술을 익히기 위해 입문했다. 엔딩에서는 마스크를 버리고 정의의 레슬러로 전직한다.

「R-TYPE」과 연관이 있는 근미래풍 대전격투 게임

퍼펙트 솔저즈

● 1993년 12월　● 아이렘[개발·발매]

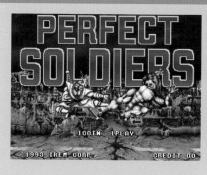

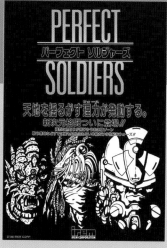

■ 천지를 뒤흔드는 '포스'가 발동한다

대전격투 게임 중에서는 보기 드문 SF 스타일의 타이틀. 세계관은 같은 아이렘 사의 명작 슈팅 게임 「R-TYPE」과 엮여 있기에, 등장 캐릭터 8명이 모두 개조 인간이나 뮤턴트라는 설정이다. 기본 조작은 「스트리트 파이터」와 동일한 8방향 레버+6버튼식이다. 이동의 경우 모든 캐릭터에 전방 대시가 있긴 하나 후방 대시는 없으며, 전방 대시 도중에 공격 버튼을 누르면 대시 공격이 나간다. 대시 공격은 공격력이 상당히 높게 설정돼 있어, 상대에 어지간한 공격 이상으로 큰 대미지를 줄 수 있다.

■ 조작방법 (캐릭터가 오른쪽을 향할 때)

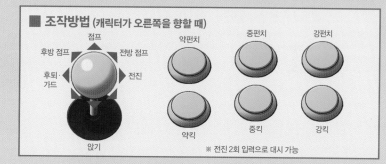

점프 / 후방 점프 / 전방 점프 / 후퇴·가드 / 전진 / 앉기

약펀치 / 중펀치 / 강펀치 / 약킥 / 중킥 / 강킥

※ 전진 2회 입력으로 대시 가능

▲ 게임에서 가장 인기였던 '아라비안 문', '복숭아 빛 원면소녀'라는 별명이 있으며, 노출도 높은 의상과 천진난만한 성격으로 유저를 사로잡았다.

▲ 전방 대시는 있지만 후방 대시가 없는 것도 이 작품의 특징. 회피 수단이 제한적이라 자연스럽게 공격 일변도가 된다.

▲ 캐릭터들을 디테일하게 묘사해, 피부의 질감이나 금속성 질감을 잘 재현했다. 다른 대전격투 게임과 비교해도 퀄리티가 높다.

■ 캐릭터

스타 세이비어
'생각하지 말라, 구속받지 말라'인 인생 속 토인 방랑자. 우주비행사의 꿈이 충치로 가로막힌 탓에, 충치를 싫어한다.

아라비안 문
인생의 모토도 싸우는 이유도 딱히 없는, 멋대로 사는 18세. 실은 몸 전체가 이온 필드로 덮여있기에 물리적 노출은 없다는 설정이다.

멜트 다운
프로젝트 샹그릴라에게 병기로 개조되어, 인간성 탈환과 복수를 목적으로 살아가는 청년. 애독서는 계간 '내일의 원자력'.

브로드웨이
이상적인 결혼을 꿈꾸는 여성. 캐치프레이즈인 '춤추는 25세'처럼, 디테일한 애니메이션으로 유연하게 춤을 춘다.

부시도
마음이 담긴 주먹밥을 좋아하는 무사풍 남자. 가난한 농촌을 폭주족에게서 구해내 주먹밥을 얻으려 싸운다. 칼 덕에 리치가 길다.

다이노서
아마존 태생의 간사한 사람. 몸이 '포스'로 인해 공룡처럼 변모했지만, 인간형 이성을 좋아해 브로드웨이에 청혼까지도 한다.

이블 탤런
거만한 태도의 식인 귀. 포스의 빛을 받아 괴물로 변해, 자신 외엔 모두 음식으로 인식한다. 인육을 좋아하고, 고양이 고기는 싫어한다.

셀레우스
해골에 바이도의 혼이 깃든 존재. 배틀에서 패배하면 복부의 구체만이 공중에 떠올라, "내 영혼은 불멸"이란 말을 남기고 사라진다.

호쾌함보다 리얼리티를 추구한, 담백한 격투 게임

배틀 크로드

● 1994년 1월 ● 사이쿄(개발·발매)

유파를 뛰어넘은 이종격투기 대결

사이쿄 사가 개발한 최초의 대전격투 게임. 당시 일본에서 인기였던 격투기 이벤트 'K-1'의 영향을 받은 타이틀로서, 타사의 격투 게임보다 스포츠성을 강조한 편이며 전반적인 연출도 과장이 없고 꽤나 담백하다. 등장 캐릭터는 보스를 포함해 총 16명. 총 캐릭터 중 과반수가 당시 실존 선수를 모델로 삼았기에, 가라테·권투·커맨드 삼보 등의 실제 격투기 기반으로 싸운다. 조작은 8방향 레버+6버튼식으로 표준적이다. 동일한 기술을 반복하면 상대가 받는 대미지가 감소하거나, 단시간에 일정량 이상의 대미지를 주면 상대가 다운되는 등의 특징적인 시스템도 있다.

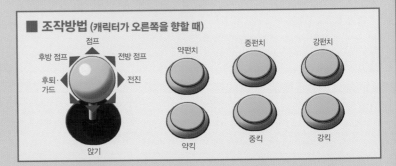

■ 조작방법 (캐릭터가 오른쪽을 향할 때)

점프 / 후방 점프 / 전방 점프 / 후퇴·가드 / 전진 / 앉기

약펀치 / 중펀치 / 강펀치 / 약킥 / 중킥 / 강킥

▲ 같은 기술을 반복적으로 사용하면 상대가 받는 대미지가 감소하므로, 시합 전반에 걸쳐 다양한 기술을 구사해야 한다.

▲ 대부분의 캐릭터가 실존 인물을 모델로 삼았다. 가령 D-9F는, 당시 '사이보그'란 별명이 있었던 이종격투기 선수 딕 프레이가 모델이다.

▲ 전반적으로 진지하고 담백한 게임이긴 하나, 최종 보스로 곰이 등장하는가 하면 여성 캐릭터의 기술 중 이른바 '동침'이 존재하기도.

■ 캐릭터

안소니 호크

스위스 출신의 가라테 선수. 전 공연우승의 경험이 있다.

릭 심슨

아마추어 올림픽 금메달도 땄던 프로 권투선수.

마에가와 신사쿠
일본 킥복싱계의 신동. 무에타이의 실력자다.

울프 교관
구 소련의 공정부대 소속인 커맨드 삼보의 실력자.

사이보그 D-9F형
각종 격투기를 기억시킨 최신형 격투전술 사이보그.

타니마치 미츠지
아마추어의 정점에 오른 학생 스모 리키시(선수).

티사 윌링
루마니아 출신의 유학생으로서, 후지와라 도장의 문하생.

오오야마 마사미치

전공연 4연패 등의 화려한 전력을 지닌 난폭한 사내.

제프 하워드
갑자기 은퇴를 번복하고 돌아온 헤비급 세계 챔피언.

존 앤더슨
영국 태생의 13세. 최종 보스인 곰이 그의 아버지다.

단 대원

7번째 공정부대원 성인 남자에게 자주 반한다.

사이보그 T-8P형
NATO가 만든 프로토타입. D-9F와의 비교차 출전했다.

하리마오

일본계 3세 브라질인 스모 리키시. 현 최강의 요코즈나다.

후지와라 유키

도장의 외동딸이자 티사나의 선배. 간사이 사투리를 쓴다.

더블 드래곤

● 1995년 3월　　　● 테크노스 재팬(개발·발매)

실사 영화판에서도 일부 영향을 받았다

　테크노스 재팬의 같은 제목 인기 타이틀을 2D 격투 게임화한 스핀오프 작품. 흉악한 폭력조직이 장악한 도시에서, 빌리·지미 리 형제가 암흑가의 지배자에 도전한다는 스토리다.

　등장 캐릭터는 보스를 포함해 총 12명. 조작은 다른 네오지오용 타이틀과 동일하게 8방향 레버+4버튼식을 채택했다. 다만 버튼은 약·중·강·특강 공격으로 구성되어 있다. 원작인 「더블 드래곤」은 서양에서 큰 인기를 누렸던 작품으로서, 미국에서는 실사 영화로도 제작해 개봉되었다. 게임의 최종 보스인 '코가 슈코'는 이 영화판의 악역이며, 리 형제의 복장 디자인도 영화판의 영향을 받은 것이다.

■ 조작방법 (캐릭터가 오른쪽을 향할 때)

점프
후방 점프 / 전방 점프
후퇴·가드 / 전진
앉기

 약공격
 중공격
강공격
 특강공격

※점프 및 전진·후퇴는 2회 입력시 2단 점프 및 대시가 된다.

▲ 플레이어블 캐릭터 중엔, 원작에서 적에게 잡혀가는 역할이었던 '마리안'과 중간 보스였던 '아보보'도 있다.

▲ 중간 보스로는 「리턴 오브 더블 드래곤」의 최종 보스였던 '듀크', 최종 보스로는 실사 영화판의 '코가 슈코'가 등장한다.

▲ 이 작품의 필살기 게이지는 체력 게이지와 공통이라, 체력이 줄면 줄수록 초필살기 연발이 쉬워지는 시스템이다.

■ 캐릭터

빌리

쌍절권의 전승자. 영화판과 마찬가지로 변신 능력이 있으나, 변신 중일 때는 초필살기를 쓸 수 없다.

지미

빌리 리의 형이자, 쌍절권의 공동 전승자. 동생을 라이벌시 하여, 동생보다 먼저 코가를 타도하려 한다.

아보보

코가의 부하. 키 220cm의 거한이며, 승리 시 더블 바이셉스 자세를 잡는데 머리가 파묻힐 만큼 상반신이 부푼다.

아몬

전설적인 류가 출신의 달인. 소식이 끊긴 사형을 찾아 미국으로 건너왔다. 엔딩에서는 카레이서가 된다.

에디

베네수엘라 출신의 격투가로서, 코가 조직의 스카우트 담당자. 마셜 아츠와 무에타이를 섞어 구사한다.

마리안

리 형제의 소꿉친구. 오락실에 들어박히곤 하는 승부욕 강한 소녀로서, 액세서리는 사기보다 조르는 쪽.

레베카

도장주의 딸. 애인이 코가의 앞잡이임을 알고 분해해, 코가 타도를 결심한다. 취미는 다도와 일본무용.

달튼

자기보다 강한 자를 찾아 방랑하는 이탈리아인 스트리트 파이터. 기술명에는 죄다 '남자의~'가 붙어 있다.

쳉푸

취팔선권의 달인. 노력을 싫어하는 게으름쟁이지만 정의감이 강해, 그 성격 탓에 코가와 대립하게 된다.

부르노프

'선혈의 폭탄남'이라 불리는 전직 프로레슬러 챔피언이며, 현재는 코가의 부하. 평소에는 조용한 성격인 듯.

두근두근 게이지를 모아 마구마구 공격하자!

두근두근 7 (세븐)

● 1996년 11월　　● 선 소프트(개발·발매)

▌제대로 정성을 들여 만든 수작

7개를 모으면 어떤 소원이든 다 이뤄준다는 '두근두근 볼'을 가지려는 캐릭터들이 격돌하는 2D 대전격투 게임. 플레이어 캐릭터 7명+CPU 전용 캐릭터 2명으로 총 9명이 등장하며, 조작은 다른 네오지오 타이틀과 마찬가지로 8방향 레버+4버튼제를 적용했다.

시스템에도 상당히 공을 들여 가드 캔슬, 카운터 공격, 이동하여 기상하기 등등 당시 유행하던 시스템을 총망라했으며, 중단기와 연속 입력기는 물론이고, 이 작품만의 오리지널 시스템으로서 발동이 느린 대신 위력이 극도로 높은 가드불능 기술 '아슬아슬 어택'을 전 캐릭터가 보유하고 있다.

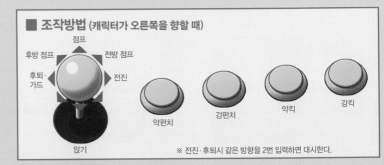

■ 조작방법 (캐릭터가 오른쪽을 향할 때)

- 점프
- 후방 점프
- 전방 점프
- 후퇴·가드
- 전진
- 앉기
- 약펀치
- 강펀치
- 약킥
- 강킥

※ 전진·후퇴시 같은 방향을 2번 입력하면 대시한다.

▲ 대전격투 게임들은 그래픽이 살벌한 경우가 많은데, 이 작품은 오히려 밝고 발랄한 색조의 그래픽인지라 매우 인상적이다.

▲ 특히 인기가 높았던 캐릭터가 여성인 '마키하라 아리나' 1P일 때와 2P일 때는 컬러뿐만 아니라 복장부터가 완전히 바뀐다.

▲ 가드 캔슬·카운터 등 당시 유행하던 시스템은 빠짐없이 넣었다. '아슬아슬 어택'이라는 최종 필살기도 모든 캐릭터가 보유하고 있다.

■ 캐릭터

바쿠오 라이

모험을 좋아하는 13세 중학생. 아리나와는 소꿉친구 사이로서, 종종 말실수로 싸우기도 한다. 두근두근 볼은 할아버지로부터 아리나와 함께 받았다.

마키하라 아리나

라이의 동급생. 14세. 멋진 사랑을 찾아 쟁탈전에 참가하지만, 엔딩에선 정작 요청이 소원을 이뤄주니 라이가 소환돼 요청과 함께 라이를 때린다.

슬래시

마계 출신의 마물 헌터. 차원도로 저주받은 자를 해방시키는 것이 사명이다. 텐동을 좋아해, 방랑 생활 중에도 애용하는 튀김용 냄비를 휴대한다.

티세 론블로조

론블로조 박사가 7년 전에 만든 7번째 자동인형. 6명의 언니와 박사를 좋아하며, 병으로 쓰러진 박사를 위해 참전한다. 설정상으로는 11세.

댄디 J

두근두근 볼이 뭔지도 제대로 모르고 의뢰를 받아 참전한 청부업자. 장외의 파트너 '나츠미'가 고양이 '램프'를 던진다(반대도 존재) 필살기가 있다.

마루룬

학명은 '델바냐 포테포타'. 숲을 헤매던 소녀 '로 쿠죠 무기'를 만나, 부모의 품으로 보내려고 쟁탈전에 참전한다. '마루룬'이란 이름은 무기가 붙였다.

폴리탱크-Z

두 아이의 아빠인 경찰서장이 직접 개발해, 점검·정비계 경찰견과 함께 조종하는 거대 인간형 탱크. 고간에 포탑이 있고, 엉덩이로 독가스를 뿜는다.

모든 캐릭터가 공평하게 싸우는, 대전 게임의 모범작

브레이커즈

● 1996년 12월　　● 비스코(개발·발매)

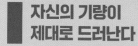

個性豊かなキャラクターたちが
繰り広げる白熱のバトル!!
Breathtaking combat between colorfully individual characters

■ 자신의 기량이 제대로 드러난다

대전격투 게임이 안정화되던 시기에 출시된 타이틀 중 하나. 유명 제작사의 작품이 아니었기에 출시 초기엔 그리 화제가 되지 못했지만, 완성도가 높다는 점이 입소문을 타고 서서히 퍼져나가면서 열광적인 팬들을 만들어냈다.

조작은 8방향 레버+4버튼식. 캐릭터는 CPU 전용을 포함해 총 9명이 등장한다. 특징은 게임 밸런스부터 조작성·시스템에 이르기까지 전반적인 수준이 높다는 점으로서, 특히 대미지 보정이 디테일하게 조정돼 있어 대인전이라면 어떤 캐릭터를 사용하든 공평한 플레이가 가능하다. 그렇다 보니 플레이어의 기량이 제대로 드러나는 타이틀이 되었다.

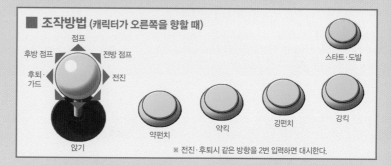

■ 조작방법 (캐릭터가 오른쪽을 향할 때)

점프
후방 점프　전방 점프
후퇴·가드　전진
앉기
약펀치　약킥　강펀치　강킥
스타트·도발

※ 전진·후퇴시 같은 방향을 2번 입력하면 대시한다.

▲ 가장 인기가 많았던 캐릭터가 '피에르 몬타리오'라는 검객. 기괴한 기합소리와 모션으로 팬에게 강한 인상을 남겼다.

▲ 화면 하단의 게이지가 MAX 상태라면 초필살기를 발동할 수 있다. 게다가 이 작품은 게이지가 바닥날 때까지는 연속 사용 가능하다.

▲ CPU전에서 같은 캐릭터가 대결할 경우, CPU 쪽의 이름이 미묘하게 달라진다. 단, 대인전일 때는 컬러만 달라질 뿐.

■ 캐릭터

카무이 쇼
'주먹은 약한 자를 구한다'가 신조인 가라테 구사자. FIST가 위험한 대회임을 알면서도, 자기 뺨에 상처를 낸 다오롱의 출전을 알고 도전한다.

콘도르 헤즈
초자연적인 힘 '마니투'를 믿는 미국인. 짙은 안개 속에서 만난 사자가 내린 게시를 받고서, 사악한 사념을 봉인하기 위해 대회에 참전했다.

리 다오룽
쿵푸 권객의 실력자로서, 쇼의 라이벌. 생전의 어머니가 아버지의 원수로 지목된 최강의 권성 '황 바이후'에 복수하려, 무술대회 FIST에 출전한다.

알시온 Ⅲ세
살해당한 부왕의 묘소에 봉인되어 있었던 이집트 왕자. 오랜 시간이 흘러 눈을 뜬 후, 원수와 동일한 파동을 지닌 FIST 주최자 '황 바이후'를 쫓는다.

피에르 몬타리오
자신이 제일 강하고 아름답다고 믿는 귀족. 조경업자에 줄 돈이 없어, '미의 완성과 명예를 위해'라지만 결국 상금을 벌려 무술대회에 출전한다.

라일라 에스탄시아
브라질의 정글에 사는 사냥꾼. 숲에 이변이 일어나자, 여걸족장의 명령을 받고 '커다란 그림자를 지닌 자'를 찾아 여행하여, FIST에 도달한다.

시크 마혈
1년 전 준결승에서 시크를 이기고 결승에 올랐던 전우가, 자신과의 약속을 남기고 실종됐다. 후일 친구의 죽음을 알고, 원수를 갚기 위해 참가한다.

티아 랭그레이
대만 출신의 킥복싱 선수. 황 바이후와의 대전 직전에 실종돼버린 오빠의 단서를 찾아, 그 원인으로 알려진 황 재벌 주최의 대회 FIST에 도전한다.

원 버튼으로 수인(獸人)이 되는 '수화 시스템'을 도입!

블러디 로어 [역주 ※]

● 1997년 7월 　　● 라이징(개발) / 허드슨(발매)

서양에서 폭발적인 인기를 누렸던 타이틀

온갖 3D 대전격투 게임이 화려하게 난립하던 시기에 출시된 타이틀. 특히 서양에서 인기가 많았던 타이틀로서, 원 버튼으로 변신하는 '수화(獸化) 시스템'이 최대의 특징이다.

조작계는 레버+3버튼식이며, 모든 캐릭터의 커맨드 기술을 공통화시켰다. 수화 시에는 공격력·방어력이 향상되며, 비스트(변신) 버튼도 수화 전용 공격으로 기능이 바뀌므로 기술의 다양성도 풍부해진다. 반면 수화 상태는 시간제한이 있기 때문에, 전투 시엔 필연적으로 '인간'일 때와 '수인'일 때의 2가지로 전략을 세워야 한다. 스테이지 양쪽 끝에는 벽이 있어, 상대를 벽으로 몰아세운 후 벽째로 날려버리면 링 아웃을 따내 이길 수 있다.

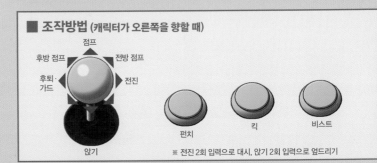

■ 조작방법 (캐릭터가 오른쪽을 향할 때)

- 점프
- 후방 점프 / 전방 점프
- 후퇴·가드 / 전진
- 앉기
- 펀치
- 킥
- 비스트

※ 전진 2회 입력으로 대시, 앉기 2회 입력으로 엎드리기

▲ 각 캐릭터별로 보통의 '인간' 상태와 짐승화된 '수인' 상태의 2가지 패턴이 존재한다. 두 형태에 따라 전술이 차별화되는 것이 재미있다.

▲ 수화 게이지가 꽉 찼을 때 비스트 버튼만 누르면 바로 수인으로 변신한다. 공격력·방어력이 상승하고, 기술의 바리에이션도 증가한다.

▲ 캐릭터별 액션도 각각 인간 상태와 수인 상태가 따로 준비돼 있다. 바디에 펀치를 맞으면 구토하는 연출까지도 넣었다.

■ 캐릭터

유고

수화능력을 지닌 수인. 실력 좋은 용병이었던 아버지 '유지'의 전사에 의문을 품고 조사하다, 대기업 타이론의 음모에 휘말리고 만다.

바쿠류

닌자를 자칭하는 정체불명의 암살자. 자기 몸의 강화에 쾌감을 느껴, 스스로 수인 병기 개조 계획의 실험체가 되어 변신 능력을 획득했다.

앨리스

어릴 적 유괴되어 연구기관의 실험을 당해, 수인의 힘에 각성한다. 세뇌당하기 전에 탈출했지만, 자신을 빼내준 친구를 구하려 싸운다.

폭스

부모에 버림받은 탓에 아름다움에 집착하는 인공 수인 남자. 슬럼에서 자라 온갖 악행을 저지르는 살인마. 신중함과 잔혹성을 겸비했다.

롱

무술 재능과 수인화 능력을 겸비해, 맨손으로 적을 죽이는 초일류 암살자였던 남자. 언제부턴가 조직과 관계가 끊긴 후 쫓기는 중이다.

미츠코

수인의 특성을 강하게 이어받은 호탕한 주부. 거의 수화하려 하지 않는 일족이지만, 수인이 딸을 납치하자 모성본능이 폭발해 바로 수화한다.

가도

친구 '유지'와 함께 전쟁터를 떠돌던 용병. 완전무장부대와 수인의 습격으로 동지와 한쪽 눈을 잃고 난 후, 유지를 찾아 고독하게 싸우고 있다.

그레그

서커스의 맹수 조련사 겸 단장이었던 남자. 선천적 수인이라, 고릴라 대역 경험도 있다. 현재는 서커스단 재결성차 세계 각지의 수인에게 입단을 권유중이다.

역주 ※ : 한국에서는 북미판 타이틀명인 「Beastorizer」로도 가동되었다.

블러디 로어 2

● 1998년 9월　　● 라이징(개발) / 허드슨(발매)

캐릭터 대부분을 과감히 교체하다

일본보다 서양에서 인기가 많았던 시리즈의 제2탄. 전작의 시스템을 유지하면서, 필살기 등의 신규 시스템을 추가했다. 스토리는 전작의 5년 후를 무대로 수인들에 공포를 느끼는 인류와, 인간으로부터 수인을 해방시키고자 하는 세력인 '수인해방전선' 간의 마찰을 다루고 있다. 기본 시스템은 전작대로 유지하면서도, 수화 시의 필살기인 '비스트 드라이브'와 일반 방어보다 강력한 '헤비 가드', '가드 브레이크' 등의 신규 시스템을 다수 도입했다. 등장 캐릭터는 보스를 포함해 총 9명. 전작부터 등장했던 주인공급 캐릭터 4명 이외에는 모두 신규 캐릭터로 대폭 교체했다.

■ 조작방법 (캐릭터가 오른쪽을 향할 때)

점프
후방 점프　　전방 점프
후퇴·가드　　　전진
앉기

펀치　　킥　　비스트

※ 전진 2회 입력으로 대시, 앉기 2회 입력으로 엎드리기

▲ 남고의 3D 기판 'SYSTEM 12'를 채용해, 그래픽 품질이 대폭 향상되었다. 전작과는 비교할 수 없을 정도로 미려한 그래픽이다.

▲ 캐릭터 대부분이 교체되었으나, 이 작품부터 추가된 신규 캐릭터 중 '제니'가 많은 인기를 누렸다.

▲ 전작에서 호평받았던 특유의 호쾌함은 유지했고, 수화 전용 필살기 '비스트 드라이브'의 추가도 한몫하여 배틀이 더욱 화끈해졌다.

■ 캐릭터

유고	스턴	마벨	바쿠류	롱	앨리스	우리코	부스지마	제니

늑대 수인. 프로 복서로 먹고산다. 전작에서 맡게 된 소년 카케루가 수인 해방 전선에 납치되자 다시 싸움에 몸을 던진다.

곤충 인조 수인. 원래 타이론의 선량한 과학자였지만, 부스지마의 악행을 발견한 탓에 개조당했다. 불안정한 몸과 고통에 매일 시달린다.

전 전쟁고아이자, 가도의 양녀. 행방불명된 양부가 수인 해방 전선의 보스라는 의혹의 진상을 규명하기 위해 싸움에 나선다.

1편에 등장했던 바쿠류의 후계자로 길러져, 유고의 형제가 된 소년. 부스지마의 악랄함을 규명하해 냉혹한 암살자가 되었다.

특이체질의 호랑이 수인으로서, 소년 시절 폭주를 일으켜 여동생을 죽인 과거가 있다. 지금은 우리코의 스승이 되어 그녀를 돕는다.

토끼 수인. 우리코의 어머니가 거둬주어 간호사가 되었지만, 환자로와 만난 유고를 외면할 수 없어 싸움에 휘말린다.

미츠코의 딸. 조직에 개조당하고 어머니가 수인 해방 전선에 납치되, 고양이과 반인반수가 된다. 엄마를 구하려 롱의 가르침을 받는다.

타이론의 매드 사이언티스트. 불로불사의 생물을 연구하는 천재로서, 동료였던 스턴을 개조하고 카케루를 세뇌한 장본인.

낮에는 일류 모델, 밤에는 유능한 여자 스파이로 활약하는 박쥐 수인. 전부터 알고 지내던 가도의 의뢰를 받아 소동에 관여하게 된다.

타락천사 The Fallen Angels

● 1998년 3월　　● 사이쿄(개발·발매)

독특한 존재감을 지닌, 마이너 게임계의 거물

사이쿄가 「배틀 크로드」 이후 오랜 공백 끝에 출시한 대전격투 게임. 대지진으로 대규모의 지각변동이 일어나 대륙과 단절되어 완전히 고립되어 버린 도시 'EDEN'을 무대로, 8명의 전사들이 서로 싸우게 된다는 스토리다.

등장하는 캐릭터 8명의 보이스는 미도리카와 히카루, 오오타니 이쿠에 등의 실력파 성우들이 맡아 연기했다. 게임 자체는 전형적인 스타일이지만, 그래픽이 수려하고 조작성도 뛰어나다. 버튼을 동시에 눌러 자세를 바꾸는 '스위칭', 캐릭터별로 정해진 수순대로 버튼을 누르는 '러싱 콤비네이션' 등의 독자적인 시스템도 추가했다.

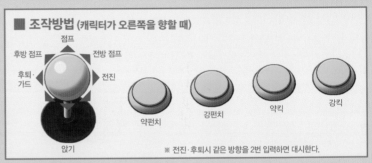

■ 조작방법 (캐릭터가 오른쪽을 향할 때)

점프 / 후방 점프 / 전방 점프 / 후퇴·가드 / 전진 / 앉기 / 약펀치 / 강펀치 / 약킥 / 강킥

※ 전진·후퇴시 같은 방향을 2번 입력하면 대시한다.

▲ 여장남자·개조 인간·암살자 등등, 타사 타이틀에는 없던 독특한 캐릭터도 다수 등장한다. 그래픽도 타의 추종을 불허할 만큼 미려하다.

▲ 캐릭터 애니메이션에 상당히 공을 들여, 가라테 캐릭터의 얼굴 주변에 모여드는 파리마저도 자연스럽게 움직인다.

▲ 퇴폐적인 분위기가 이 작품의 최대 특징. 개성적인 캐릭터와 모리오카 신이치의 일러스트가 일부 마니아들의 마음을 사로잡았다.

■ 캐릭터

쿨

'제4지구의 검은 날개'라 불리는 독불장군 스타일의 청부업자. 자유를 방해받는 것을 싫어한다. 격투 스타일은 비겁하고 치사한 편.

타로

마음씨 착한 인조 인간. 15년 전 매슈 할아버지가 거두어주고 이름을 붙여 현재와 같이 성장했다. 주먹밥을 좋아한다.

해리 네스

미국 해병대의 소대장. 폭동 진압 임무를 맡고 있으며, 대통령 직속으로 움직이는 경우도 있다. 워커홀릭으로서, 아내와는 별거 중.

오니가와라 토라오

가라테로만 살아온 가라테 외길 남자. 군의 전직 무술 교문이지만, 방랑자처럼 살아온지라 해리의 걱정을 사고 있다.

유이렌

술집 '바람의 물고기'에서 가수로 일하는 여장남자. 완력이 강해, 술집의 마스코트와 경호원을 겸임한다.

루치오 롯시

약관 16세에 이미 '암흑가의 와룡'이라 불리고 있는 솜씨 좋은 킬러. 암살 기술은 암흑가의 두목이 엄히 가르친 것이다.

유이란

술집 '바람의 물고기'의 바텐더. 유이렌의 쌍둥이 여동생이다. 여장남자인 오빠에 대한 반발심 탓인지 성격이 남자답다.

미부 하이지

인간 병기화 실험으로 만들어진 '케이스 클래스'의 생존자. 수년 전 도망에 성공하여, 매음굴에서 경호원으로 일하고 있다.

트리거

냉혹하고 비정한 킬러. 총을 유난히 사랑하며, 한 번 노린 사냥감은 놓치지 않는다. 기호품은 피단. 취미는 훌라후프.

카를로스

도시를 지배하고 세계 경제마저 좌우하려 하는 부동산 제왕. 부하라도 거리낌 없이 죽이지만, 최루성 영화 감상이 취미이다.

신 캐릭터를 추가한 업그레이드판
브레이커즈 리벤지

● 1998년 7월　　● 비스코(개발·발매)

CREDIT 00

■ 밸런스를 조절해 즐기기 쉬워졌다

전작 「브레이커즈」 출시 후 약 1년 반 만에 등장한 업데이트판. 신규 캐릭터로서 닌자 '토비카게노 사이조'가 추가되었으며, 전작의 최종 보스였던 '황 바이후'도 간단한 히든 커맨드 입력으로 개방하여 사용할 수 있다.

겉보기상의 변화는 타이틀 로고와 오프닝 연출 일부 정도로서 큰 차이가 없으며, 조작도 전작과 동일한 8방향 레버+4버튼식이다. 콘도르 헤즈 등 일부 캐릭터의 밸런스를 변경했고 쇼로 사용 가능했던 무한 콤보를 수정하는 등 변경점 대부분이 게임 밸런스 조절 관련이지만, 바꾸어 말하면 오히려 그만큼 기본적인 시스템은 전작 때부터 완성돼 있었다는 의미이기도 하다.

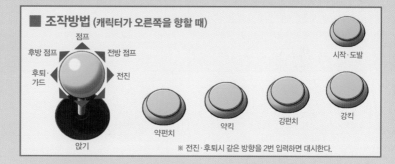

■ 조작방법 (캐릭터가 오른쪽을 향할 때)

점프
후방 점프　전방 점프
후퇴·가드　전진
앉기

시작·도발
약펀치　약킥　강펀치　강킥

※ 전진·후퇴시 같은 방향을 2번 입력하면 대시한다.

1P 8800 77 PIELLE
SAIZO
5 Hits!
CREDIT 00

▲ 신 캐릭터로 닌자 '토비카게노 사이조'가 추가되었고, 전작의 최종 보스 '황 바이후'도 히든 커맨드로 사용 가능하다. 둘 다 성능이 좋다.

33300 68
TIA　DAO-LONG
½Hits!
CREDIT 00

▲ 전작의 시스템은 그대로 계승했다. '피격 캔슬'은 상대의 공격을 받는 모션의 후반을 기본기 등으로 캔슬할 수 있는 시스템이다.

1P 3300 87 INSERT COIN
MAHERL　PIELLE
CREDIT 00

▲ 아무리 봐도 모 유명 게임의 야생아처럼 보이는 여성에, 괴성을 지르는 가면 남자, 팔다리가 늘어나는 이집트인 등 전작의 인상적인 캐릭터들은 그대로다.

■ 캐릭터

카무이 쇼
정의감 강한 가라테 청년. 동일 캐릭터 대전 시에만 등장하는 2P 캐릭터는 게임회사에 근무하는 회사원이라고.

리 다오룽
한자 이름은 '이도룡(李刀龍)'. 동일 캐릭터 대전 시의 2P는 아예 타인인데, 애인에 의심받는 게 다오룽 탓이라고 원망 중.

피에르 몬타리오
펜싱으로 싸우는 이탈리아 귀족. 동일 캐릭터 대전 시의 상대는 이탈리아인과는 앙숙인 프랑스인이다.

시크 마헐
사우디아라비아의 검사. 동일 캐릭터 대전 시의 상대는 쾌활한 정육점 주인 '자바'다. 무기인 칼은 고기 다듬기용.

콘도르 헤즈
프로레슬링 기술로 싸우는 인디언. 동일 캐릭터 대전 시엔 먼 친척인 '레드 기가스'가 등장한다.

알시온 Ⅲ세
봉인에서 해방되어 복수에 불타는 왕자. 동일 캐릭터 대전 시의 상대는 고대문명 마니아인 후손 '아툼'.

라일라 에스탄시아
자연과 공생하는 여걸족의 실력자. 동일 캐릭터 대전 시의 상대는 숲의 부족에 의해서 구렁이가 키워낸 여성.

티아 랭그레이
행방불명된 오빠를 찾고 있는 킥복싱 선수. 동일 캐릭터 대전 시의 상대는 티아의 오빠와도 대전 경험이 있는 여성.

토비카게노 사이조
어둠의 세계에 사는 최강 닌자. 바이후에게 살해당한 고향 친구의 한을 풀어주기 위해 무술대회에 도전한다.

황 바이후
다오룽의 아버지를 죽인 '사악한 의사'를 지닌 자에게 육체를 잠식당한 상태다. 히든 커맨드 입력 시 선택 가능하다.

투룡전설 엘란도르

● 1998년 11월　　● 사이 메이트(개발·발매)

「사이킥 포스」풍의 전방위 배틀

　세가새턴 호환 기판 'ST-V'로 제작된 3D 대전격투 게임. 처음부터 세가새턴으로의 발매까지 염두에 두고 개발했기에, 양쪽의 시너지 효과를 노린 홍보 전략도 전개했다.

　10명의 드래곤 마스터가 세계의 질서를 어지럽히는 카이저 드래곤과 싸운다는 스토리로서, 대전 필드가 「사이킥 포스」처럼 3D 공간 내이며, 등장 캐릭터 전원이 드래곤을 탄 상태로 전투한다. 체력 게이지 외에도 'SP 미터' 및 'D.POWER 미터'가 있으며, D.POWER는 드래곤을 이용하는 공격을 발동하거나 상대의 공격을 가드하면 소비된다.

■ 조작방법

안쪽으로 선회

후퇴·가드　　　전진

바깥쪽으로 선회

프리 대시(FD)　　약공격　　강공격　　점프

※ 레버를 같은 방향으로 2회 입력 시 퀵 무브
※ FD를 누른 상태로 레버 입력 시 자유 이동, FD 버튼만 누르면 상대 방향으로 대시

▲ 전투는 3D 공간에서 펼쳐지며, 마법 등의 장거리계 공격이 있긴 하나 기본적으로는 타격기과 가드 불능계인 점프 공격기 위주로 싸운다.

▲ 화면 상단에는 체력 게이지 외에도, 초필살기 사용 횟수를 알려주는 'SP 미터'와 특수 공격·가드에 필요한 'D.POWER 미터'가 표시된다.

▲ 대미지를 받아 낙하 도중인 드래곤에게는 추격타를 먹일 수 있다. 공격이 연속으로 히트하면 상대가 큰 대미지를 입는다.

■ 캐릭터

카인

아버지가 단장인 젊은 기사. 카이저 드래곤을 쫓다 사라진 아버지를 찾고 있다. 파트너는 전격을 다루는 블루 드래곤.

케야키

레드 드래곤을 조종하는 쿠노이치. 자신이 섬기는 영주의 치유를 위해, 만병통치약이라는 카이저 드래곤의 비늘을 원한다.

레비

블랙 나이트 말살을 위해 싸우는 시공의 파수꾼. 목만 남은 투구 형태인 다크 드래곤을 조종한다.

에리오나

밝게 빛나는 라이트 드래곤을 타고 싸우는 근위대장. 변방에서 날뛰는 누군가와 결판을 내려 찾아왔다.

루본

독의 개발에 심혈을 기울이는 약사. 포이즌 드래곤을 몰고, 미지의 소재인 카이저 드래곤을 쫓는다.

티나

꼬마 매지컬 드래곤 '타누맘'에 의해 마법소녀가 된 초등학생. 어쩌다 보니 악을 퇴치하게 되었다.

시온

외계와의 접촉을 금한다는 철칙을 어기고 바깥 세계로 뛰쳐나간, 바람을 다루는 소년. 윙 드래곤을 타고 싸운다.

마리유

블랙 나이트에게 고향을 잃은 마술사. 가족의 원수를 물리치기 위해 핑크 드래곤을 타고 싸운다.

걸프

블랙 나이트의 습격으로 외동딸 티나를 잃고서 복수의 여행을 떠난 남자. 어스 드래곤을 몰고 싸운다.

가닉

카인의 아버지. 카이저 드래곤에게 동료들이 몰살당했고, 자신 역시 세뇌당해 살육을 반복하고 있다.

아슈라 블레이드 Sword of Dynasty

● 1998년 12월　　● 후우키(개발·발매)

아는 사람은 아는, 숨겨진 명작

　후키쇼카이 사(후우키)가 출시한 2D 대전격투 게임으로서, 아득한 옛날 하늘의 용과 대지의 용을 봉인했던 'ASURA의 검'의 분실을 둘러싸고 용사들이 싸움을 펼쳐나간다는 스토리다.

　캐릭터는 보스를 포함해 총 10명이 등장한다. 그래픽을 2D 픽셀로 매우 정교하게 묘사했고, 모션 애니메이션도 실로 부드럽게 움직인다. 조작계는 8방향 레버+3버튼식으로 심플하며, 시스템도 무기 잡기부터 날리기 공격, 기상 공격에다 매직 게이지를 사용하는 초필살기까지 있는 등 2D 격투 게임에 있을 만한 시스템은 거의 모두 망라하여, 숨겨진 명작으로 불리고 있다.

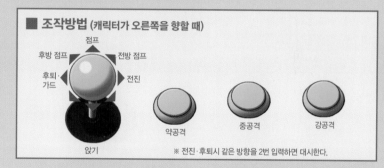

■ 조작방법 (캐릭터가 오른쪽을 향할 때)

점프
후방 점프　　전방 점프
후퇴·가드　　　전진
약공격　　중공격　　강공격
앉기
※ 전진·후퇴시 같은 방향을 2번 입력하면 대시한다.

▲ 무기를 사용해 싸우는 2D 대전격투 게임으로서, 악마 소환사·사령술사 등 타사 타이틀에서는 별로 보이지 않는 스타일의 캐릭터가 등장한다.

▲ 3버튼을 동시에 누르면, 손에 든 무기를 던지거나 배후를 파고들거나 중단 공격을 하는 등, 캐릭터별로 차별화된 공격을 전개한다.

▲ 필살기를 쓰면 화면 하단에 표시된 매직 게이지가 소모된다, MAX까지 채우면 초강력 필살기를 사용할 수 있다.

■ 캐릭터

야샤오
아슈라 일족 최강의 전사. 차기 족장 감으로 꼽히지만 그쪽에는 흥미가 없으며, 싸우는 이유는 큰돈을 벌어 평생 놀고먹기 위해서다.

고트
멸망한 나라의 왕자. 눈앞에서 어머니와 누나가 살해당한 트라우마가 있다. 트라우마 탓인지 무익한 살생을 반복하는 냉철한 버서커.

라이트닝
이도류 검사로서, 왕국 기사단장인 젊은 기사. 과거 야샤오에게 패배한 후, 그를 라이벌로 인정하고 검술 실력을 쌓았다.

앨리스
대공작의 영애로서, 불로불사 연구로 나날을 보내는 소녀. 얼핏 연약해 보이지만, 네크로맨서 재능이 뛰어나기에 해골을 부려 싸운다.

타로스
원래는 왕국에서 ASURA의 검을 수호하던 아이언 골렘. 왕국이 잃어버린 ASURA의 검을 탐색하기 위해 여행을 떠났다.

잠-B
전직 도적단 두목. 지금은 앨리스의 본가인 공작가의 암살부대 대장을 맡고 있다. 영애인 앨리스가 '원숭이'라 부르며 마구 부려먹는 중.

푸티
대대로 권법을 갈고닦는 일족 출신으로서, 취미는 강자와 싸우는 것. 그녀 역시 실력을 연마 중이었다. 그 실력을 확인하기 위해 여행한다.

로즈마리
귀족이었지만 가문이 몰락에 빠져 몰락해, 지금은 악마 소환사로 활약하고 있다. 실력은 좋아서, 오히려 귀족일 때보다 유복해졌다.

캐릭터성과 고해상도 그래픽으로 유저를 매료시키다

길티기어 젝스

● 2000년 7월　　● 아크시스템웍스(개발) / 사미(발매)

■ 생체병기 '기어'의 반란으로부터 1년 후

때는 22세기. 인류가 마법 이론을 완성시키고 과학을 금지한 미래 세계를 NAOMI 기판의 고성능에 힘입어 치밀한 그래픽으로 그려낸 2D 격투 게임으로서, 과거 플레이스테이션으로 발매했던 「길티기어」의 속편을 아케이드로 출시했다는 특이한 경위가 있다.

오리지널 시스템으로는 전진·공격 등의 적극적인 행동으로 게이지가 쌓이는 '텐션 게이지'를 비롯해 다양한 공격을 강제 중단시킴으로써 독창적인 콤보를 창출해낼 수 있는 '로망 캔슬', 가드 대미지가 없는 '특수 가드', '폴트리스 디펜스' 등이 있다.

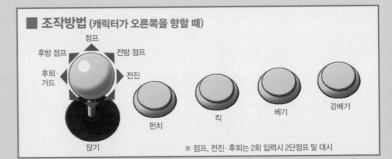

■ 조작방법 (캐릭터가 오른쪽을 향할 때)

- 점프
- 후방 점프 / 전방 점프
- 후퇴·가드 / 전진
- 앉기
- 펀치 / 킥 / 베기 / 강베기

※ 점프, 전진·후퇴는 2회 입력시 2단점프 및 대시

▲ 캔슬 기능이 충실해. 공격 방법이 무궁무진하다. 당하는 입장에서는 불리한 느낌도 들지만, 공격하는 입장에선 실로 호쾌하다.

▲ 캐릭터의 동작을 폴트리스 디펜스로 캔슬하는 '폴트리스 캔슬'. 속칭 '폴캔'이라는 테크닉이 매우 중요하다.

▲ 한 방이 묵직하고 체력이 팍팍 깎이는, 당시의 격투 게임다운 거친 밸런스가 화려한 연출과 엮여 묘한 조화를 이루는 직품이다.

■ 캐릭터

솔 배드가이
생체 병기의 피험자였던 과거를 지닌 바운티 헌터.

카이 키스크
젊은 천재 검사. 찻잔 수집이 취미다.

메이
'쾌적(快賊) 죠니'가 키워낸 의적. 죠니를 좋아한다.

밀리아 레이지
조직의 두령을 해치우고 자유를 얻은 전직 암살자.

액슬 로우
타임 슬립 체질을 가진 시공의 방랑자.

자토=ONE
암살자 조직의 리더. 그림자를 자유롭게 조종한다.

포템킨
군사 국가에 대한 쿠데타를 성공시킨 전 노예 병사.

치프 자너프
갱생한 전 마약 밀매자. 스승의 원수를 갚으려 수행중.

파우스트
의료사고로 미쳐버린 천재 외과의사. 지금은 멀쩡하다.

바이켄
과거의 기어 습격 사건 당시 봤던 남자를 쫓고 있다.

죠니
여자를 밝히는 의적. 미인계에 걸려 체포되었다.

쿠라도베리 잼
밤낮으로 수행 중인 수습 요리사. 개업 자금을 모은다.

미토 안지
멸망한 일본인의 후손. 일본 파멸의 원흉을 쫓는다.

베놈
조직이 거둔 고아 출신. 은인인 자토를 찾고 있다.

194

아슈라 버스터 ETERNAL WARRIORS

● 2000년 12월　　● 후우키(개발·발매)

■ 심플한 조작에 오락성을 가미하다

　아는 사람은 아는 2D 대전격투 게임계의 숨겨진 명작 「아슈라 블레이드」의 속편. 전작의 3년 후를 무대로, 다시 혼돈의 싸움이 전개된다는 스토리다.

　캐릭터는 숨겨진 캐릭터를 포함해 총 15명이 등장한다. 전작의 캐릭터가 세대교체되기도 하고, 동일한 캐릭터지만 격투법이 완전히 달라진 캐릭터가 있기도 하는 등 대폭적인 변경점이 많다. 기본 조작은 전작대로 유지했고, 신규 시스템으로서 '공중회피'와 '가드 불능기'를 비롯해, KO나 더블 KO시 체력 제로에 매직 게이지 MAX 상태로 부활하는 '라스트 스탠드'라는 오리지널 시스템을 추가했다.

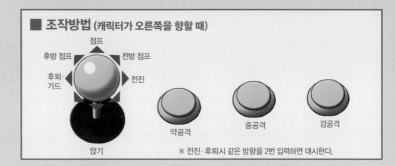

■ 조작방법 (캐릭터가 오른쪽을 향할 때)

- 점프
- 후방 점프 / 전방 점프
- 후퇴·가드 / 전진
- 앉기
- 약공격 / 중공격 / 강공격

※ 전진·후퇴시 같은 방향을 2번 입력하면 대시한다.

▲ CPU전에서는 캐릭터별로 다른 스토리가 전개된다. 거대 보스나 몬스터 무리가 플레이어의 앞길을 가로막는다.

▲ 최종 보스로는 「마블 슈퍼 히어로즈 VS 스트리트 파이터」의 아포칼립스를 연상케 하는 거대 캐릭터 '킹'이 등장한다.

▲ 최종 보스 '킹'까지 무패 연승하여 도달하면, 진정한 보스로서 각 캐릭터별 라이벌 캐릭터가 데모와 함께 등장한다.

■ 캐릭터

야샤오

왕국 소실 사건에 대해 듣고, 돈이 되겠다 싶어 사건 해결에 나선다.

고트

아직도 어머니와 누나가 죽는 꿈에 시달려 사인을 찾아 여행한다.

로즈마리

언젠가 만났던 소년이 발견했다고 하는 골렘을 찾아 여행을 떠났다.

타로스

왕가의 검을 찾는 여행 도중, 무언가에 이끌려 어디론가로 사라졌다.

앨리스

평소대로 불로불사 연구 도중, 어느 날 거대한 마력을 느끼고 싸움에 나선다.

잠-B

앨리스에 반한 청년. 앨리스의 아버지의 명령으로 앨리스를 쫓는다.

첸마오

자칭 푸티의 제자. 행방불명된 푸티를 찾아 여행을 떠난다.

로쿠로우타

대륙 소실 사건의 조사차 찾아온 닌자. 닌자답게 민첩하다.

진스케

대륙 소실 사건의 조사차 찾아온 사무라이. 로쿠로우타의 파트너.

시타라

야샤오와 동일한 일족의 청년인 나르시시스트. 거만한 성격이다.

레온

'장미의 기사'를 자칭하는 청년. 야샤오를 증오하며 뒤쫓고 있다.

아케이드 게임과 가정용 게임이 서로 시너지 효과를 이루다

가정용 게임기 쪽의 대전격투 게임들

가정용으로도 대히트한 「스트리트 파이터 II」

「스페이스 인베이더」・「팩맨」・「제비우스」 등이 증명했듯, '아케이드의 인기 타이틀을 집에서도 즐길 수 있다'라는 판매전략은 1980년대 내내 소비자가 게임기를 고르는 데 있어 가장 중요한 유인요소여서, 당시는 아케이드 게임을 이식한 타이틀이 언제나 킬러 소프트로 꼽혔던 시대였다. 무엇보다 이 때는 아직 아케이드 게임과 가정용 게임기 사이에 엄연히 커다란 성능 격차가 있었기에, 만족스러운 퀄리티의 게임을 즐기려면 오락실로 가는 수밖에 없었다(물론 아케이드판 원작에 손색이 없는 고도의 이식을 구현해낸 작품도 있긴 했으나, 어디까지나 일반론으로서 그랬다는 것이다).

대전격투 게임 장르에서도, 「스트리트 파이터 II」가 본격적으로 인기작이 되자 자연스럽게 슈퍼 패미컴으로의 이식이 결정되어, 당시로서는 대용량이었던 16Mbit ROM을 활용하여 거의 완벽한 퀄리티로 이식하는 데 성공했다. 캐릭터가 약간 작아지고 배경 및 보너스 스테이지가 일부 생략되는 등의 차이는 있었으나, 아케이드판의 기술과 전술이 그대로 통했던 데다 당시 아케이드판에서는 불가능했던 동일 캐릭터 간 대전이 가능한 등 매우 뛰어난 이식작이었기에, 일본 내에서만 무려 288만 장이라는 판매량을 기록했다. 집에서 연습하고 오락실에서 대전한다는, 새로운 플레이스타일이 태동하게 된 것이다.

집에서 연습하고, 오락실에서 대전한다

대전격투 게임 붐이 촉발되기 전까지만 해도, 아케이드 게임이 가정용 게임기로 이식되기까지는 어느 정도의 기간이 필요했던 것이 일반적이었다. 이는 고성능인 아케이드 게임을 가정용 게임기의 낮은 스펙에 맞춰 이식하는 공정 자체가 나름의 시간이 든다는 이유가 있으나, 가정용편이 너무 일찍 발매돼버리면 원작인 아케이드판의 수익(인컴)에 부정적 영향을 주리라는 우려도 작용했기 때문이다. 그러나 「스트리트 파이터 II」의 히트는 슈퍼 패미컴판 발매 이후에도 꾸준히 지속되었고, 오히려 앞서 서술했듯 '집에서 연습하고 오락실에서 대전한다'라는 시너지 효과마저도 창출하기에 이르자, 대전격투 게임에 한해서만큼은 시차를 벌리지 않고 신속하게 이식하는 게 좋다는 인식이 생겨나게 되었다.

또한, '가정용 게임기가 급속히 고성능화'되어갔다는 측면도 하나의 요인으로 꼽힌다. 격투 게임이 최전성기를 누렸던 1990년대 중순경은, 플레이스테이션과 세가새턴으로 대표되는 32비트 게임기 세대로 들어서면서 가정용 게임기 자체가 아케이드 게임 기판에 근접하는 퀄리티의 표현력을 보여주는 단계까지 진화한 시대이기도 했다. 실제로 「철권」・「소울 엣지」・「사이킥 포스」・「스타 글래디에이터」 등은 아예 기판부터가 플레이스테이션 기반이었고, 「버추어 파이터 리믹스」・「아스트라 슈퍼스타즈」 등은 세가새턴 기반의 아케이드 기판으로 제작되었다. 물론 아케이드 퀄리티에 맞게 VRAM・사운드 기능 등을 확장시키긴 했으나, 기술기반이 동일했으므로 가정용으로의 이식이 용이했다.

심지어 네오지오는, 아예 아케이드판과 가정용판 양쪽을 동일한 스펙의 하드웨어로 운용하는 설계를 채택하여 '아케이드 게임을 그대로 집에서 즐긴다'라는 이점을 세일즈 포인트로 삼기도 했다. 그런 만큼 본체 및 소프트 가격 역시 월등히 비싸긴 하였으나, 말 그대로 '아케이드의 퀄리티 그대로'를 즐길 수 있었다는 것만큼은 대전격투 게임 연습용으로서 더할 나위 없는 메리트였다. 이런 각사의 사정에 힘입어, '아케이드 가동이 개시되면 비교적 단시간 내에 가정용판도 발매'한다는 판매전략이 보편화되어 갔다.

대량으로 범람했던 유사 타이틀들

여기까지는 아케이드에서 가정용으로의 이식에 관한 이야기였다. 그런데, 사실 대전격투 게임 붐은 가정용 오리지널 소프트 분야에까지도 큰 영향을 끼쳤다. 「드래곤 퀘스트」가 히트한 후의 RPG 붐, 「테트리스」가 히트한 후의 낙하계 퍼즐 게임 붐, 「파이널 파이트」가 히트한 후의 벨트스크롤 액션 게임 붐이 보여주듯, 특정한 게임이 대히트한 후 엇비슷한 장르의 게임들이 시장에 대범람하는 것은 법칙이라 할 만큼 뻔한 일이다. 마찬가지로, 슈퍼 패미컴판 「스트리트 파이터 II」가 발매된 후부터 온갖 게임기에 갖가지 대전격투 게임들이 쏟아지기 시작했다.

이렇게 범람한 소프트들 상당수는 일과성 붐에 편승하듯이 제작된 안이한 작품이었기에, 붐의 기폭제였던 캡콤 등 인기 시리즈를 배출해낸 명 개발사들이 가진 노하우가 없을 수밖에 없던 개발사들이 내놓은 경우가 태반이었다. 그런 회사가 개발한 오리지널 타이틀은 대개 디테일한 조정이 부족해 게임 밸런스가 나쁘기 마련이니 앞서 이야기한 아케이드판 이식작들과는 완성도 면에서 비교할 수조차 없기 일쑤였지만, 그중엔 훌륭한 수작도 분명 있으며 시리즈화에 성공하거나 아케이드로 역이식되는 쾌거까지 이룬 작품도 일부 존재한다.

제 14 장
자료편

지금까지는 개발사 단위로 나눠 각 타이틀을 개별 소개했다. 이번 장에서는 당시의 시대 상황을 보여주는 자료로서, 게임의 공식 팸플릿 및 인스트럭션 카드 등의 인쇄물 모음집과, 대전격투 게임 타이틀 리스트를 수록했다. 당시를 돌아보는 자료가 될 수 있다면 다행이겠다.

대전격투 게임 인쇄물 컬렉션

이 지면에는 이 책에서 소개했던 격투 게임의 공식 팸플릿, 캐비닛을 장식했던 POP, 무료 배포용 미니 북 등의 인쇄물들을 모아보았다. 이들 외에도 대형 개발사는 당시 팬 서비스용으로 판매품·비매품 등 다양한 굿즈를 제작·판매했었으니, 게임 그 자체를 즐기는 것만큼이나 이러한 수많은 굿즈 수집 역시 나름대로 만만찮은 일이었다.

캡콤

스트리트 파이터 II'
팸플릿

스트리트 파이터 II'
팸플릿

마블 VS. 캡콤 2
팸플릿

포켓 파이터
팸플릿

불타라! 저스티스 학원
팸플릿

머슬 바머
팸플릿

슈퍼 스트리트 파이터 II
팸플릿

스트리트 파이터 ZERO 2
인스트럭션 카드

스트리트 파이터 ZERO
팸플릿

스트리트 파이터 III 2nd IMPACT
팸플릿

스트리트 파이터 III
팸플릿

투신전 2
팸플릿

스트리트 파이터
팸플릿

X-MEN : CHILDREN OF THE ATOM
팸플릿

슈퍼 머슬 바머
팸플릿

사이버보츠
팸플릿

사립 저스티스 학원
팸플릿

마블 슈퍼 히어로즈
VS. 스트리트 파이터
스윙 POP

뱀파이어 헌터
팸플릿

사무라이 스피리츠 : 잔쿠로 무쌍검
팸플릿

진 사무라이 스피리츠 : 하오마루 지옥변
팸플릿

더 킹 오브 파이터즈 '94
팸플릿

스트리트 스마트
팸플릿

아랑전설 : 숙명의 싸움
팸플릿

아랑전설 스페셜
팸플릿

아랑전설 2 : 새로운 싸움
팸플릿

리얼 바웃 아랑전설 2
팸플릿

용호의 권 2
팸플릿

풍운묵시록 : 격투창세
팸플릿

풍운묵시록 : 격투창세
팸플릿

용호의 권
팸플릿

다크 엣지
필승 기본전술서

버추어 파이터
팸플릿

버추어 파이터 2
팸플릿

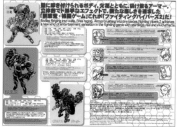

버추어 파이터 3
팸플릿

파이팅 바이퍼즈
팸플릿

파이팅 바이퍼즈 2
팸플릿

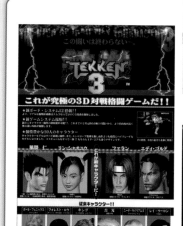

너클 헤즈
팸플릿

철권
팸플릿

철권 2
컴플리트 인스트럭션

소울 엣지
팸플릿

철권 3
팸플릿

철권 2
팸플릿

철권 태그 토너먼트
팸플릿

배틀 트라이스트
팸플릿

마셜 챔피언
팸플릿

드라군 마이트
팸플릿

파이팅 우슈
팸플릿

사이킥 포스 2012
팸플릿

파이터즈 임팩트
팸플릿

카이저 너클
팸플릿

사이킥 포스 2012
팸플릿

사이킥 포스
팸플릿

데드 오어 얼라이브 2
팸플릿

데드 오어 얼라이브
팸플릿

데드 오어 얼라이브 ++
팸플릿

투희전승
팸플릿

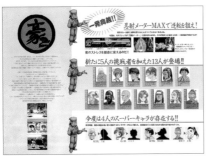

호혈사 일족 2
팸플릿

호혈사 외전 최강전설
팸플릿

호혈사 일족
팸플릿

GROOVE ON FIGHT : 호혈사 일족 3
팸플릿

월드 히어로즈
팸플릿

월드 히어로즈 2 JET
팸플릿

통쾌 GANGAN 행진곡
팸플릿

데이터 이스트

파이터즈 히스토리
팸플릿

데스 브레이드
팸플릿

수호연무
팸플릿

파이팅 판타지
팸플릿

기타

블러디 로어
팸플릿

두근두근 7
팸플릿

배틀 크로드
팸플릿

길티기어 젝스
팸플릿

블러디 로어 2
팸플릿

아슈라 버스터
팸플릿

길티기어 젝스
팸플릿

1984~2000 대전격투 게임 리스트

이번에는, 20세기 내에 발매된 일본 내수시장용 아케이드 대전격투 게임을 첫 가동시기 순서로 리스트화해 정리했다. 장르의 원점이라 할 「대전 공수도」 이래 몇몇 실험적인 격투 게임이 존재하긴 하였으나, 본격적인 시발점은 역시 「스트리트 파이터 Ⅱ」부터임을 이 리스트로도 확인할 수 있을 것이다.

또한, 이 책에서 따로 소개되지는 않았으나 타이틀에 따라서는 '~Ver.B' 등의 마이너 업데이트판도 존재하는데, 리스트 상에는 이것들 역시 게재했다.

※ 굵은 제목은 이 책에 수록된 타이틀을 의미함

가동시기	타이틀명	개발사	발매사	2D/3D	페이지
1984.5	대전 공수도	테크노스 재팬	데이터 이스트	2D	166
1987.8	스트리트 파이터	캡콤	캡콤	2D	008
1989.3	파이팅 판타지	데이터 이스트	데이터 이스트	2D	167
1989.4	바이올런스 파이트	타이토	타이토	2D	120
1989.8	스트리트 스마트	SNK	SNK	2D	056
1990.11	피트 파이터	아타리 게임즈	코나미	2D	130
1991.2	스트리트 파이터 Ⅱ The World Warrior	캡콤	캡콤	2D	009
1991.7	데스 브레이드	데이터 이스트	데이터 이스트	2D	168
1991.11	아랑전설 : 숙명의 싸움	SNK	SNK	2D	057
1992.2	후지야마 버스터	카네코 제작소	카네코 제작소	2D	174
1992.3	스트리트 파이터 Ⅱ' CHAMPION EDITION	캡콤	캡콤	2D	010
1992.7	월드 히어로즈	알파 전자	알파 전자	2D	146
1992.9	용호의 권	SNK	SNK	2D	058
1992.9	모탈 컴뱃	미드웨이	타이토	2D	121
1992.10	아랑전설 2 : 새로운 싸움	SNK	SNK	2D	059
1992.11	다이노렉스	타이토	타이토	2D	122
1992.12	스트리트 파이터 Ⅱ' 터보 HYPER FIGHTING	캡콤	캡콤	2D	011
1992.12	홀로세움	세가 엔터프라이지스	세가 엔터프라이지스	2D	094
1992.12	챠탄야라 쿠상쿠	미첼	미첼	2D	179
1992	블랜디아	알루메	알루메	2D	178
1993.2	마셜 챔피언	코나미	코나미	2D	131
1993.3	파이어 수플렉스	SNK	SNK	2D	060
1993.3	다크 엣지	세가 엔터프라이지스	세가 엔터프라이지스	2D	095
1993.3	너클 헤즈	남코	남코	2D	110
1993.3	파이터즈 히스토리	데이터 이스트	데이터 이스트	2D	169
1993.4	월드 히어로즈 2	ADK	ADK	2D	147
1993.4	타오 타이도	비디오 시스템	비디오 시스템	2D	181
1993.7	머슬 바머 THE BODY EXPLOSION	캡콤	캡콤	2D	012
1993.7	사무라이 스피리츠	SNK	SNK	2D	061
1993.7	버닝 라이벌	세가 엔터프라이지스	세가 엔터프라이지스	2D	096
1993.7	드래곤볼 Z	코브라 팀	반프레스토	2D	160
1993.8	기동전사 건담	알루메	반프레스토	2D	161
1993.9	슈퍼 스트리트 파이터 Ⅱ The New Challengers	캡콤	캡콤	2D	013
1993.9	슈퍼 스트리트 파이터 Ⅱ The New Challengers 더 토너먼트 배틀	캡콤	캡콤	2D	
1993.9	아랑전설 스페셜	SNK	SNK	2D	062

가동시기	타이틀명	개발사	발매사	2D/3D	페이지
1993.10	서바이벌 아츠	스카라베	사미	2D	182
1993.11	호혈사 일족	아틀라스	아틀라스	2D	154
1993.12	머슬 바머 DUO HEAT UP WARRIORS	캡콤	캡콤	2D	014
1993.12	버추어 파이터	세가 엔터프라이지스	세가 엔터프라이지스	3D	097
1993.12	드래곤볼 Z2 Super Battle	코브라 팀	반프레스토	2D	163
1993.12	퍼펙트 솔저즈	아이렘	아이렘	2D	183
1993	톱 랭킹 스타즈	타이토	타이토	2D	123
1993.8	드래곤볼Z V.R.V.S.	세가 엔터프라이지스	반프레스토	2D	162
1993	슈마이저 로보	HOT·B	HOT·B	2D	180
1994.1	배틀 크로드	사이쿄	사이쿄	2D	184
1994.2	슈퍼 스트리트 파이터 IIX Grand Master Challenge	캡콤	캡콤	2D	015
1994.2	용호의 권 2	SNK	SNK	2D	063
1994.3	파이터즈 히스토리 다이너마이트	데이터 이스트	데이터 이스트	2D	170
1994.4	월드 히어로즈 2 JET	ADK	ADK	2D	148
1994.6	뱀파이어 The Night Warriors	캡콤	캡콤	2D	016
1994.6	왕중왕	빅콤	SNK	2D	064
1994.7	통쾌 GANGAN 행진곡	ADK	ADK	2D	149
1994.7	오오에도 파이트	카네코 제작소	카네코 제작소	2D	175
1994.8	슈퍼 머슬 바머 The International Blowout	캡콤	캡콤	2D	017
1994.8	더 킹 오브 파이터즈 '94	SNK	SNK	2D	065
1994.8	카이저 너클	타이토	타이토	2D	124
1994.8	기동전사 건담 EX-REVUE	알뤼메	반프레스토	2D	164
1994.10	진 사무라이 스피리츠 하오마루 지옥변	SNK	SNK	2D	066
1994.10	호혈사 일족 2	아틀라스	아틀라스	2D	155
1994.11	버추어 파이터 2	세가 엔터프라이지스	세가 엔터프라이지스	3D	098
1994.12	X-MEN CHILDREN OF THE ATOM	캡콤	캡콤	2D	018
1994.12	철권	남코	남코	3D	111
1995.1	갤럭시 파이트 유니버설 워리어즈	선 소프트	SNK	2D	067
1995.1	골든 액스 더 듀얼	세가 엔터프라이지스	세가 엔터프라이지스	2D	099
1995.3	뱀파이어 헌터 Darkstalkers' Revenge	캡콤	캡콤	2D	019
1995.3	아랑전설 3 아득한 싸움	SNK	SNK	2D	068
1995.3	수호연무	데이터 이스트	데이터 이스트	2D	171
1995.3	더블 드래곤	테크노스 재팬	테크노스 재팬	2D	185
1995.4	사이버보츠 FULLMETAL MADNESS	캡콤	캡콤	2D	020
1995.4	풍운묵시록 격투창세	SNK	SNK	2D	069
1995.4	버추어 파이터 리믹스	세가 엔터프라이지스	세가 엔터프라이지스	3D	100
1995.5	월드 히어로즈 퍼펙트	ADK	ADK	2D	150
1995.5	재키 찬 THE KUNG-FU MASTER	카네코 제작소	카네코 제작소	2D	176
1995.6	스트리트 파이터 더 무비	인크레더블 테크놀로지스	캡콤	2D	021
1995.6	스트리트 파이터 ZERO	캡콤	캡콤	2D	022
1995.6	천외마경 진전	라쿠진	SNK	2D	070
1995.7	더 킹 오브 파이터즈 '95	SNK	SNK	2D	071
1995.7	버추어 파이터 2.1	세가 엔터프라이지스	세가 엔터프라이지스	3D	
1995.8	철권 2	남코	남코	3D	112
1995.8	드라군 마이트	코나미	코나미	2D	132
1995.9	록맨 더 파워 배틀	캡콤	캡콤	2D	023
1995.9	초인학원 고우카이저	테크노스 재팬	SNK	2D	072
1995.9	호혈사 외전 최강전설	아틀라스	아틀라스	2D	156

가동시기	타이틀명	개발사	발매사	2D/3D	페이지
1995.10	마블 슈퍼 히어로즈	캡콤	캡콤	2D	024
1995.10	철권 2 Ver.B	남코	남코	3D	
1995.10	사이킥 포스	타이토	타이토	3D	125
1995.11	투신전 2	탐소프트	캡콤	3D	025
1995.11	사무라이 스피리츠 잔쿠로 무쌍검	SNK	SNK	2D	073
1995.11	파이팅 바이퍼즈	세가 엔터프라이지스	세가 엔터프라이지스	3D	101
1995.12	리얼 바웃 아랑전설	SNK	SNK	2D	074
1996.1	어벤져스 인 갤럭틱 스톰	데이터 이스트	데이터 이스트	2D	172
1996.3	스트리트 파이터 ZERO 2	캡콤	캡콤	2D	026
1996.3	ART OF FIGHTING 용호의 권 외전	SNK	SNK	2D	075
1996.3	버추어 파이터 키즈	세가 엔터프라이지스	세가 엔터프라이지스	3D	102
1996.4	소울 엣지	남코	남코	3D	113
1996.5	NINJA MASTER'S 패왕인법첩	ADK	ADK	2D	151
1996.6	신황권	자우루스	SNK	2D	076
1996.6	라스트 브롱크스 도쿄 번외지	세가 엔터프라이지스	세가 엔터프라이지스	3D	103
1996.6	소닉 더 파이터즈	세가 엔터프라이지스	세가 엔터프라이지스	3D	104
1996.6	소울 엣지 Ver.II	남코	남코	3D	
1996.6	투희전승 ANGEL EYES	테크모	테크모	2D	138
1996.7	스타 글래디에이터 EPISODE:1 FINAL CRUSADE	캡콤	캡콤	3D	027
1996.7	록맨 2 더 파워 파이터즈	캡콤	캡콤	2D	028
1996.7	더 킹 오브 파이터즈 '96	SNK	SNK	2D	077
1996.7	사이킥 포스 EX	타이토	타이토	3D	
1996.8	스트리트 파이터 ZERO 2 ALPHA	캡콤	캡콤	2D	029
1996.9	풍운 슈퍼 태그 배틀	SNK	SNK	2D	078
1996.9	풍운 슈퍼 태그 배틀 스페셜 버전	SNK	SNK	2D	
1996.9	버추어 파이터 3	세가 엔터프라이지스	세가 엔터프라이지스	3D	105
1996.9	파이터즈 임팩트	폴리곤매직	타이토	3D	126
1996.10	X-MEN VS. 스트리트 파이터	캡콤	캡콤	2D	030
1996.10	사무라이 스피리츠 아마쿠사 강림	SNK	SNK	2D	079
1996.11	스트리트 파이터 EX	아리카	캡콤	3D	031
1996.11	워저드	캡콤	캡콤	2D	032
1996.11	데드 오어 얼라이브	테크모	테크모	3D	139
1996.11	두근두근 7	선 소프트	선 소프트	2D	186
1996.12	브레이커즈	비스코	비스코	2D	187
1997.1	리얼 바웃 아랑전설 스페셜	SNK	SNK	2D	080
1997.1	헤븐즈 게이트	라쿠진	아틀라스	2D	157
1997.2	스트리트 파이터 III NEW GENERATION	캡콤	캡콤	2D	033
1997.2	파이터즈 임팩트 A	폴리곤매직	타이토	3D	
1997.3	스트리트 파이터 EX plus	아리카	캡콤	3D	034
1997.3	철권 3	남코	남코	3D	114
1997.5	뱀파이어 세이비어 The Lord of Vampire	캡콤	캡콤	2D	035
1997.5	GROOVE ON FIGHT 호혈사 일족 3	아틀라스	아틀라스	2D	158
1997.7	마블 슈퍼 히어로즈 VS. 스트리트 파이터	캡콤	캡콤	2D	036
1997.7	더 킹 오브 파이터즈 '97	SNK	SNK	2D	081
1997.7	블러디 로어	라이징	허드슨	3D	188
1997.8	파이팅 우슈	코나미	코나미	3D	133
1997.9	뱀파이어 헌터 2 Darkstalkers' Revenge	캡콤	캡콤	2D	037
1997.9	뱀파이어 세이비어 2 The Lord of Vampire	캡콤	캡콤	2D	038

가동시기	타이틀명	개발사	발매사	2D/3D	페이지
1997.9	포켓 파이터	캡콤	캡콤	2D	039
1997.9	버추어 파이터 3tb	세가 엔터프라이지스	세가 엔터프라이지스	3D	106
1997.10	스트리트 파이터 III 2nd IMPACT GIANT ATTACK	캡콤	캡콤	2D	040
1997.11	사립 저스티스 학원 LEGION OF HEROES	캡콤	캡콤	3D	041
1997.11	막말낭만 월화의 검사	SNK	SNK	2D	082
1997.12	시혼 SAMURAI SPIRITS	SNK	SNK	3D	083
1997.12	파이팅 우슈 2nd!	코나미	코나미	3D	134
1998.1	마블 VS. 캡콤 CLASH OF SUPER HEROES	캡콤	캡콤	2D	042
1998.2	에어가이츠	드림 팩토리	남코	3D	115
1998.2	배틀 트라이스트	코나미	코나미	3D	135
1998.3	스트리트 파이터 EX2	아리카	캡콤	3D	043
1998.3	스타 글래디에이터 2 NIGHTMARE OF BILSTEIN	캡콤	캡콤	3D	044
1998.3	리얼 바웃 아랑전설 2 THE NEWCOMERS	SNK	SNK	2D	084
1998.3	파이팅 바이퍼즈 2	세가 엔터프라이지스	세가 엔터프라이지스	3D	107
1998.3	타락천사 The Fallen Angels	사이쿄	사이쿄	2D	190
1998.6	스트리트 파이터 ZERO 3	캡콤	캡콤	2D	045
1998.6	사이킥 포스 2012	타이토	타이토	3D	127
1998.6	아스트라 슈퍼스타즈	선 소프트	테크모	2D	140
1998.7	더 킹 오브 파이터즈 '98	SNK	SNK	2D	085
1998.7	소울 칼리버	남코	남코	3D	116
1998.7	브레이커즈 리벤지	비스코	비스코	2D	191
1998.9	초강전기 키카이오	캡콤	캡콤	3D	046
1998.9	블러디 로어 2	라이징	허드슨	3D	189
1998.10	아수라 참마전 SAMURAI SPIRITS 2	SNK	SNK	3D	086
1998.10	데드 오어 얼라이브 ++	테크모	테크모	3D	141
1998.11	막말낭만 제2막 월화의 검사 달에 피는 꽃, 흩날리는 꽃	SNK	SNK	2D	087
1998.11	투룡전설 엘란도르	사이 메이트	사이 메이트	2D	192
1998.12	죠죠의 기묘한 모험	캡콤	캡콤	2D	047
1998.12	파이팅 레이어	아리카	남코	3D	117
1998.12	아슈라 블레이드 Sword of Dynasty	후우키	후우키	2D	193
1999.1	아랑전설 WILD AMBITION	SNK	SNK	3D	088
1999.5	스트리트 파이터 III 3rd STRIKE fight for the future	캡콤	캡콤	2D	048
1999.5	BURIKI ONE WORLD GRAPPLE TOURNAMENT '99 in TOKYO	SNK	SNK	3D	089
1999.7	스트리트 파이터 EX2 PLUS	아리카	캡콤	3D	049
1999.7	더 킹 오브 파이터즈 '99	SNK	SNK	2D	090
1999.7	철권 태그 토너먼트	남코	남코	3D	118
1999.9	죠죠의 기묘한 모험 미래를 위한 유산	캡콤	캡콤	2D	050
1999.9	파이널 파이트 리벤지	캡콤	캡콤	2D	051
1999.9	토이 파이터	세가 엔터프라이지스	세가 엔터프라이지스	3D	108
1999.11	아랑 MARK OF THE WOLVES	SNK	SNK	2D	091
1999.11	데드 오어 얼라이브 2	테크모	테크모	3D	142
2000.1	데드 오어 얼라이브 2 MILLENNIUM	테크모	테크모	3D	143
2000.3	마블 VS. 캡콤 2 New Age of Heroes	캡콤	캡콤	2D	052
2000.7	더 킹 오브 파이터즈 2000	SNK	SNK	2D	092
2000.7	길티기어 젝스	아크시스템웍스	사미	2D	194
2000.8	캡콤 VS. SNK MILLENNIUM FIGHT 2000	캡콤	캡콤	2D	053
2000.12	불타라! 저스티스 학원	캡콤	캡콤	3D	054
2000.12	아슈라 버스터 ETERNAL WARRIORS	후우키	후우키	2D	195

후기

1990년대, '대전격투 게임 붐'이란 것이 있었다. 이 책을 읽어주시는 독자 여러분이라면 이미 잘 알고 계시리라 생각하지만, 세상의 어느 오락실이든 두 캐비닛을 등이 마주 닿게끔 설치한 '대전대'가 있었고, 내로라하는 강자들이 대전대에 줄이어 난입하는 광경을 어디서든 목격할 수 있었다. 어느새 각지의 오락실마다 명물 플레이어가 탄생했고, 그런 플레이어들과 한판 붙기 위해 일부러 멀리 원정을 떠나는 재미도 있었다. 마치, 동네 최강자가 한자리하고 있다는 도장에 냅다 들어가 도장깨기를 신청하는 느낌과 비슷하지 않았을까.

사람과 사람 간의 승부에서는, 상대와의 실력차에 따라 다르겠지만 1분도 못 되어 동전들이 온수에 눈 녹듯 사라져간다. 일반적인 아케이드 게임이라면 말도 안 될 흉악한 가격설정이겠지만, 사람끼리의 대전인데다 같은 조건에서 대전하는 이상 빠른 패배는 결국 자신의 실력 부족이니 할 말이 없다. 예전에 어떤 자리에서 「버추어 파이터」의 달인이었던 '붕붕마루'님과 대담했을 때의 일인데, "그만큼 실력이 쌓이려면 꽤 돈을 들이셨겠는데요?"라고 물었더니 "계속 이길 수만 있으면 게임이 끝없이 계속되니까, 의외로 그리 돈을 쓰진 않았어요."라는 대답을 듣고는, 확실히 프로는 다르구나 싶어 새삼 감탄했던 기억이 있다.

모처럼의 후기인지라 나 개인의 격투 게임 실력을 굳이 표현해보자면, 딱 '대전대에 앉으면 돈이 눈 녹듯 사라지는' 정도의 하수 게이머에 불과하다. 그런 하수임에도 격투 게임 자체는 정말 좋아했기에, 연습대에 앉아 얌전히 즐기거나 가정용 이식을 기다렸다 구입해 집에서 즐기는 일이 많았다. 캡콤·SNK 등의 주류 시리즈도 꽤나 즐겼지만, 한편으로 대전대에서 가동되는 일조차 없었던 마이너한 격투 게임들 역시 제법 많이 플레이해 왔다. 오히려 대전자가 적은 만큼 혼자서 느긋하게 플레이할 수 있었던 마이너 타이틀 쪽이 기억에 더 오래 남아있을지도 모른다.

독자 여러분도 저마다 추억의 게임이나 당시의 에피소드가 있으리라 생각하는데, 이 책이 독자로 하여금 "그런 게임도 있었지"라고 반추해 보는 계기가 되어준다면 이 책을 기획한 보람이 있었다 할 수 있으리라. 아무쪼록 옛 추억담의 술안주 삼아 읽어주길 바란다.

2023년 3월,
마에다 히로유키

20세기 아케이드
격투 게임 카탈로그

1판 1쇄 2023년 11월 30일

지은이 마에다 히로유키
옮긴이 박여원
감　수 조기현

발행인 김인태
발행처 삼호미디어

등록 1993년 10월 12일 제21-494호
주소 서울특별시 서초구 강남대로 545-21 거림빌딩 4층
　　　www.samhomedia.com
전화 02-544-9456(영업부) | 02-544-9457(편집기획부)
팩스 02-512-3593

ISBN　978-89-7849-697-1 (13690)